军队"2110 工程"三期建设教材

海军重点建设教材

作战辅助决策理论及应用

(上册)

编著　杨露菁　陈志刚　李　煜(上册)
陈志刚　杨露菁　李启元　童继进(下册)

国防工業出版社

·北京·

内容简介

本书系统介绍了作战辅助决策系统的基本理论、主要技术及其在军事领域的应用。全书共13章，分为上下两册。其中，上册为理论篇，包含6章：第1章为作战辅助决策导论，介绍指挥决策、作战辅助决策、作战辅助决策系统的相关概念；第2章至第6章，重点介绍了作战辅助决策的理论基础，包括最优化理论与方法、随机性决策理论与方法、多准则决策理论与方法、冲突型决策理论与方法和群决策理论与方法。下册为技术和应用篇，包括第7章至第13章。第7章至第9章分别阐述辅助决策的三种技术，包括模型支持技术、知识支持技术和数据支持技术；第10章至第13章介绍了作战辅助决策理论和技术在海战场目标分群、战术意图识别、作战计划生成、组织结构设计等问题中的具体应用方法。

本书理论、技术、实践相结合，既有作战辅助决策基本理论和方法，也有相关技术，具有系统性、理论性和实用性。既适用于指挥信息系统工程、电子科学与技术、通信与信息系统、控制科学与工程、系统工程等军内外学科专业本科、研究生教学，也可为相关领域工程技术人员和科研人员提供参考。

图书在版编目(CIP)数据

作战辅助决策理论及应用：全2册/杨露菁等编著．—北京：国防工业出版社，2023.3重印
军队“2110工程”三期建设教材　海军重点建设教材
ISBN 978-7-118-10900-9

Ⅰ.①作…　Ⅱ.①杨…　Ⅲ.①海战-作战指挥-决策学-教材　Ⅳ.①E843

中国版本图书馆CIP数据核字(2016)第173454号

※

国防工業出版社出版发行
(北京市海淀区紫竹院南路23号　邮政编码100048)
北京虎彩文化传播有限公司印刷
新华书店经售

*

开本 787×1092　1/16　**印张** 11　**字数** 250千字
2023年3月第1版第3次印刷　**印数** 2501—3200册　**定价** 上 48.00 下 65.00 元(全二册)

国防书店：(010)88540777　　发行邮购：(010)88540776
发行传真：(010)88540755　　发行业务：(010)88540717

前　　言

信息化已成为21世纪新军事变革的核心,人类战争形态也已从机械化战争转变为信息化战争。决策作为军队作战指挥的核心也变得越来越复杂,特别是在复杂海战场环境下,决策、辅助决策的作用越来越重要,辅助决策系统更是成为军队指挥信息系统的核心。作战辅助决策系统借助计算机等先进的技术和设备,综合运用数据库技术、专家系统、作战模拟、决策分析、运筹优化等方法手段,辅助指挥员进行决策,具有决策速度快、决策质量高等特点,能很好地辅助指挥员科学、及时地做出决策。

本书系统介绍了作战辅助决策系统的基本理论、主要技术及其在军事领域的应用。全书共13章,分为上下两册。其中,上册为理论篇,包含第1章至第6章,第1章为作战辅助决策导论,介绍指挥决策、作战辅助决策、作战辅助决策系统的相关概念;第2章至第6章,重点介绍了作战辅助决策的理论基础,包括最优化理论与方法、随机性决策理论与方法、多准则决策理论与方法、冲突型决策理论与方法和群决策理论与方法。下册为技术和应用篇,包括第7章至第13章。第7章至第9章分别阐述辅助决策的三种技术,包括模型支持技术、知识支持技术和数据支持技术;第10章至第13章介绍了作战辅助决策理论和技术在海战场目标分群、战术意图识别、作战计划生成、组织结构设计等问题中的具体应用方法。

本书是作者根据多年教学实践编写并不断修订完成的,作者先后于2009年、2012年、2015年编写《作战辅助决策系统》《指挥决策运筹分析基础》《作战辅助决策理论、技术与方法》三部教材,并在校内试用修改完善。本书也是在密切跟踪该领域技术研究成果的基础上总结而成的,作者在编写过程中,参阅了大量的参考文献,基于国内外决策支持技术最新研究成果、军内外决策支持系统应用成果,理论和实际相结合,较为全面、系统地介绍了作战辅助决策理论、技术及应用,以期为读者进一步学习、研究和应用打下基础。

本书特点是理论、技术、实践相结合,既有作战辅助决策基本理论和方法,也有相关技术,具有系统性、理论性和实用性。既适用于指挥信息系统工程、电子科学与技术、通信与信息系统、控制科学与工程、系统工程等军内外学科专业本科、研究生教学,也可为相关领域工程技术人员和科研人员提供参考。

由于作者的水平有限,书中疏漏和错误之处在所难免,还望读者不吝赐教、批评指正。

作者

2015. 11. 20

目　　录

第1章　作战辅助决策导论

本章介绍指挥决策、作战辅助决策、作战辅助决策系统的相关概念。其中指挥决策内容包括决策的基本概念,指挥决策的概念、类型、特点、要求和指挥决策问题的分类;作战辅助决策包括作战辅助决策的定义、支持方式;作战辅助决策系统的相关概念包括作战辅助决策系统的定义和发展,以及决策支持系统的组成结构。着重阐述传统决策支持系统、智能决策支持系统、基于数据仓库的新决策支持系统、综合决策支持系统的系统组成结构及其原理。

1.1　指挥决策

信息化已成为21世纪新军事变革的核心,人类战争形态也已从机械化战争转变为信息化战争。决策作为军队作战指挥的核心也变得越来越复杂,特别是在具有风险性、欺骗性、对抗性、信息不完备、复杂多变的战场环境下,辅助决策的作用越来越重要,辅助决策系统更是军队指挥信息系统的核心。

1.1.1　指挥决策的概念

决策是人类的一项基本活动,是人们行动的先导。韦氏大辞典对决策的定义是:决策就是从两个或者多个备选方案中有意识地选择其中一个方案。该决策定义包含拟定方案和选择方案两要素,侧重于决策活动的结果。

美国管理学家和社会科学家、经济组织决策管理大师,决策理论的重要代表人物赫伯特·西蒙(Herbert A. Simon)则将决策视为一个过程:就是为了实现一定的目标,提出解决问题和实现目标的各种可行方案,依据评定准则和标准,在多种备选方案中,选择一个方案进行分析、判断并付诸实施的管理过程。即决策过程包括四个阶段:确定决策目标、拟定备选方案、选择方案、执行方案,侧重于决策活动的过程。

作战指挥决策是为实现一定作战目的而制定各种可供选择的作战行动方案,并决定采用某种方案的思维活动,其根本任务是定下决心和制定实现决心的行动计划。一般而言,作战指挥决策过程包括三个部分:制定作战方案、选择作战方案、实施作战方案。

在制定作战方案过程中,一般要制定多个可行的作战方案以便选择。在这些作战方案中,既有常规的、显而易见的作战方案,也应该有一些非常规的、创造性的作战方案;在作战方案的选择过程中,指挥员要根据自己的知识素养、作战经验、价值判断等,按照一定的原则,选择出一个满意的方案并加以执行。在作战方案的选择过程中,通常很难说哪个方案更好,或哪个方案较差,往往是对于不同的指挥员来说,由于其判断标准不同,所选择的方案也会不同。方案的选择过程,充分体现了指挥员的个人因素的作用;在执行作战方案的过程中,指挥员要根据既定的作战方案,利用和创造一切有利于方案实施的条件,保证既定方案的实现。由此可见,作战指挥决策,不仅是做出抉择的一种行动,而且也是一个过程,包括做出抉择以前的准备工作和做出抉择以后的计划活动。

作战指挥决策是作战行动的基础,正确的作战行动来源于正确的指挥决策。在军队的作战指挥活动中,定下决心是最重要、最核心的活动。定下决心的实质是确定作战目标和达到目标的行动以及所需要的兵力兵器和时间。其他活动如制定作战计划,组织协同动作,组织各项保障等指挥活动都依赖于正确的决心。

指挥决策的实质,是指挥决策者见之于客观和实践的主观意愿和主观能力。对于这一点,可以从以下几方面去理解。

(1) 指挥决策是主观意愿与客观条件矛盾运动的结果。在军事实践中,人的主观意愿与实现这种主观意愿的客观条件构成了一对矛盾。一方面,人的主观意愿决定了需要采取何种军事行动,决定了必须做出关于军事行动的何种决策;但另一方面,其所拥有和面对的客观能力(如各种资源)、客观环境(如地理、社会环境和时间等),又制约着实现主观意愿的可能性和行动方式。因此,正确的、高明的指挥决策应该是对于主观意愿与客观条件的一种最恰当的协调。

(2) 指挥决策的效果取决于指挥决策者的主观能力。指挥决策不仅是人的主观意愿的体现,而且也是人的主观能力的体现。人对主观愿望与客观条件之间存在的矛盾有什么样的认识,对客观世界的运动规律有什么样的认识,对军事实践活动有什么样的驾驭能力,就会有什么样的决策活动和什么样的决策产品——决心和计划。指挥决策者的认识能力越强,其主观能动性发挥的水平越高,就越能够充分地利用客观条件来最大限度地实现其主观意愿。总之,指挥决策者的主观认识能力及其主观能动性的发挥水平,将决定其决策制定的效率和质量,并在很大程度上决定决策方案最终的实施效果。

(3) 指挥决策是指挥决策者借以将其主观需要转变为客观现实的一种必要手段。要达到某种军事目的,就必须采取相关的军事行动;而要使军事行动能够最有效地达成军事目的,就需要做出正确的指挥决策。因此,指挥决策活动,其实就是决策者为解决其主观需要与客观可能之间的矛盾所进行的工作过程;指挥决策活动的成果(行动决心和行动计划),则是决策者所拿出的克服其主观需要与客观可能之间的矛盾的解决办法。

指挥决策者对于作战对抗规律认识得越深刻,就越有可能在决策实践中针对特定条件下的具体情况对这些规律加以灵活的运用,从而做出正确的甚至是高明的作战决策;反之,如果决策者对于作战规律若明若暗,那就很难做出正确的作战决策。总之,深入研究和洞悉作战对抗的一般规律,对于军事决策的制定者来说,无疑具有根本性的意义。

制定作战决策,不仅要遵循决策规律,而且还要遵循作战规律。遵循决策规律是为了保证决策过程的有效性,提高决策制定的效率;遵循作战规律是为了保证作战过程的有效性、提高决策制定的质量。前者关乎作战决策的及时性,后者关乎作战决策的正确性。研究决策制定过程的一般规律,改进和完善决策制定的方法,是指挥决策效率理论的任务;研究作战对抗的规律,改进和完善准备与实施战争、战役、战斗的方法,则分别是战略学、战役学、战术学的任务;从哲学的高度去研究军事力量建设和使用的基本规律——军事辩证法,这是军事思想的任务。

在作战决策的各种工作中,所有这些决策任务过去是、今后也将主要是由指挥人员依靠自己的军事理论素质、经验、谋略、洞察能力来完成的,但决策科学的理论方法将对此提供有力的帮助,使指挥员的决策更加科学、快速、高质量。正是由于这一点,使得作战辅助决策理论及方法的研究尤为必要。

1.1.2 指挥决策的特点

指挥决策的基本特点,是指挥决策本质属性的一种反映。准确地把握指挥决策的基本特点,有助于深化对于指挥决策活动的认识。考察古今中外大量的指挥决策实践,很容易发现,从不同的角度观察,可以给指挥决策总结出不同的特点。指挥决策这个概念的关键词是决策,为了真正反映出指挥决策的本质,我们着重从决策的角度来把握指挥决策的基本特点。指挥决策是军事领域中的决策活动,作为一种特殊领域中的决策活动,指挥决策与一般决策相比,具有以下几个基本特点。

一、对抗性

指挥决策指导的是军事行动和军事斗争。军事斗争是一种基于暴力的对抗活动,它与其他领域中的竞争具有质的区别。虽然在政治、经济、体育等活动中都存在着各种形式的竞争乃至对抗,但军事斗争的对抗性是其他任何领域中的人类活动所不能比拟的。例如,经济活动中的竞争和对抗一般表现为争取在产品、服务等方面压倒对手,其最终目的只在于争取比对手占据更大的市场份额,而军事斗争中的对抗在形式上却表现为在物质上摧毁对手、在肉体上消灭对手,其实质是要将自己的意志强加于对手。

任何对抗的根源在于对抗各方利益的冲突,利益的冲突决定了对抗各方行动目标的冲突,行动目标的冲突决定了对抗各方之间在指挥决策上的对立。因此,军事斗争虽然最终表现为战场上双方部队之间的力量对抗和行为对抗,但这种对抗的核心却是双方决策者之间的思维对抗和智力对抗,即指挥决策对抗。这一点在现代高技术战争中得到了充分的印证。如果说在过去指挥决策对抗还只能或主要通过力量对抗来间接表现的话,则在战争形态逐渐由机械化战争向信息化战争转变的背景下,指挥决策对抗已经可以通过信息战和指挥控制战等形式更直接地表现出来。信息战的直接目的虽然是夺取信息优势,但其最终目的却是夺取决策优势。指挥控制战则直接将指挥决策对抗推上了战场的第一线。

指挥决策的强对抗性,决定了其决策制定时所依据的主要逻辑;在指挥决策中,己方采取什么行动方案比较有利,必须以敌方的行动为前提。一个所谓“好的行动方案”,主要是相对于敌方的行动而言的。在指挥决策中,几乎不存在“绝对好的行动方案”(即不论敌人如何行动,该方案都是最佳方案)。因此,在指挥决策中,决策的制定具有下述特征:其一,决策方案的制定必须建立在对敌方行动的准确预测上;其二,对敌方最不利的行动方案往往就是己方的“最佳方案”;其三,为了最大限度地实现己方的军事目的,必须想尽一切办法以限制或调动敌人,从而诱使或迫使敌人尽可能采取对己方相对有利的行动;其四,在制定己方行动方案时,必须谨慎地防止落入敌方所设置的“圈套”之中。总之,在指挥决策中,对抗性充满了指挥决策制定的方方面面。

二、时效性

与一般决策活动相比，时效性对于指挥决策的成功具有大得多的意义。指挥决策的主要任务是指导军队的作战行动，而作战行动的流动性和易变性，规定了指挥决策必须具有高时效性。

战争的胜负不仅取决于交战双方作战潜力的对比，更重要的还取决于双方实际战斗力发挥。而谁的决策节奏、作战节奏更快，谁就能够在对抗态势上占据主动地位，从而更加充分地发挥其战斗力。显然，决策节奏和作战节奏的竞赛对作战指挥决策的时效性提出了极高的要求。随着现代战争日益高技术化的发展趋势，参战兵力兵器的机动能力、突击威力大大增强，从而极大地增加了人为因素对战场态势的影响力，使战场态势更易发生变化，变化的程度和速率也大大加快。因此，现代战争对作战指挥决策时效性的要求更高。

当前，指挥手段正不断向数字化、网络化方向发展，作战双方的指挥自动化程度以及获取、传递、处理和利用战场信息的速度都在不断提高。指挥手段的发展是一柄双刃剑，它同时提高了交战双方的决策速度，从而进一步加剧了在指挥决策时效性上的竞赛。指挥决策的高时效性，从一个侧面决定了现代指挥决策方式的特点：其一，指挥信息系统对于决策者快速获取情况信息和发布指令信息具有重要意义；其二，人机结合的决策方式，对于减轻决策者信息处理的负担，提高决策效率具有重要意义；其三，在某些情况下，由于时间的紧迫，很多本来能够进行系统分析和定量分析的问题将不得不依靠经验、定性分析或直觉来处理，因为一个不完善的决策将远比一个过时的决策好得多。

三、复杂性

指挥决策所要处理的决策问题是极为复杂的，其复杂性具体表现在：其一，决策条件的不确定性；其二，决策因素的多样性及其关系的复杂性；其三，衡量决策方案优劣的标准具有综合性。

决策条件，即制约军事行动效果的现实环境和客观条件。其中包括战场的自然条件、社会条件、敌我双方力量对比、敌方的部署和行动、时间限制等。在所有这些决策条件中，很大一部分具有不确定性。首先，敌方的情况和行动具有很大的不确定性。由于敌方一般会通过采取各种保密和欺骗措施以掩盖其能力、部署和行动，因此关于敌情的情报"很大一部分是互相矛盾的，更多的是假的，绝大部分是相当不确实的"。其次，战场的气象、水文、道路、地形、海况等条件以及己方的作战准备和作战能力也具有一定的不确定性。与敌情的不确定性不同，造成上述不确定性的并非人为的原因，而是复杂事物的一种必然表现。

决策因素，即组成决策条件的各种成分。影响军事活动的因素不仅数量众多，而且其性质和相互关系都很复杂。其中既有自然因素，也有社会因素；既有军事因素，也有政治、经济因素；既有物质技术因素，也有精神心理因素。一般来说，当影响事物的因素众多时，这些因素对该事物的综合影响将是极其复杂的。在这种情况下，事物的运动规律也会是极其复杂的，并且其中相当一部分事物的运动规律会表现出随机性和偶然性的特点。正因为如此，军事活动具有很大的不确定性，它比其他任何人类活动都更多地涉及到随机性和偶然性。由此可见，决策因素的众多及其相互关系的复杂，是导致决策条件不确定性的重要原因之一；而事物运动规律的不确定性则是其复杂性的一种表现。总之，复杂性与不确定性有密切关系，两者互为表里。

在指挥决策中，衡量决策方案优劣的标准具有综合性。即不仅需要衡量决策方案达成决策目标的程度和效果，而且需要衡量与此相关的代价和风险。例如，衡量一个作战方案的优劣，必须从其预计战果、预计损失、使用兵力的多寡、实施难度（如组织协同的复杂性、对各种保障的要求、对部队训练水平的要求）等多个方面进行考虑。衡量决策方案优劣的标准的这种综合性，就为指挥决策方案的拟制、评价和选择带来了很大的困难。因为一般规律是：战果较大的方案，往往其损失和实施的难度也会较大；反之，损失和实施难度较小的方案，其战果也会较小。

指挥决策的复杂性决定了指挥决策方式方法的特点：其一，由于决策方案优化指标的综合性和决策条件的不确定性，一般无法找到绝对意义上的最优决策方案，只能做出相对合理的“满意”方案；其二，由于决策因素的多样性及其关系的复杂性，不可能在有限的时间里对决策问题进行彻底的理性分析，因此，必须结合经验和直觉做出决策；其三，由于对军事活动具有极大影响的政治、精神、自然等因素难以量化，因此，定量分析的结果只能作为决策的依据之一加以考虑；其四，由于对指挥决策问题以及解决问题的方法只能部分地加以形式化的描述，因此必须综合运用定性定量结合的方法，以人机结合的方式做出决策。

四、风险性

指挥决策是一种高风险性的决策活动。指挥决策的高风险性，源自于军事活动的对抗性和复杂性，以及军事斗争后果的严重性。

决策风险，是指决策者无法保证决策的实际结果能够达到既定要求的这样一种情况。产生决策风险的必要条件是决策条件不确定。由于决策条件不确定，决策方案的实施效果就不确定，于是导致了决策风险。指挥决策常常是在情况不是十分明了、充满许多不确定性因素的情况下进行的，即指挥决策的条件一般是不确定的。导致指挥决策条件不确定的原因：一是由于军事活动的影响因素众多，致使许多军事情况的发生和发展具有随机性和偶然性；二是由于敌我双方的激烈对抗，由于保密、欺骗等谋略手段的大量运用，以至于决策者对于军事情况及其发展的了解处于一种若明若暗的不确定状态。一般来说：敌情和我情的不确定性来自于军事活动的复杂性；而敌情的不确定性则主要源自于军事活动的对抗性。

在现代高技术作战条件下，由于军队机动能力、远程打击能力的提高以及新作战方式方法的出现，使得战场情况变化更加急剧，用于指挥反应的时间更加短暂。在这种情况下，为了抓住稍纵即逝的战机，在做出决策前决策者往往难以有充裕的时间把情况弄得很清楚，这就使得做出军事决策往往需要冒很大的风险。相比之下，在其他领域的决策活动中，决策者在做出决策前，不仅有较充裕的时间进行调查研究，获得决策所需的各种情况，而且可以在经过较缜密的论证之后再做出决策，但在军队的指挥决策活动中通常没有这样的条件。

值得注意的是，指挥决策风险非比一般的决策风险。孙子说：“兵者，国之大事也。”（《孙子兵法·计篇》）指挥决策，往往关乎生命的牺牲，国家利益的得失，甚至民族的存亡，在这点上军事决策与一般决策是有本质区别的。

在经济活动中，决策后果至多涉及巨额的金钱得失，但一般不会死人，不会导致国破家亡、丧权辱国。因此，毋庸多言，指挥决策较之其他领域的决策问题其决策后果的关系更加重大，相应地也具有更大的决策风险。由于控制和驾驭风险既需要讲究科学，也需要发挥主动性和创造性，因此，指挥决策的方法不仅是一门科学，也是一种艺术。

五、非重复性

作战活动是一种一次性的活动，因此，指挥决策还具有非重复性的特点，“战胜不复，而应形于无穷”（《孙子兵法·虚实篇》）就是指的这个特点。

与其他人类社会活动不同，战争活动是一种偶发的、非常规性的社会活动。战争只有在人类各部分之间的利益矛盾激化到一定的程度之后才会爆发。并且进行每一次战争活动的条件，包括战场环境、国际国内形势、地理气象条件、双方所拥有的军队数量和士气、对抗所使用的物质手段及其技术水平等都有很大的变化。除此之外，由于战争的强烈的对抗性，对抗双方必然要想尽一切方法（包括运用各种谋略欺诈手段）以达到出敌不意、争取主动和克敌制胜的目的，这就使战争活动更加千变万化，以至“兵无成势，无恒形”（《孙子兵法·虚实篇》）。历史上，既没有两次完全相同的战争，也没有两次完全相同的指挥决策。

指挥决策的这种非重复性，反过来会进一步加剧其对抗性和风险性。因为，在多次重复进行的决策中，一次决策的失误有可能在以后的决策中加以弥补。而在非重复性决策中，由于决策失误所招致后果的无法弥补性，既凸显了决策的风险性，同时也对决策的正确性和把握性提出了更高的要求。在这种情况下，唯一有效的对策只能是：充分发挥决策者的主观能动性，用在决策方案上的创新，去应对非重复性的决策环境和决策条件。显然，双方主动性和创造性的发挥，将使指挥决策中的斗智斗谋更加紧张激烈，将进一步激化指挥决策的对抗性、复杂性、风险性和非重复性。但无论如何，能够更好地发挥自己的主观能动性，从而更具创造性的一方必将会在作战对抗中占据有利地位。由此看出，以指挥决策为核心的战争指导活动是人类活动中一类最具个性和创造性的社会活动。正因为如此，指挥决策的灵魂只能是人的能动性，指挥决策永远不可能实现完全的自动化。在人机结合的决策方式中，不论今后计算机将发挥多大作用，“人主机辅”的关系将永远不可能改变。

综上所述，指挥决策具有对抗性、时效性、复杂性、风险性和非重复性等基本特点。上述基本特点之间具有密切的相关性，它们互为因果、相互作用，从而形成了指挥决策的整体面貌和整体性质。

1.1.3 指挥决策的类型

讨论各种类型的指挥决策，其目的是从外延上对指挥决策的概念做进一步的认识。指挥决策所要解决的问题是十分广泛和复杂的，因此，从不同的角度考虑，可以对指挥决策进行不同的分类。

一、按照指挥决策作用范围分类

从指挥决策作用的时空范围来看，有战略决策（战略层次的指挥决策）、战役决策（战役层次的指挥决策）和战术决策（战术层次的指挥决策）。这三种决策，既互相区别又互相联系。战役决策服从和服务于战略决策，战术决策服从和服务于战役决策。相对来说，前者是局部，后者是全局；前者具体，后者概括；前者适用时间短、范围小，后者则适用时间长、范围广。

1. 战略决策

战略决策,是关系全局问题的重大决策。全局问题既有战争准备问题,也有战争实施问题。战争准备问题,主要涉及军队建设的发展方向、军队体制编制的确定和变革、各军兵种的均衡发展、部队装备发展规划、军事力量的战略布局、战场建设等问题。战争准备方面的战略决策,既是关于当前军队建设和部署的战略性决定,也是关于军队长远发展规划的目标和方法的战略性决定。战争实施问题,主要涉及分析判断战略形势、制定实施战争的战略方针、制定实施战略性战役的计划、战略预备队的建立和使用等问题。战争实施方面的战略决策,是对于军队在战争中的部署和运用的方针和方法所做出的战略性决定。

2. 战役决策

战役决策,是关于准备和实施战役行动的目标和方法的决定。战役决策的内容包括确定战役方针、定下战役决心和制定战役计划。战役决策受战略决策的制约,制定战役决策的根本依据是战略方针、战略意图和受领的战役任务。战役决策的作用,在于根据实施战役的客观环境和客观条件,选择最合适的战役目标和最有效的战役行动方法,以使战役行动最有效地服务于战略目标。

3. 战术决策

战术决策,是关于准备和实施战斗行动的目标和方法的决定。战术决策的内容包括确定战斗目标、定下战斗决心和制定战斗计划。战斗目标一般是从属于战役目标的,但在小规模局部战争的特殊情况下,战斗目标有时也会直接有助于战略目标的实现。因此,战术决策一般受战役决策的制约,但在某些情况下战术决策也会直接与战略决策发生联系。战术决策的根本依据是上级意图和所受领的战斗任务。战术决策的作用,在于根据实施战斗的客观环境和客观条件,选择最合适的战斗目标和最有效的战斗行动方法,以使战斗行动最有效地服务于战役(或战略)目标。

二、按照指挥决策内容分类

根据指挥决策的内容,有情报决策、作战决策和组织决策。不论在任何作战指挥决策中,一般都需要解决下面三个问题:一是搞清情况,二是确定行动的方法,三是建立实施行动的组织系统。而情报决策、作战决策和组织决策所要解决的正是上述三方面的问题。虽然明确作战条件、确定作战方法以及建立作战的组织体系都是作战指挥决策不可分割的组成部分,但三者所涉及的决策问题却具有相对的独立性。这三类决策问题,其所决策的内容是迥然不同的:情报决策必须对什么是事实真相做出尽可能客观的判定,作战决策必须对完成作战任务的最佳行动方法做出选择,组织决策则必须对部队的编组形式和控制部队的组织系统进行最佳的设计。简言之:情报决策要回答"什么是事实真相"的问题;作战决策要回答"应该怎样行动"的问题;而组织决策则要回答"力量应该如何组织"的问题。在指挥决策过程中,情报决策、组织决策和作战决策相互依赖、相互制约,并将根据具体情况的不同以不同的方式动态地交织在一起。

1. 情报决策

情报决策,是对情报信息的真伪、含义和价值进行分析判断的过程,也是对分析判断的结论所做出的决定。由于在对情报信息进行分析判断时,我们对于情报的真伪、含义和价值可以做出多种判断，存在关于情报分析结论的多种选择，因此，做出情报分析结论的过程其实也是一种决策过程，这种决策就是情报决策。情报决策多采用自下而上的方式，即宏观的、综合的、大范围的情报决策通常要以微观的、基本的、具体的情报决策为基础。

2. 作战决策

作战决策，是从有效达成一定的作战目的出发，对作战行动方法进行筹划和优选的过程，也是对作战行动方法所做出的决定。在不同的背景下，作战决策可能具体包括确定行动目标、确定主要作战(进攻或防御)方向、确定作战行动的样式、兵力兵器的部署、规定部队任务、协同和保障的重要问题等内容。它是指挥决策中最重要、最复杂的决策。显然，正确的作战决策只能建立在正确的情报决策的基础之上。而为了保证作战决策的圆满实现，还必须进行组织决策。作战决策一般呈现自上而下的制定方式，即只有在上级确定了对所属部队的任务区分之后，下级才能根据本部所受领的任务，确定达成任务目标的最佳方法。从易于理解的角度出发，也可以把这里所谓的"作战决策"称为"行动决策"。

3. 组织决策

组织决策，是为了贯彻落实作战决策，对所属部队所进行的力量编组和对指挥系统所进行的结构设计。组织决策的作用，在于使己方的作战系统形成所需要的系统结构和系统功能，以便能够最有效地遂行作战行动。通常所说的编制体制、人员配备、战斗编成等，都属于组织决策的范畴。组织决策方案，既可以是长期性的，如编制体制；也可能是临时性的，如战斗编成。为保障作战实施而进行的组织决策通常在执行作战任务之前进行，有时也可能同时进行，还可在执行过程中不断地调整。组织决策的实质，是如何进行作战力量和指挥力量的有效组织，因此它的基本内容是确定结构。衡量一种结构是否适当，主要看这一结构的工作效能、战斗能力、生存能力、反应能力等方面是否适应作战的需要。组织决策一般也呈现自上而下的制定方式，即只有在上级确定了高层组织序列之后，下级才能在这个框架下确定低层的组织序列。

三、根据指挥决策问题特点分类

根据军事行动的环境和条件是否具有不确定性，可以将指挥决策区分为确定型决策、风险型决策和不确定型决策。由于军事行动环境和条件一般带有不确定性，因此军事决策一般是风险型决策和不确定型决策。

根据衡量军事行动方案优劣的标准(指标)是否具有单一性，可以将指挥决策区分为单目标决策和多目标决策。由于人们在希望所制定的决策方案能够最大限度地实现既定的决策目标的同时，还往往希望为此所付出的代价以及所冒的风险尽可能地小，因此，在一般情况下，指挥决策都是一种多目标决策。

四、根据指挥决策问题的结构化程度分类

严格地说，辅助决策方法不包括一般意义上的计算机信息处理，而仅限于直接帮助决策者拟制和选择行动方案的方法和手段。在现代决策科学中，这些辅助决策方法是根据决策问题的结构化程度来分类的。决策问题的结构化程度是指对某一决策过程的环境和原则，能否用明确的语言(数学的或逻辑的，定量的或定性的)给以清楚的说明或描述。问题的结构化程度可以用下面三个因素来区分：

（1）问题形式化描述的难易程度：结构化问题容易用形式化方法严格描述。形式化描述难度越高，结构化程度就越低，完全非结构化问题甚至不可能形式化描述。

（2）解题方法的难易程度：结构化问题一般能描述得很清楚和有较规范化的解题方法。解题方法越不易精确描述或描述难度越高，结构化的程度就越低，完全非结构化问题甚至不存在明确的解题方法，只能用一些定性的方法来解决。

（3）解题中所需计算量的多少：结构化的问题一般可通过大量的明确的计算来解决，而结构化程度低的问题则可能需要大量试探性解题步骤，而不包含大量明确的计算。

决策问题的结构化程度取决于辨认求解问题所需信息及过程的难易程度。决策问题依其结构化程度可分为三类：结构化决策问题、非结构化决策问题、半结构化决策问题。

结构化决策问题的特点：一是决策问题有明确目标，目标可定量描述；二是决策所需信息（即对决策有影响的因素）能明确地描述且可以得到；三是有明确的处理原则。因而，其解法是"重复的、一成不变的，只要处理这类问题的步骤被找到，那么，遇到这类问题就不需要重新寻找方法"。显而易见，结构化问题是常规的和完全可重复的，问题的求解方法是确定的，可以用程序来实现，易于用计算机进行处理。

非结构化决策问题与结构化决策问题恰恰相反。如果在决策的情报阶段，不能定义、识别问题的条件；在决策的设计阶段，不能确定解决问题的方法；在决策的选择阶段，不能明确规定选择的准则，那么，这个决策问题就是完全非结构化的。非结构化决策问题是新颖的，以前没有出现过或者问题的精确性质和结构难以捉摸，因而老一套方法不能处理，需要依靠决策人员的经验和判断。非结构化问题不具备已知求解方法或存在若干求解方法而所得到的答案不一致，所以，它难于编制程序来完成。非结构化问题实质上包含着创造性或直观性，计算机难以处理，而人则是处理非结构化问题的能手。

大多数决策问题介于结构化决策问题与非结构化决策问题之间，即所谓的半结构化决策问题。这类问题一部分是不可详细说明的，在条件、方法、准则之中，有一种或两种要靠决策者的判断，另一部分则是可说明的。当把计算机和人有机地结合起来，就能有效地处理半结构化决策问题。

指挥决策问题的结构化程度，既与决策问题的类型有关，也与决策的层次有关。表1.1列出了各种类型和层次的指挥决策问题的结构化程度。

表1.1　各种类型和层次的指挥决策问题的结构化程度

决策问题类型		决策层次			
		技术决策	战术决策	战役决策	战略决策
结构化程度	结构化	舰艇机动； 使用武器； 使用电子对抗器材	评估战斗能力； 优化资源运用； 优化兵力编组	评估战役能力； 优化资源运用	战略资源分配
	半结构化	确定使用探测器的种类、时机和方式	分析判断情况； 谋划确定战法； 确定作战对象	优化兵力编组； 分析判断情况； 谋划战役布势； 谋划确定战法	分析战略形势； 规划兵力结构； 确定兵力布局
	非结构化	人员分配； 指派工作	建立指挥组织	确定战役企图； 组织指挥系统	制定战略方针； 建立指挥体制

例如,在潜艇兵力使用决策问题方面,有如下一些决策问题:

D1:根据战役目的和态势情况,确定潜艇可能遂行的各项任务和应注意的使用原则;

D2:根据战区环境及作战反应时限,提出潜艇最佳前进基地及后勤保障需要;

D3:按战役企图的要求,确定潜艇兵力的使用计划;

D4:潜艇兵力使用方案的可行性检验;

D5:兵力使用论证结果的决心方案备忘录;

D6:根据态势和海区情况,确定在潜艇不同使用方式时,对重要目标和主要方向侦察时的侦察可靠性和发现概率;

D7:根据态势与任务要求,确定潜艇阵地伏击、区域游猎和引导截击的部署使用;

D8:确定潜艇对水面舰艇的对空、对海预警及引导超视距导弹攻击的使用方案及对潜通信方案;

D9:潜艇对重要目标攻击的可靠性论证与攻击模拟;

D10:根据任务确定潜、舰协同作战方案;

D11:不同战法战斗能力与敌我交换率的评估;

D12:预测潜艇布雷封锁的作战效果;

D13:预测潜用武备改善后的作战效果。

对以上决策问题按照结构化问题的分类原则,可归纳如下,见表 1.2。

表 1.2 潜艇兵力使用的决策问题分类

结构类型	决策问题	问题特点
非结构化	D1,D3,D4,D10	决策方案不可能通过建立适当的模型得到
半结构化	D2,D5,D8,D9,D12,D13	决策方案可通过建立适当的模型得到,但不可能从这些方案中得到最优方案
结构化	D6,D7,D11	可以利用或可以建立适当的模型产生决策方案,并且可以从这些方案中得到最优(或近似最优)的解

值得注意的是,从发展的观点来看,结构化、半结构化和非结构化决策问题的划分并不是固定不变的,随着对具体问题认识的逐渐深入、决策理论和方法的不断完善以及现代化决策工具性能的显著提高,可以使许多原来属于非结构化和半结构化的决策问题,逐渐向半结构化和结构化问题的方向转化。

1.1.4 科学的指挥决策要求

指挥决策是指挥活动的核心。指挥员及其参谋人员在指挥活动中要做到及时正确的决策,首先必须遵循马克思主义科学世界观方法论的指导,掌握马列主义毛泽东军事思想的理论原则。同时,应充分运用现代决策科学的理论方法,力求做到遵循科学决策的程序和步骤;自觉运用各种有效的思维方式;借助各种辅助决策技术。

一、科学的决策程序

根据我军长期作战经验和现代决策科学理论,指挥决策过程应包括以下 4 个相互交织在一起的基本阶段。

1. 弄清情况,确定作战行动目标

它通常包括以下 3 项内容:

（1）了解任务，掌握上级为本级规定的行动目的，这是决策的出发点和落脚点。

（2）搜集信息，判断情况，这是决策的基础。从信息处理角度看，这个步骤要把搜集到的大量信息进行"压缩"，即减少冗余，去伪存真，变换成所需要的形式。

（3）确定作战行动目标，即确定为实现作战目的而要达到的具体目标。确定目标时应注意环境条件提供的挑战和机会；分清必达目标和期望目标，并明确目标的定性和定量要求。

2. 拟定多个备选方案

备选方案是达成作战行动目标的具体途径。由于作战行动中不确定因素十分多，拟定多种方案十分必要。拟定备选方案一般要经过概念形成和具体设计两个阶段。科学的思维方式对拟定方案的创新和求实具有头等重要的意义。

3. 评估备选方案的有效性

这一步骤的目的是逐一鉴定比较各备选方案的利弊，以便为最后决断提供依据。评估的准则取决于作战行动的目标，其结果以定量和定性相结合的形式给出。现代辅助决策技术为各种评估方法提供了有效的手段。

4. 做出方案的选择，即定下决心

这是指挥员意志行动的结果。由于决策必定包含风险成分，所以有必要确定可忍受的风险和不可接受的风险。决断可以是一次性过程，也可以在执行过程中，对方案进行修改和完善。整个决策过程实际上是一个决策—执行—再决策—再执行的不断循环往复的过程，直至作战行动目标彻底实现。

二、科学的思维方式

决策过程实质上是决策者的思维活动过程。决策者的思维方式对决策过程的成效影响极大。认知科学和行为科学的研究表明，指挥员的决策思维方式有以下 5 种，即经验思维、公理思维、辩证思维、形象思维和灵感思维，前 3 种属于通常所谓的抽象思维。各种思维方式的特点如下。

1. 经验思维

根据简单现成的模式决定对问题的态度和反应，即用记忆中储存的范例辨认观察到的问题情况，并选择和采用现成习惯的反应。经验思维代表了经验的积累、系统化和组织。它的优点是处理简单决策问题响应快，特别适用于武器的使用决策和小规模部队的战术指挥；经验思维的不足之处在于它是有限的，当遇到新的情况时，仅仅在经验基础上决定反应就不够了。而且当情况复杂时，即使这些情况是经验情况的复合，也会因经验的有限而可能无法做出决断。例如，若经验的情况有 A、B、C 3 种，则混合情况有 A、B、C、AB、BC、CA、ABC 7 种，这样，原有的经验只能解决约 50% 情况的决策问题。若原有的经验情况有 5 种，则混合情况总数将超过 100 种，而经验思维能处理的只有 5 种，不到 5%。可见，情况复杂起来时，经验思维能力就迅速下降了。

2. 公理思维

公理思维是按公理或规则体系来反应的，即通过应用适当的公理来考查情况并根据规则通过逻辑推理决定对情况的反应。每条规则都是社会经验的集中体现并为决策者所确认。作战指挥决策中，战役战术原则、战斗条令、工作条例等都是"公理"。指挥员依据这些"公理"，可以极大地扩展其能有效决策的情况范围，加快决策的速度。因此，在指挥决策中,公理思维较之经验思维占据更大的比重。决策的层次越高,逻辑结论的价值就越大,而经验思维的反应迅速的优点就失去价值了。决策的影响范围越大,即部队数量越大,则一般原则越有用——统计解开始有效,因为一定情况所涉及的地域与时间越多,这些情况的变化越小,则由一般原则控制的事件变化的联合效应会引起典型情况的比重就越增加或越趋于稳定,这就扩大了公理思维的应用范围。

公理思维的缺点,特别是对于指挥决策来说,是它的不完全性。作战情况十分复杂,很难由一些公理来概括。当出现意外情况时,公理思维就行不通了。同时,由于公理具有普遍性,每一方都可以像敌人那样考虑并预测它的行动,结果双方都不可能完全按军事“公理”打仗。因而,公理思维的效果就会大大降低。

3. 辩证思维

辩证思维的实质是发现和解决问题的主要矛盾。它是客观事物矛盾运动在人脑中的反映。辩证思维表示产生新的创造性设想的质的飞跃,因而和创造性密切相关。作战指挥决策最需要的就是指挥员的创造性,所以经常使用辩证思维。辩证思维具有能从整体和相互关系上进行假设和推断的特性,因此有可能在情报信息不完备的情况下获得正确的结论。当然,真理的最后标准是实践,一个正确的有创造性的决策要通过实践来检验。

4. 形象(直感)思维

前述经验、公理、辩证3种思维方式都属于抽象思维。抽象思维是对事物的间接的概括的认识,它用抽象方式进行概括,并用抽象材料(概念、理论、数字等)进行思维。形象思维则主要用非语言、直觉、整体的方式进行概括,并用形象材料(形象或示例)进行思维。形象思维不能用语言精确地描述。当我们通过形象思维发现一个熟悉的示例或形象时,我们可能突然产生顿悟,出现合理的想法,形成自己对问题情况或环境的内在模型。形象的交流常常能传递很难或不可能用语言表达的思想。例如,军事上一幅态势图要胜过几千字的态势报告。在指挥决策中,形象思维能基于有限的形象资料和事实,对客观事物本质及其规律性联系迅速做出识别,敏锐洞察,直接理解和整体判断。但感情和感觉往往正是通过形象思维对决策产生影响。

5. 灵感思维(顿悟思维)

灵感思维是人们在注意力高度集中,意识极度敏锐的情况下,长期思考的问题受到类似事物的启发,忽然顿悟找到解决办法的思维活动过程。战争中,指挥员的“情急智生”就是“情急诱发”灵感思维,产生巧妙的决策。灵感思维的本质至今尚未弄清。但根据马克思主义的认识论,可以肯定灵感是人类创造性活动中的一种复杂的精神现象,它来源于人们知识和经验的长期积累,即所谓“厚积薄发”“长期积累,偶然得之”。

上述5种思维方式从不同途径和不同侧面认识事物的本质。作战指挥决策中,指挥员往往需要数种形式并用,尤其是创造性思维,更需要系统地运用各种思维形式,靠集体智慧相互补充。当然,在决策过程的各个阶段,随着时间、地点、条件的不同,指挥员可能以某一种思维方式为主,其他思维方式为辅。一般来说,指挥决策思维活动中,抽象思维(经验、公理、辩证思维)是主要的思维形式,形象思维也很普遍,二者互相结合。灵感思维的运用相对要少一些,但对指挥员的创造性决策往往能起到意想不到的巨大作用。认识这些思维方式的作用和机制,自觉地运用各种形式,促使决策思维更加条理化、科学化,是实现及时、正确指挥决策的必要条件。

三、应用各种有效的辅助决策技术

指挥决策作为思维活动的意志行动，主要是由指挥员（包括他的参谋人员）依靠自己的经验、直觉和辩证思维能力而做出的。但是，现代作战条件下，指挥决策任务的艰巨性和复杂性使得只依靠指挥人员自己很难达到及时正确的决策要求。例如敌情判断，在现代战争条件下，指挥员固然能凭借先进的情报侦察系统和高速通信技术，获得大量来源不同、形式不一的情报数据。但这些数据往往可能是不完整的、模糊的、滞后的、不可靠的甚至是矛盾的。用直观推断辨认这些情况需做大量"如果……，则……"之类的思考判断。而心理学的研究告诉我们，人的直观推断求解速度受到短期记忆能力小以及顺次处理模式的限制，不可能很快。假设要考虑 10 种因素，每种因素有 10 种可能性，那么应当考察的表述就是10^{10}种，如果评估一个解只用 0.1 s，那也要 300 年。

此外，直观推断决策过程还可能产生偏差或失算。决策者往往只利用在给定时间范围内能得到的数据；个人的期望可能使决策者对情报数据做有倾向性的解释，甚至妨碍他接受重要的、与自己期望矛盾的信息；近期事件出现的频率可使决策者忽略更严格评估未来事件的发生率；决策者还可能对变量作错误的相关分析并根据不显著的小子样做出不合适的推断。人的决策思维能力的这些"缺陷"，客观上提出了应用各种辅助决策技术，加强决策思维能力的要求。

辅助决策技术是在现代决策科学理论、方法和现代计算机技术相结合的基础上发展起来的。在当前水平下，支持辅助决策的计算机功能主要有以下 4 种。

1. 信息检索

根据用户规定的准则，从大量现有信息中选择所要求的信息，再存入计算机或以各种形式提供给用户。例如，文件资料等的检索。

2. 计算

广义地说就是根据预先储存的规则处理数据信息，产生原来未储存的数值信息。例如，各种战术运算等。

3. 信息变换

把用户关于概念的表述转换成一种不同的但有关系的概念表述。例如，把原来用 A 语言写的文本变换成图形、图像、声音或用 B 语言写的文本，如战场态势的显示等。

4. 学习

在程序执行过程中改进储存的计算机指令，即通过计算机与用户的大量交互，使得产生新信息的规则经过每次程序执行都得到改进，这样逐步把人的某些知识、经验、智慧转移到计算机中。例如，对于一个有经验的指挥员来说，遇到某些情况，可能根据其以往的经验，就可以很好地决策，如果计算机也能把每一次成功决策的经验保存下来，下次再遇到类似情况时，也能像有经验的指挥员那样，通过以往的经验，结合推理分析，对此次决策提供帮助，则认为该辅助决策系统具有了学习的功能，能通过学习提高其决策的能力。

计算机的这些功能归根到底是在语言/逻辑层次处理语言和它的文字含义。这里定义的语言包括自然语言和数学语言（数值，符号和函数）。语言、数学、逻辑推理和定量分析都属于抽象思维活动，数字计算机基于数学/逻辑的功能只是人脑这一思维活动的外部延伸。因此，辅助决策技术只能用于增强决策者的某些抽象思维能力，即经验、公理思维能力。至于辩证思维能力和形象思维能力目前还没有有效的直接辅助技术。当然,随着计算机技术的进展,通过虚拟现实和声、像、图、文多媒体等具有创造潜力的新技术,在一定程度上,间接支持形象思维还是可能的。

1.2 作战辅助决策

1.2.1 作战辅助决策的定义

辅助决策指借助决策者之外的智慧(如谋士、参谋、智囊团等)和工具(如模型、算法及软件等),利用科学决策方法,辅助和支持决策者完成决策的过程,也称为决策支持。

在指挥决策活动中,如何有效地进行辅助决策是一个十分重要的问题。然而,由于决策是一种高级智能活动,因此,在计算机出现之前,最有效的指挥决策辅助只能来自于决策者之外的其他人脑。但计算机出现后,这种情况发生了根本性的改变。由于计算机是人制造出的能够部分模仿人脑思维的机器,并且随着时间的推移,这种模仿能力正在获得不断的提高,因此,在计算机诞生之后,基于计算机的辅助决策就立即得到了发展。基于计算机的辅助决策,已经由最初的辅助数据处理、辅助信息管理,发展到了辅助决策分析,从而形成了决策支持的概念。相应地,用于辅助决策的计算机系统,也由电子数据处理系统、管理信息系统,发展到了作战辅助决策系统。当前,决策支持和作战辅助决策系统已经成为指挥决策领域中的一个重要研究课题。

决策支持和辅助决策系统的概念是在运用计算机辅助决策的发展过程中逐渐形成的。从逻辑上说,决策支持是一个比辅助决策系统更基本的概念。因为决策支持是目标,作战辅助决策系统只是通向目标的工具。

一般认为,决策支持具有以下特点:①决策支持旨在辅助决策者做出决策,而不是试图代替决策者做出决策,即运用各种技术手段以支持决策者的判断力,而不是用机器判断去代替决策者的判断力;②决策支持试图将计算机的严谨性与人的创造性结合起来,以帮助决策者更好地做出结构化和半结构化决策,即在解决这些问题时,利用计算机处理其中的结构化部分,使决策者能够集中精力解决其余的非结构化的部分;③决策支持强调人机交互,因为在求解半结构化问题时,只有通过多次交互(计算机的信息输入和输出),才能将人的思维过程与计算机的求解过程结合起来,以完成问题的求解;④决策支持旨在提升决策效能,首先是提高决策的质量,其次才是提高决策的效率。

根据对于决策支持的上述基本认识,结合军事决策的特点,可以认为指挥决策支持,就是在指挥决策过程中,为了运用计算机、数学模型和人工智能等现代决策工具和决策方法来帮助指挥员及其指挥机关更有效地做出决策,而采取的相关措施和相关活动。

关于指挥决策支持,我们应具备以下认识:①指挥决策支持,是指挥决策活动与现代科学技术相结合的产物,它涉及指挥决策理论、计算机及其网络技术、决策学、运筹学、系统学、信息学、心理学和行为学等多方面的理论和技术;②指挥决策支持的宗旨,是试图将以计算机为核心的信息技术和现代决策科学理论引入指挥决策活动,以提高指挥决策的质量和效率;③指挥决策支持的工具,是作战辅助决策系统,而作战辅助决策系统,则是一种能够辅助指挥员和指挥机关完成指挥决策工作的计算机信息系统，它是指挥信息系统的一个组成部分；④指挥决策支持的作用，是在决策过程中辅助指挥人员更有效地发挥其分析能力并做出正确的判断，而不是试图取代他们的判断力和直觉，在整个决策过程中，应该由指挥人员通过对问题的洞察和判断来控制决策的步骤和进程；⑤决策支持就是决策辅助，作战辅助决策系统能为决策者提供辅助决策的有用信息，但它不能独立地制定决策。在现代条件下，指挥决策是由人来主导的，并由作战辅助决策系统和人来共同完成；⑥指挥决策支持的方式，即作战辅助决策系统在指挥决策过程中所发挥的作用和发挥作用的形式，必须与指挥人员在决策过程中的工作程序、工作方式和思维方式相适应。并且，这种适应是相互的：一方面，作战辅助决策系统的功能和操作方式应尽可能从方便决策人员的角度进行设计；另一方面，也必须根据许多决策工作日益计算机化和人机交互化后的现实需要，对传统的指挥决策程序和方法进行变革；只有解决好人－机之间相互适应的问题，使人机在指挥决策中实现最佳的结合，才能使指挥决策的程序和方法更加科学合理，使指挥决策支持取得最好的效果。

1.2.2 作战辅助决策的方式

研究决策支持的方式，主要涉及支持什么和如何支持的问题，这是运用计算机进行指挥决策辅助的一个核心问题。根据决策支持所运用的技术方法、所支持的决策阶段以及指导思想的不同，可以对指挥决策支持的方式作如下分类。

一、基于不同技术手段的决策支持

根据运用的技术手段的不同，可以有如下几种决策支持方式：数据支持；模型支持；智能支持。

1. 数据支持

数据能反映事物各方面的量化特征。以提供所需数据和进行数据处理的方式来支持决策，是一种最基本的决策支持方式。计算机进行数据支持的有效手段是数据库技术。在数据库的支持下，指挥人员将能够更有效地搜集、存储、管理和利用各种信息。

这是最基本的辅助决策方式。数据能反映事物的数量化特征，例如，脱靶量能反映武器的射击精确程度，杀伤半径能反映炮弹的毁伤能力，能见度能反映射击条件的好坏，等等。管理信息系统主要是对各种数据信息进行有效管理和处理的系统，它在数量上为各级管理者和决策者提供数据和辅助决策信息。

管理信息系统是进行大量数据处理，以数据形式辅助决策的。在作战辅助决策系统中，以数据形式辅助决策的方式大量存在。例如，当舰船要通过特定海域时，就需要该海域的相关数据，以决策舰船能否通过或者以什么样的方式通过；又如，当需要针对某次作战前弹药准备时，就需要相关弹药库的弹药储存情况的数据，以决策弹药的调运计划，等等。

2. 模型支持

模型是人的认识对事物运动客观规律的某种反映。模型支持是较之数据支持更高级的一种决策支持方式。计算机模型支持的主要技术手段是软件包和模型库技术。软件包和模型库中存储有各种数学模型，包括数据处理模型、作战对抗模型、运筹优化模型、决策评估模型等，其作用是帮助指挥人员在指挥决策过程中更有效地进行定量分析。例如：对情报信息进行处理;进行战役战术计算,如计算侦察能力、发现概率、突击能力、毁伤概率和期望、出动能力、机动能力等;对备择方案效果进行定量评估;对方案进行优化和优选等。

较为有效的辅助决策途径是利用模型和方法。在掌握事物发展规律的基础上,建立模型和方法,再按模型和方法的思想去指导行动。由于行动是基于事物的发展规律的,因此,行动的结果,总能取得良好的效果。客观事物千变万化、异常复杂,而模型总是会略去一些因素,这种模型的效果,由于当时条件、环境的变化,有可能失效。可见,模型是否真正反映客观事物的发展规律,是评价模型是否真正有效的关键。

军事运筹学的研究,在于建立模型和方法实现辅助决策。例如,作战资源最优分配问题的规划模型,目标搜索问题的搜索论模型,各种作战模拟模型等。军事运筹学的研究,已经取得了很大的成果和效益。

虽然单模型辅助决策已经取得了某些成效,但是单模型难以反映客观事物的全貌,单模型辅助决策的效果是有限的。随着计算机技术的发展,已经出现能支持多模型组合的辅助决策方式。模型总是和数据相连,单模型不涉及大量的数据,所用到的数据,用少数的数据文件就可以解决,所以一般不需要数据库的支持。多模型组合辅助决策,与单模型辅助决策相比,有两点不同:其一,需要数据库支持。多模型的组合将涉及大量的数据,这些数据采用数据库统一管理更为合适,这样便于数据的共享和消除数据冗余;其二,需要模型库支持。多模型组合需要建立模型库来统一管理各种模型,控制模型的组合与集成,从而发展成为以多模型组合、连接数据库进行综合决策的形式辅助决策。作战辅助决策系统正是按照多模型组合辅助决策的方式建立起来的,数据库是作战辅助决策系统必不可少的部分,而模型库是作战辅助决策系统最具有特色的部分。例如,在舰艇指挥控制系统中,有很多指挥算法模型,灵活高效率的指挥算法是指控系统的中枢,它贯穿在从航渡开始,经避碰、搜索、展开、对抗等舰艇运用的全过程,贯穿在目标识别、威胁估计、拦截目标提取、传感器-武器-目标通道合理组织和射击指挥的决策中。

3. 智能支持

智能支持,即在决策中利用计算机智能来部分代替人类智能的决策辅助方式,智能支持是一种更高水平的决策支持方式。智能支持的主要手段是人工智能技术,如专家系统技术和人工神经网络技术等。专家系统能够帮助指挥人员进行某些分析和判断,从而在一定程度上增进指挥人员在指挥决策过程中应对复杂情况和紧急情况的能力。然而,由于人工智能技术的复杂性,要实现智能支持具有很大的难度。

二、不同决策阶段中的决策支持

制定一项决策,一般要经过确定目标、方案设计、方案评选等阶段。在每一个阶段中,都可以运用计算机为相关的决策活动提供必要的支持。

1. 支持确定目标

目标的确定,必须建立在对客观情况和决策问题充分了解的基础之上。因此,在确定目标阶段,指挥人员需要查明与决策问题相关的客观环境和条件,以便对决策问题有一个清楚的界定和认识。为了支持指挥人员完成对问题的界定和对情况的掌握,计算机应能帮助指挥人员完成对情况信息的搜集和分析。在弄清情况,确定行动目标阶段,计算机辅助决策的任务主要是信息处理,包括检索已有信息,处理当前信息,基于定量分析,辨认当前的紧急事件或未来面临的威胁。

信息搜集的范围，主要包括客观环境、对抗态势和内部情况等三个方面。客观环境，即战场的自然环境和社会环境信息；对抗态势，即关于敌方情况和对抗形势的信息；内部情况，即下属部队以及友邻部队的情况信息。

作战辅助决策系统搜集信息的方式主要是搜索数据库。在拥有指挥信息系统的条件下，来自各个情报源的情报信息已经经过情报分系统的汇集和整理，被分门别类地存储在各种数据库中。因此，在需要时，作战辅助决策系统将根据决策需要搜索各个相关的数据库。这些数据库既可以是本级管理的本地数据库，也可以是由上级指挥机构管理的远程异地数据库。而没有存入数据库的以文本或其他形式存在的信息，计算机无法自动地直接加以搜集，但可以通过建立一个关于这些材料的索引数据库来帮助参谋人员进行查找。

作战辅助决策系统辅助决策人员分析处理信息的方式多种多样：既可以是低级的只涉及语法信息的表层信息处理，也可以是高级的涉及语义信息的深层信息处理；既可以是简单的转换、分类、识别、排序、筛选等数据处理，也可以是通过统计分析、逻辑分析，以及数据挖掘技术等方法进行的深度信息处理。

2. 支持方案设计

决策方案的设计大体上可以分为两个步骤：一是方案的总体筹划；二是方案的细节拟定。无论是进行总体筹划还是进行细节拟定，都需要计算机提供推理分析和数据检索两方面的辅助。

对于可以量化描述的决策问题，运用适当的数学模型，有时可以直接产生出经过优化的行动方案。例如，对于某些兵力组合问题、行动路线选择问题、作战资源分配问题等，利用数学规划模型往往能够得出初步方案供决策人员修改采用。对于难以量化、主要需要依据专门知识、经验和技能进行定性分析的复杂问题，有时可以利用专家系统辅助产生行动方案。在无法用模型和专家系统进行辅助的情况下，则必须由决策人员通过大脑思维完成方案的主要设计，此时计算机至少可以通过数据检索为方案的筹划和拟定提供所需的数据和信息。

在拟定多个备选方案阶段，决策者富有创造性和想象力的思维活动起主要作用，而计算机在当前水平下，只能提供一些按常规办事的备选方案或简化情况下某种意义上的最佳方案，这些方案至少可以保证不会漏掉最显而易见的常规方案，而这是决策者高度创造性思考中常常会忽略的。

3. 支持方案评选

在方案评选阶段，指挥人员首先要对已有方案的可行性和有效性进行检验和评估，其后才能在检验和评估的基础上做出关于方案选择的决定。在方案可行性和有效性的检验和评估中，计算机都可以通过运用效能评估模型或蒙特卡罗模拟方法对其进行支持。在对决策方案进行选择时，像多目标分析、层次分析、主观概率评估、效用分析这样一些模型，可以用来帮助指挥人员进行方案选择或按照一定的标准对各种备择方案进行优劣排序。

评估备选方案阶段是辅助决策技术可以发挥重大作用的阶段。在决策者选定评估准则及评估方法后，计算机可以完成从辅助构模到得出结果并按准则将备选方案排序的工作。评估模型有两类，一类是基于判断的模型，模型的基础信息由了解决策问题的人的知识经验和智慧组成。计算机对这类模型的构模只能做些外围辅助工作，如帮助画流图等。

另一类是基于数据的模型。构模的基础是所存储的数据，模型的形式是联系决策方案与结果的数学方程。计算机以其计算、变换、学习功能对构模提供有力的帮助。

在定下决心阶段，即使计算机把各备选方案进行了排序，选定方案归根到底还得取决于决策者的决断。然而，计算机仍能对指挥员的决断发挥关键的帮助作用。例如，当备选方案按多个评价准则评价，而每个评价准则得出不同的方案排序时；或者多个决策者对备选方案有不同的解释，从而得出各不相同的排序时，计算机程序可以产生一个最接近于满足所有准则或所有决策者意图的最佳排序，帮助决策者做出最后决断。

三、基于决策问题结构化程度的决策支持

管理信息系统（MIS）主要用于解决结构化决策问题，作战辅助决策系统应用的主要领域则是解决半结构化决策问题，它使半结构化决策问题逐步向结构化问题转化。该类问题决策过程复杂，决策之前对问题难以识别，决策过程中，无固定决策规则可依，决策过程及结果受决策者个人行为的影响很大，是非确定性和非定量化的，需要开发适当的模型。根据所处理的决策问题的结构化程度，辅助决策方法可分为三类。

1. 运筹学方法

这种方法适用于良性结构的决策问题，能给出一定意义上的最佳解。技术层次的决策问题（如武器系统的目标分配）和部分战术决策问题，常使用这种辅助方法。军事运筹学专门讨论这类方法的应用。

2. 人工智能方法

人工智能（AI）技术的本质是模仿人类的智能。目前用于辅助决策的人工智能技术主要是专家系统或更广泛意义上的知识系统。专家系统是一组智能的计算机程序，它利用知识和推理来求解通常依靠专家经验才能解决的问题。这种技术适用于辅助非结构化决策问题的决策。

3. 判断分析方法

判断分析方法是帮助决策者根据自己的判断和偏好，从多个备选方案中选择一个优先方案的一套概念和形式逻辑方法。判断分析方法的实质是先把各种复杂的问题进行分解处理，然后把各部分综合为一个全面的模型进行决策。当问题的复杂性增加时，决策者依靠自己的判断和偏好简略处理一切有关信息的能力显著减弱，在这种情况下，判断分析作为帮助决策者制定含有重要主观因素的复杂决策的一种方法论就具有明显的优越性了。

判断分析方法要求决策者对每一备选方案的各个可能结果的似然性及自己对每个结果的偏好程度做出判断，这就把决策者的经验和智慧容纳在形式化的逻辑分析之中。这种模型结构是以分析人员与决策人员交互、定性和定量相结合的方式辅助决策的有力工具，特别适用于半结构化的决策问题。人们常称这种方法为“软方法”。

判断分析方法的起源可追溯到 1931 年瑞姆森提出的基于主观概率和效用概念的决策理论，但实际应用并形成明确的系统化理论方法是从 20 世纪 60 年代中期霍华德提出决策分析方法以后。从那时起，判断分析方法的内容不断丰富发展，从最早的决策分析方法又派生出各种具体方法。

四、基于不同指导思想的决策支持

决策支持的指导思想不同，决策支持的方式和效果就会不同。从不同的指导思想出

发,可以采取以下几种决策支持方式。

1. 传统的决策支持

对很多并不太了解计算机工作特点及其局限性的人来说,一提起计算机指挥决策辅助,可能首先会想到“计算机自动生成方案”这种事,这就是传统决策支持的思路。根据这种思路,在决策中,将由计算机根据具体条件自动生成最优方案,于是决策者一般情况下可以直接采纳或至多作少量的修改就可以了。

传统的决策支持也许能够在一些结构化程度很高的决策问题中得以实现,并取得较好的效果,但要想让计算机自动生成完整的作战方案(战役、战斗行动方案)显然是不可能的。从指挥决策的角度看,传统决策支持的思路过于简单化了,它在指挥决策实践中不具有普遍的适用性。正确的思路应该是根据决策问题的结构化程度的不同,灵活地赋予计算机以适当的任务:对结构化程度很高的问题,如某些作战资源分配问题,的确可以通过建立适当的模型让计算机提出经过优化的决策方案;但对于指挥决策中大量的结构化程度较低的决策问题,只能由人来主导方案的构思和设计过程,计算机则用于分析其中的某些局部问题,在这种情况下,一个方案的生成只能通过复杂的人机交互过程才能完成,因为只有在这样一个过程中,才能将人的直觉和经验与计算机强大的定量计算和逻辑推理能力有机地融为一体。

2. 消极的决策支持

消极的决策支持的基本思想是通过为决策者提供比较满意的决策工具来提高决策工作的质量和效率,但并不试图去改变他们原有的决策模式,以使指挥决策人员能够按其习惯或偏好的模式去自由地做出决策。在消极的决策支持模式下,作战辅助决策系统的设计者并不考虑决策过程应该如何进行,因此用户具有确定决策步骤和掌握决策进程的全权。

消极的决策支持的优点,是能够最大限度地给予指挥人员自由行动的空间,由于它不会对已有的决策程序和方法产生冲击,因此容易为指挥人员所接受,并可以立即与实际指挥决策过程融为一体;但其缺点是,不能通过变革传统的决策程序和决策方式,来进一步完善传统的决策行为模式。因此,相对来说,消极的决策支持比较适合于辅助高层决策者解决结构化程度较低的决策问题,因为在这些情况下,其决策过程依具体问题和条件的不同而具有极大的不确定性,需要更多地发挥人的灵活性和创造性。

3. 规范性决策支持

规范性决策支持的基本思想是试图将某种理想化的决策模式引入实际的决策过程,它对决策者的辅助不仅体现在提供决策工具上,还体现在引导决策者采取规范化的决策程序和决策方式上。从规范性支持注重对决策者进行积极引导这一点来看,它实际上是一种积极的决策支持。当前,运筹学、系统分析、决策分析、效用理论等,对于如何决策都有自己的一套观点和办法。因此,如欲将规范性支持用于指挥决策辅助,就要依据这些理论和方法去变革和完善传统的指挥决策过程,以达到提升指挥决策效能的目的。

为指挥人员提供强有力的工具辅助和方法辅助,并试图通过技术手段将规范化决策方法引入实际决策过程之中,这既是规范性决策支持的优点,但同时也是它的缺点。因为这既有促进传统指挥决策程序和方法变革的积极因素,同时也存在着在很多情况下难以实际实现的问题。实际上,指挥决策的现实是:只有部分比较简单的决策问题,是可以采用规范化的方法来决策的；而有大量的其他比较复杂的决策问题，至少在目前条件下还是无法规范化的。总的来看，规范性支持比较适合于辅助指挥人员解决结构化程度较高的决策问题，因为在这种情况下，决策程序和决策方法的规范性与实际可能之间将具有最小的差距。

4. 扩展的决策支持

扩展的决策支持是消极支持与规范性支持的一个折中。规范性支持过于强调指挥人员应该如何去做，但忽略了他们能否这样做；消极支持则忽视了理论对于实践的指导作用。扩展的决策支持，则既注意发挥指挥人员的主导作用，尊重他们的行为习惯和思维偏好，并充分考虑他们对于分析工具的期望和态度；同时也注意在可能的情况下尽力发挥决策理论对于决策过程的指导作用，它的目标是试图在决策过程中，将人的经验和直觉与计算机的逻辑性、严密性和快速性有机地结合起来。

扩展的决策支持具有如下特点：①不局限于已有的支持技术和软件，也不把决策辅助的工作方向仅仅局限于容易支持的决策问题上，而是不断地去扩大决策支持的应用领域，把计算机技术引入这些领域，以形成功能不断增强的逐步扩展的决策支持。②尽量将各种可行的分析方法和模型投入应用。它试图将决策分析、多目标决策，以及模型生成和模型管理等技术用于决策过程之中，以提高决策效能；并积极地将人工智能技术引入作战辅助决策系统的开发研究中，以避免决策支持及其系统的研究和应用陷入消极支持的思路而难以有新的进展。③特别重视作战辅助决策系统开发人员的作用，因为他们既应是理解决策过程的行家，又应是决策支持技术的里手。进行扩展的决策支持，不仅需要充分利用信息技术的成果，而且还要将其与军事科学、思维科学以及行为科学有机地结合在一起。

通过扩展的决策支持，既可以为决策者提供各种实用的绘算工具，以提高拟制方案的效率，也能够通过模型计算帮助决策者进行决策分析，甚至通过人工智能技术针对具体条件提出各种建议供决策者参考，以达到提高决策质量的效果。总之，扩展的决策支持不论在决策支持实践还是决策支持理论研究方面都具有十分重要的意义。

1.3 作战辅助决策系统

1.3.1 作战辅助决策系统的定义

现代化战争处于海陆空天电五维的作战空间，作战武器和作战指挥普遍采用高技术，战场环境瞬息万变，战场信息量空前膨胀，信息流动速度加快，作战指挥人员需要面对千头万绪的信息做出决策，有必要对作战决策者提供一定程度的支持。作战辅助决策系统是提供这种支持的有效手段，是为适应现代化作战需要而产生和发展起来的。

简单来说，作战辅助决策系统是一种支持作战指挥决策活动的决策支持系统（Decision Support System, DSS）。决策支持系统的基本概念最早于20世纪70年代初由美国MIT的G. Anthony Gorry和Michael S. Scott Morton教授在《管理决策系统》一文中提出，当时人们称其为人机决策系统或管理决策系统。为了强调这种系统对决策只能起辅助作用，应发挥决策者的主体作用，后来将其名称改为决策支持系统，有时也称为辅助决策支持系统。DSS是一种以计算机为工具,应用决策科学及有关学科的理论与方法,以人机交互方式辅助决策者解决半结构化和非结构化决策问题的信息系统。它是一种以支持决策为目的的人机信息系统。

关于作战辅助决策系统的定义有许多不同的描述,以下列举一些:

作战辅助决策系统是在对数据支持技术、模型支持技术以及智能支持技术进行一体化集成的基础上,形成的具有较强决策辅助能力的一种人机交互式信息系统。

作战辅助决策系统是一种能够辅助指挥员和指挥机关完成指挥决策工作的计算机信息系统,它为指挥决策提供了科学的手段,它借助计算机等先进的技术和设备,综合运用数据库技术、专家系统、作战模拟、决策分析、运筹优化等方法手段,辅助指挥员进行决策,具有决策速度快、决策质量高等特点。作战辅助决策系统能为决策者提供辅助决策的有用信息,但它不能独立地制定决策。

作战辅助决策系统是以管理科学、军事运筹学、控制论和行为科学为基础,以计算机技术、仿真技术和信息技术为手段,面向半结构化和非结构化的指挥决策问题,辅助决策者通过数据、模型和知识,进行半结构化或非结构化决策的人机交互式信息系统。

作战辅助决策系统的主要特点是:

(1) 能够运用模型库系统对大量的模型进行管理(增加、删除、修改、查询等)、调用和组合运行,提高了多模型辅助的能力和效率。

(2) 实现了数据库和模型库的有机结合。对于多模型的组合运行,模型之间的连接是通过数据来完成的,即一个模型的输出,经过一定的处理后,将成为另一个模型的输入。这样,连接两个模型的数据就不再为单个模型所私有,而是成为了共享数据,于是就有必要将其放入数据库中。而数据库和模型库的有机结合,将显著增进对大量模型及其数据进行统一管理和联合运行的水平,从而显著提高了系统的多模型辅助决策能力。

(3) 增强了人机交互能力。运用模型来辅助决策,需要在模型的运行过程中进行人机对话,以完成信息交互和辅助决策信息的显示。此外为了启动和控制模型的运行过程,也需要及时地输入必要的数据和控制信息。因此,作战辅助决策系统必须具有交互能力很强的人机界面。

(4) 具有很高的系统综合集成度。为了将数据、模型和知识综合用于决策辅助,必须对数据库系统、模型库系统、知识库系统以及人机界面进行有效的综合集成。

作战辅助决策系统的功能有:

(1) 为指挥员提供决策所需的数据、信息和背景资料。

(2) 帮助指挥员明确决策目标和进行问题识别。

(3) 建立或修改决策模型,运用模型对数据进行处理。

(4) 提供各种可能作战方案,并对方案进行评价和优选。预先存储若干份作战计划,一旦发生紧急情况,指挥员可以立即通过作战辅助决策系统对各种作战方案进行推演,并将推演结果以图形和文字的形式显示出来,进行分析和比较,选出最佳作战方案。

(5) 通过人机对话进行分析、比较和判断,为正确决策提供必要支持。作战辅助决策根据战场态势信息和作战意图,运用模型、规则和推理方法,分析战场态势,评估威胁程度,辅助指挥员拟制作战方案,并预测各种作战方案的效能,排定最优作战方案序列,辅助指挥员实现决策科学化。

1.3.2 决策支持系统的组成结构

不同形态的决策支持系统，一般都包括几个特性十分明显的基本模块（或称为基本部件），由于这些模块的不同组合和集成，构成了不同形式的决策支持系统。从而，决策支持系统在结构上有一个基本特征——集成性，其功能改进，也主要是因为其中一个或几个部件的性能得到了改进。根据决策支持系统的发展历程，本书将其分为传统决策支持系统、智能决策支持系统、基于数据仓库的新决策支持系统、综合决策支持系统，分别介绍其系统组成结构及其原理。

一、传统决策支持系统

20 世纪 70 年代末至 80 年代初开发的决策支持系统主要由五个部件组成：人机接口（对话系统），数据库，模型库，知识库和方法库。后来在这五个部件的基础上又开发了各自的管理系统，即对话管理系统、数据库管理系统、模型库管理系统、知识库管理系统、方法库管理系统。因此，一大批决策支持系统都可以认为是这十个基本部件的不同的集成和组合。一般来说，这十个部件可以组成实现支持任何层次和级别的作战辅助决策系统。实践中，往往不专门设计开发方法库，而将方法库和模型库合并。

1. “三部件”结构

决策支持系统不同于管理信息系统的基本特点是数据与模型有机组合，并以定量的方式辅助决策。1980 年 Sprague 提出了决策支持系统的三部件结构，它由对话部件（人机交互系统）、模型部件（模型库系统）、数据部件（数据库系统）三部分组成，其中模型部件包括模型库和模型库管理系统，数据部件包括数据库和数据库管理系统，如图 1.1 所示。

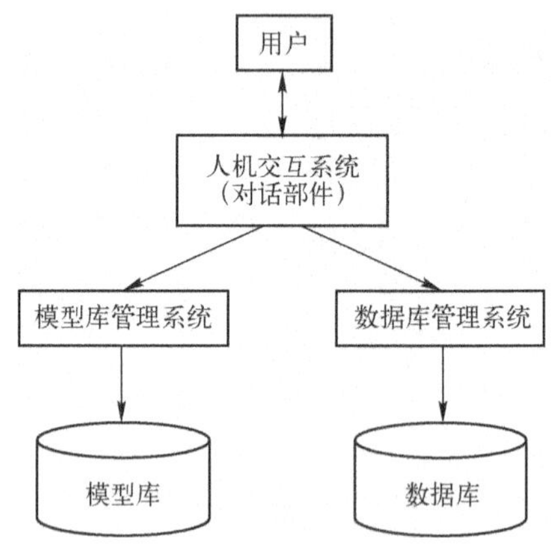

图 1.1 决策支持系统三部件结构

这种结构是为达到决策支持系统的目标要求而由管理信息系统发展来的。管理信息系统可以看作是对话部件和数据部件的组合，而决策支持系统是管理信息系统的进一步发展，即增加了模型部件。决策支持系统不仅仅是基于单个模型的辅助决策，它还具有存取和集成多个模型的能力，而且具有模型库和数据库集成的能力。决策支持系统已发展成为既具有管理信息系统能力，又具有为各个层次的管理者提供决策支持的能力，其目标是对半结构化决策问题提供支持。随着计算机技术的发展，决策支持系统技术将会逐步深入到非结构化决策问题，使其转化为半结构化或结构化决策问题，并提供决策支持。

1）对话部件

对话部件是决策支持系统与用户之间的交互界面。用户通过对话部件控制决策支持系统的运行，输入必要的信息（用于控制）和数据（用于计算）；同时决策支持系统通过对话部件向用户显示运行的情况以及最后的结果。对话部件包括以下几方面功能：

（1）提供显示和对话形式。目前，计算机中常见的人机交互界面技术有：①菜单、窗口；②命令语言和自然语言；③多媒体及可视化技术。

（2）输入输出转换。在系统运行前，将输入的数据和信息转换成系统能够理解和执行的内部表示形式；当系统运行结束后，把系统的输出结果按一定的格式显示或打印给用户。

（3）控制决策支持的有效运行。决策支持系统是三部件的有机结合体。人机交互部件需要将模型部件、数据部件进行有机综合形成系统，并使系统有效运行。要达到控制决策支持系统的有效运行，一般要通过组合“模型部件”和“数据部件”的集成语言所编制的决策支持系统控制程序来完成。

2）数据部件

数据部件是决策支持系统的一个最基本的部件，包括数据库和数据库管理系统。一般情况下，任何一个决策支持系统都不能缺少数据库及其管理系统。

决策支持系统和管理信息系统的数据库及其管理系统在概念上有许多共同点，如数据库的某些功能及其实现的方法，数据库管理系统的某些作用等，这主要是由于决策支持系统的数据库系统的某些概念来自管理信息系统。

但是，由于决策支持系统和管理信息系统之间存在着根本的区别，所以它们对数据库的要求有本质上的不同。两者的工作目标不一样：决策支持系统使用数据的主要目的是支持决策，因此它对综合性数据或者经过预处理后的数据比较重视；管理信息系统支持日常事务处理，所以它特别注意对原始资料的收集、整理和组织。一般来讲，为管理信息系统服务的数据库和为决策支持系统服务的数据库相比，后者要庞大、复杂得多。不过从资源共享的角度看，也许它们在组织机构内使用的是同一个数据库。

由于决策支持系统和管理信息系统对数据库的要求不同，所以对数据库的管理方式也有较大差别。其中一个最主要的差别是它们与数据库管理员（DBA）的关系，管理信息系统是 DBA 的直接服务对象，它们之间的关系十分密切；决策支持系统是为决策层服务的，它与 DBA 的关系不那么密切，大部分情况下它通过管理信息系统来获取综合信息，只有在特殊情况下才与 DBA 直接打交道。

经过几十年的发展，数据库技术已趋于成熟，有比较成熟的数据库组织方法和数据库管理系统。

（1）数据库存储的组织形式。数据库用来存储大量数据，一般组织成易于进行大量数据操作的形式，典型的数据组织模型有网络模型、层次模型、关系模型等形式。数据库由数据库管理系统来管理和维护。

（2）数据库管理系统功能。数据库管理系统必须具有数据库建立、删除、修改、维护，数据存储、检索、排序、索引、统计等功能。

（3）数据库管理语言体系。一般来说，数据库管理系统应提供一套语言体系供用户使用数据库或提供与某种高级程序设计语言的接口，这套语言体系一般由两个部分构成：

① 数据库定义语言（DDL）：提供定义数据库中数据组成形式如数据模式、数据依赖关系等的手段。

② 数据库操作语言（DML）：提供对数据库中的数据进行操作，包括数据库的建立、维护；数据字典的建立和维护；数据查询、检索以及数据处理等的手段。

3）模型部件

模型库系统是传统决策支持系统的三大支柱之一，是决策支持系统中最有特色的部件。与管理信息系统相比,决策支持系统之所以能够对决策制定过程提供有效的支持,除了系统设计思想不同外,主要在于决策支持系统中有能为决策者提供推理、比较、选择和分析整个问题的模型库。因此,模型库及其相应的模型库管理系统在决策支持系统中占有十分重要的位置。但是,模型库并不是决策支持系统必不可少的部件,少数仅通过信息服务来做决策支持的系统就可以没有模型库,一些向专家系统方向发展的决策支持系统也不太重视模型库在作战辅助决策系统中的配置。由此可见,模型库是决策支持系统最重要的部件,但却不是必不可少的部件。

决策支持系统将众多的模型按一定的结构形式组织起来,便于多模型的管理,也便于模型的运行和模型的组合运行;模型库管理系统的作用则是管理模型库。因此模型部件由模型库和模型库管理系统组成。在管理信息系统中可能用到一些模型的计算,但由于使用的模型数量较少,不必建立模型库。在管理信息系统中,模型的使用是单个的,很少有多个模型组合使用的情况,如果需要多个模型组合使用,一般都是由操作人员通过手工的方式进行组合,模型的组合使用不能自动完成。在运筹学中,经常使用模型,但只停留在单模型辅助决策上,一般模型软件包就可以满足要求,不必建立模型库和模型库管理系统。

(1) 模型库的特征。模型库用来存放模型,它有自己的特征。模型不同于数据,它有如下特征:

① 模型的表示形式:它总是以某种计算机程序形式表示的,如数据、语句、子程序,甚至于对象等。这种物理形式在模型库中具体为:模型名称及相关的计算机程序,模型功能的分类,模型的输入输出数据,控制参数等属性。它可以以类似于数据的形式表示出来。

② 模型的动态形式:它可以以某种方法运行,进行输入、输出、计算等处理。这种形式的属性是无法或很难以类似于数据组织的形式来描述的。

(2) 模型库管理系统。由于模型的生成、修改、更新、删除、连接是经常性的操作,所以模型库的管理成为非常重要的工作。模型库管理系统除完成对模型库中模型的管理(增加、删除、修改、查询等)外,还要实现对模型的调用和运行,特别是多模型的组合运行。单模型的调用和运行是运筹学的要求,而多模型的组合运行则是作战辅助决策系统的要求。

为了适应模型的静态与动态特征,模型库管理系统有两方面的功能,一是类似数据库管理系统的静态管理功能,二是模型的动态(运行)管理功能。

① 模型库的静态管理,包括:

a. 模型库的建立、删除,模型字典的维护。模型库与模型字典的定义、建立、存储、查询、修改、删除、插入以及重构等。

b. 模型添加(登录模型的有关属性)、删除、检索、统计等功能。模型的选择、建立、拼接和组合,提供根据用户命令将简单的子模型构造成复杂模型的手段。例如,提供串联或并联一些子模型成为一个更大模型的手段。

c. 有关模型的各种计算机程序的维护,如源程序、执行程序等的管理和维护。

② 模型的动态管理。对模型的动态管理称为运行管理,它把模型看作一个活动的实体,它的功能是:

a. 模型的运行控制。模型不但可以单独运行,还可以组合运行。运行控制机构必须能够提供顺序、选择、循环等三种基本的运行控制机制。从调用者处获取输入参数,传给模型并使模型运行,最后把输出参数返回到调用者,一个模型可能被另一个模型调用,甚至嵌套调用多层,或者被对话命令直接调用,系统必须提供灵活而方便的控制手段。

b. 负责模型与数据库部件之间的联系。在模型运行时,规定输入输出数据的来源及去向,并同数据库管理系统进行数据交换。为了减少模型对数据库管理系统的依赖、增强独立性,模型中对数据库的访问采用了一种统一的标准形式。为了与一种具体的数据库管理系统连接,必须有一个转换接口,将标准访问形式转化成具体系统要求的形式。

(3) 模型库管理系统的语言体系。与数据库管理系统相似,模型库管理系统也应有如下两个方面:

① 模型管理语言:定义模型的有关属性,如名称、功能、参数、程序构成以及与其他模型的关系等。

② 模型的操作语言:执行模型,控制模型与数据库之间的动态数据交换,模型的运行控制等。

(4) 模型库管理系统的特定功能。模型在计算机中表现为程序形式。用计算机语言编制的模型程序分为源程序和目标程序。这两种状态与计算机的编辑功能和语言的编译功能相连,这就有必要把编辑功能和编译功能以特定的形式纳入模型库管理系统中去。

4) "对话、模型、数据"三部件结构的特点

决策支持系统的三部件结构强调以"数据""模型"和"对话"三部件的结合去解决半结构化问题。决策支持系统对"数据"的要求是数据处理功能,即对数据的存取、数据的检索、产生报表和图形;对"模型"的要求是利用模型,特别是优化模型得出辅助决策信息;对"对话"的要求是能修改模型,从而改变方案达到更大范围内的辅助决策。

(1) 数据库和模型库的结合。数据库主要用于数据处理,它是管理信息系统的基础。在决策支持系统中,数据库的任务是支持多模型的组合运行。

对于单模型的运行,不需要数据库,每个模型用自己的数据文件就可以了;对于多模型的组合运行,模型之间的连接一般是通过数据来完成的,即一个模型的输出数据,经过一定的处理后,成为另一个模型的输入数据。连接两个模型的数据就不再是单模型私有的,该数据已经成为共享数据,这些共享数据仍以数据文件形式存储就不合适,它只能放在数据库中。可见,数据库是多模型组合运行的桥梁。

从效果上看,多模型组合辅助决策比单模型辅助决策能起到更好的辅助决策效果,从而使决策支持系统的辅助决策效果比运筹学的辅助决策效果更强,决策支持系统是在运筹学的基础上发展起来的,又上升了一步。

从技术上看,实现多模型辅助决策,既要采用模型库系统支持多模型的组合,又要将模型库系统和数据库系统有机结合起来,数据库是支持模型组合运行的桥梁。

(2) "对话"部件的综合集成作用。人机对话一般用于模型运行中的交互,显示辅助决策信息和交互信息,根据计算机运行的要求,输入需要的数据或者控制信息。

对于决策支持系统的对话部件,一个主要的任务就是完成三部件的综合集成,使决策支持系统在计算机中有效地运行,达到更强的辅助决策能力。

应该指出的是,在目前的决策支持系统中,基本上都会有一个强大的数据库系统作支撑,有一个人机交互系统作为人机交互的介质。但是,不是任何一个决策支持系统都会含

有一个成熟的模型库系统,甚至部分决策支持系统根本不含有模型库系统,而是将需要的模型以程序的形式嵌入到系统中,完成辅助决策的功能。

这种“对话、模型、数据”三部件结构的统一,其优点是:

(1) 明确了三部件之间的关系,即它们之间的接口关系和集成关系,便于决策支持系统的设计和关键技术的解决。

(2) 便于和其他系统区别。决策支持系统与管理信息系统(MIS)的区别在于决策支持系统多了模型部件;与专家系统(ES)的区别在于决策支持系统是以模型、数据部件进行数值计算为主体的系统,而专家系统是以定性知识进行推理为主体的系统。

其缺点是:

(1) 没有突出决策支持系统的问题处理特性。问题处理系统是解决决策问题的核心,它虽然用到模型和数据,但对不同的决策支持系统,问题处理是大不相同的。作为该三部件结构,可以理解为决策支持系统的问题处理系统隐含在人机交互系统中。

(2) 没有突出语言系统。决策支持系统所采用的语言有特殊的要求,它包含数据库语言和高级语言的双重功能。作为该三部件结构,可以理解为决策支持系统的语言系统也隐含在人机交互系统中。

2. “三系统”结构

1981 年 Bonczak 等提出了决策支持系统的三系统结构形式,它由语言系统(LS)、知识系统(KS)和问题处理系统(PPS)三个部分组成,结构图如图 1.2 所示。这三种系统实际上是由上面提到的基本部件发展而来的。LS 系统实际上就是一个人机接口,不过它更强调语言(特别是自然语言)在接口中的重要作用。由于突出了自然语言的重要性,因此在决策支持系统中配备了相应的自然语言处理系统(被称为 PPS)。根据知识工程的研究成果,数据、模型和知识(狭义)实际上都是广义的知识,从发展的趋势看,很可能对它们采用统一的表达方式,因此一些人倾向于把数据库、模型库和知识库统一为知识系统。目前这三库系统仍然作为独立的部件在决策支持系统中起着重要作用。

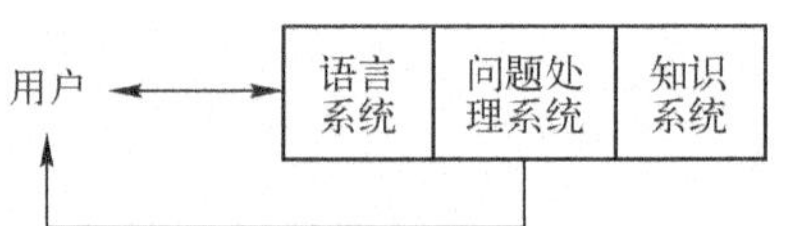

图 1.2 决策支持系统三系统结构

1) 语言系统

提供给决策者的所有语言能力的总和称为语言系统。一个语言系统既包含检索语言(可由用户或由模型来检索数据的语言),也包含计算机语言(由用户操纵模型计算的语言)。决策用户利用语言系统的语句、命令、表达式等来描述决策问题,编制程序在计算机上运行,得出辅助决策信息。

2) 知识系统

知识系统是问题领域的知识,它包含问题领域中的大量事实和相关知识。最基本的知识系统由数据文件或数据库组成,数据库的一条记录表示一个事实,它按一定的组织方式进行存储;更广泛的知识是对问题领域的规律性描述,这种描述用定量方式表示为数学模型。数学模型一般用方程、方法等形式描述客观规律性,这种形式的知识可以称为过程性知识;随着人工智能技术的发展,对问题领域的规律性知识用定性方式描述,一般表现为产生式规则。除了数理逻辑中的公式、微积分公式等这种精确知识外,一般表现为经验性知识。它们是非精确知识,这样就大大扩大了解决问题的能力。

3）问题处理系统

问题处理系统是决策支持系统的核心。问题处理系统是针对实际问题提出问题处理的方法、途径；利用语言系统对问题进行形式化描述，写出问题求解过程；利用知识系统提供的知识进行实际问题求解，最后得出问题的解答，产生辅助决策所需要的信息，支持决策。它的功能包含信息收集、问题识别、模型生成、问题求解等。

（1）信息收集。信息收集是问题处理的基础。信息来自于决策用户或来自于知识系统。来自用户的信息借助于语言系统经过编译技术转换成问题处理系统所需要的内部信息；来自知识系统的信息是对数据的存取和对模型的调用，为问题处理系统服务。

（2）问题识别。问题识别将实际问题转换成计算机能进行求解的过程。这要通过对问题的分解、分析，建立问题求解的总框架模型。这种总框架模型包括各组成部分的目标、功能、数据和求解要求。它们一定是能够在计算机上得到解决的，或者是把它们变换成计算机能够求解的。

（3）模型生成。模型生成重点在于生成决策支持系统总框架模型，根据问题识别的总框架模型，决定各组成部分是建立新模型，还是选择已有的成熟模型；多模型如何组合；需要利用哪些数据；是采用数值计算模型还是采用知识推理模型；这些都需要进行仔细的分析设计和试验。模型生成是由人来设计总框架模型，还是通过人机交互来自动生成总框架模型，这在实现时差别很大。自动生成模型需要利用程序自动生成技术。

（4）问题求解。在决策问题总模型生成以后，下一步便是进行问题求解。总模型连接所需的基本模型、数据，通过它们之间的接口技术和系统集成技术把它们组成一个有机整体，进行问题求解，得到支持决策的信息反馈给决策用户。

4）“LS、PPS、KS”三系统结构的特点

（1）强调问题处理系统的重要性。不同的决策问题需要进行的问题处理是不相同的。如何解决实际问题就是问题处理系统的关键所在。问题的解决首先需要对问题进行形式化描述，包括数据、知识的表示，组织、存取和利用；再对问题的求解提出方法和途径，使之能够得到问题的解答。在问题求解时要利用知识系统中的知识。

（2）强调语言系统。利用计算机对问题求解、支持决策是通过计算机语言来完成的。计算机语言种类很多，目前计算机语言仍属于“上下文无关文法”，它离自然语言相差较远。为了有效地进行问题求解，一般在计算机的输入和输出方面采取简化的自然语言以及有效的人机交互环境来帮助人的理解和使用。

可以认为，语言系统是利用计算机语言来形式化描述问题处理系统和知识系统的，它使决策支持系统能在计算机上实现。

（3）把数据、模型、规则统一归为知识系统。从知识的广义角度看，数据可以看成是事实型知识，模型是过程型知识，规则是产生式知识。这些知识都为解决决策问题提供服务。这样，可把数据、模型、规则统一看成是为问题处理系统服务的知识。

这种结构的优点是：

（1）突出了问题处理系统的重要性问题的处理。在设计和开发决策支持系统时，应该重点考虑决策问题的处理。

（2）明确了语言系统在人机交互中的作用。人机交互是通过语言系统来完成的。决策问题的形式化也要用语言系统来描述。

（3）统一了知识的看法。将数据、模型、规则看成是知识的不同表现形式。由于该结构中包含“知识系统”，从而使决策支持系统包含人工智能的成分。

这种结构的缺点是：

（1）忽略了数据库系统、模型库系统的相互关系，这对于开发决策支持系统是不利的。

（2）不适合与其他系统的区别。如与管理信息系统的区别，与专家系统的区别都不明显。如果把 LS 看成是数据库语言，把 KS 看成是数据库，把 PPS 看成是管理信息处理，则该“LS、PPS、KS”就是管理信息系统。如果把 LS 看成是 LISP 或 PROLOG 语言，把 KS 看成是知识库，把 PPS 看成是推理机，则该“LS、PPS、KS”就是专家系统。这样，从宏观上看不便于它们之间的区别，这是该结构的致命弱点。

3. “三部件”与“三系统”统一结构

对决策支持系统的结构已有两种观点：①以“对话（人机交互）、模型、数据”三部件组成决策支持系统；②以“语言系统、问题处理系统、知识系统”三系统组成决策支持系统。从宏观上看它们差别很大，为了有利于决策支持系统的开发和发展，希望两者能统一起来，根据以上两种结构的优缺点建立起来统一的 DSS 结构。

对两种结构形式的分析可知，用三部件结构来代表决策支持系统更合适一些，它能明显地突出决策支持系统的特点。在三系统结构中，把数据和模型统一在知识系统中，这不利于决策支持系统的开发。数据与模型，不但本质上不同，而且它们之间存在接口，这在系统开发中是不能忽略的。如果知识系统中再增加规则知识，则又不同于数据和模型，它们决不能组织存放在一个库中，应该分别建立数据库、模型库和知识库。对不同的库又必须建立相应的库管理系统，分别对不同的库进行管理，各库之间又存在着接口问题。为便于决策支持系统开发，把“数据、模型、知识”分别建立各自的库和相应的库管理系统是必要的。而且要解决各库之间的接口，即完成模型、知识之间的相互调用，以及分别对数据的存取。

三部件结构中的最大弱点在于“对话部件”太简单。该部件应该是三系统中问题处理系统和语言系统的综合部件。把“对话部件”改为“人机交互与问题处理系统”，即“综合部件”更合适一些。它可把决策问题的“多模型组合运行、数据库存取、人机交互”综合为一个整体，形成实际决策支持系统。

对于决策支持系统的统一结构，暂时不考虑产生式规则知识的内容，因为目前的决策支持系统主要是数据和模型的有机组合，以定量的方式辅助决策。当在决策支持系统中加入知识库（产生式规则为主）与推理机（以定性方式辅助决策）时，称它为智能决策支持系统。这种把决策支持系统分为两个阶段，即传统决策支持系统和智能决策支持系统，对于澄清决策支持系统的概念，开发实际决策支持系统都是有利的。

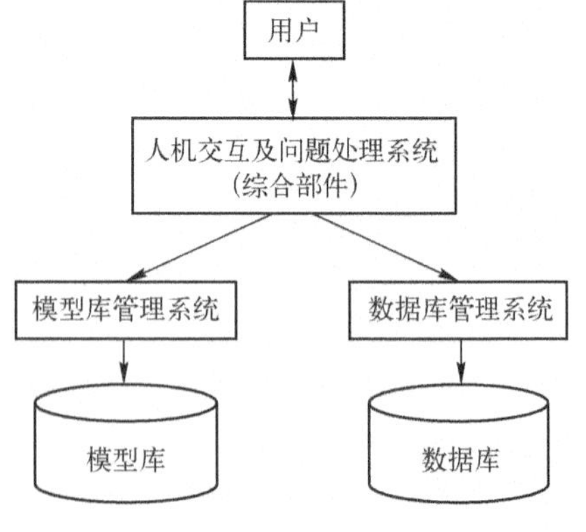

图 1.3　决策支持系统统一结构

决策支持系统的统一结构如图 1.3 所示。

“人机交互与问题处理系统（综合部件）”可理解为对实际决策问题的人机交互与集成处理。它包含的功能如下。

（1）人机交互。在实际决策支持系统中，人机交互是不可缺少的。用户可以通过交互信息，即输入数据完成计算、输入命令进行控制和改变模型的运行或决策支持系统的运行。

决策支持系统又可通过多媒体和可视化技术来表现系统运行情况和最终结果。

（2）控制模型的运行。模型可以是数学模型或者是数据处理模型。每个模型的运行需要存取不同数据库的数据并进行计算或处理。

（3）多模型的组合运行。对多模型的组合运行，按计算机程序结构形式——“顺序、选择、循环”三种结构形式以及它们之间相互嵌套来完成多个模型的有机组合。

（4）数值计算和数据处理。模型与模型之间的数值计算或数据处理应该由“人机交互与问题处理系统”部件自身来完成。这是使多模型有机组合形成为实际系统的不可缺少的部分。

在决策支持系统出现之前，多模型组合辅助决策处理办法是分别运行各自开发的模型，模型间的数值计算和数据处理只能由人在计算机外进行。因为每个模型本身不考虑它与其他模型之间的连接问题，这项工作只能由人来完成。在出现决策支持系统之后，这种模型间的处理应由“人机交互与问题处理系统”部件来完成。解决了这个问题才能使多模型的组合运行能在计算机中自动进行。

为达到决策支持系统有效自动运行，对语言系统的功能要求比较高，它应具有调用模型运行能力、数据库存取能力、数值运算能力、数据处理能力、人机交互能力等五种综合能力，称它为决策支持系统语言（DSS 语言）。它与数值计算语言（如 FORTRAN，PASCAL 等）的不同之处在于它还要有很强的数据处理能力。决策支持系统语言应是两类语言（数值计算语言和数据处理语言）的综合。

决策支持系统语言使原来不能在计算机上实现的半结构化决策问题，通过多模型组合辅助决策的方式，能在计算机上完成。

4. 智能决策支持系统

20 世纪 90 年代初，决策支持系统与专家系统结合起来，形成了智能决策支持系统（Intelligent DSS，IDSS），其结构如图 1.4 所示。智能决策支持系统既能以知识推理的形式进行定性分析，又能以模型计算和数据处理进行定量分析，从而使定性分析和定量分析在辅助决策中实现了有机结合，使决策支持系统解决问题的能力和范围得到了很大的提高。

当决策支持系统向智能方向发展时，知识和推理的研究就显得越来越重要。事实上，也只有当知识和推理技术被娴熟地用于决策支持系统时，才可能真正达到决策支持所提出的目标。开发知识库的关键技术是：知识的获取和解释、知识的表示、知识推理以及知识库的管理和维护。

当选择知识库的描述框架时，同时也应考虑准备采用的推理机制。所谓推理是指依据一定的规则从已有的事实推出结论的过程，推理有多种类型。在知识库系统中，推理过程是对知识的选择和运用的过程，称为基于知识的推理。演绎推理和归纳推理是其基本方法和核心内容，逻辑推理与似然推理是其主要特征。

推理机是基于知识推理的计算机实现，它包括推理与控制两方面。控制策略决定了对知识进行选择的方法，对推理效果与推理效率有重要影响。常用的控制策略有三种：数据驱动控制（又称前向推理），目标驱动控制（又称反向推理），混合控制（又称双向推

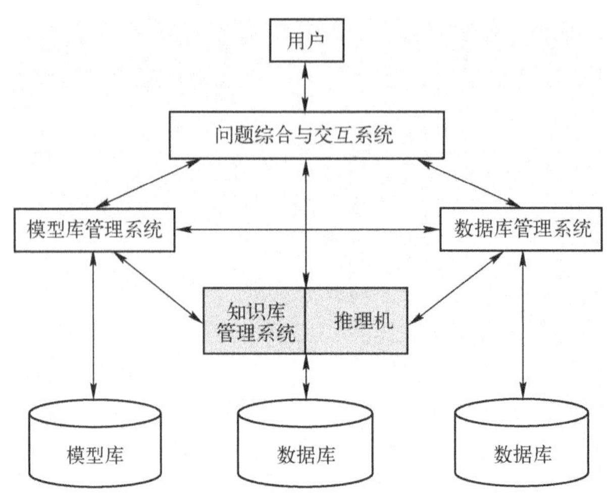

图 1.4　智能决策支持系统结构

理)。数据驱动控制适于解空间很大的问题,其主要缺点是盲目推理,求解了许多与总目标无关的子目标;目标驱动控制则特别适合于解空间小的问题,其不足在于目标选择盲目,不允许用户主动提供信息来指导推理过程;混合控制则综合了两者的优点,通过数据驱动帮助选择目标,通过目标驱动求解该目标。

以上介绍的“三部件”结构、“三系统”结构、统一结构和智能决策支持系统都是基于模型库与知识库的传统决策支持系统,其关键技术是:①模型库系统的设计和实现;②部件接口。部件接口包括对数据部件的数据的存取,对模型部件的模型的调用和运行,以及对知识部件的知识完成推理;③系统综合集成。通过集成语言完成对各部件的有机综合,形成一个完整的系统。

开发困难在于:①模型库系统没有统一的理论和产品,研制者需要自己设计和开发;②DSS 综合部件对数据、模型、知识 3 个部件进行有机集成。现已开发出来的决策支持系统都是自行设计和实现模型库系统,自己研制实现模型、知识、数据集成的综合语言。

二、基于数据仓库的新决策支持系统

新决策支持系统的特点是从数据中获取辅助决策的信息和知识,从而利用数据资源辅助决策。它以数据仓库(Data Warehouse,DW)为基础,通过联机分析处理(Online Analytical Processing,OLAP)和数据挖掘技术(Data Mining,DM)获取深层辅助决策信息和知识,从而较大地提高辅助决策能力。

数据仓库实现对决策主题数据的存储和综合,联机分析处理实现多维数据分析,数据挖掘能挖掘数据仓库中的知识。基于数据仓库的新决策支持系统结构如图 1.5 所示。

1. 数据仓库

数据仓库是为辅助决策而建立的,其中存有大量的轻度综合数据和高度综合数据。这些数据为决策者提供了综合信息。数据仓库保存有大量历史数据,这些数据通过预测模型计算可以得到预测信息。综合信息与预测信息是数据仓库所获得的辅助决策信息。

1) 管理大量数据

数据仓库中的数据量是 10GB 或 100GB 级的,数据仓库开发需要满足处理大量数据的需求。

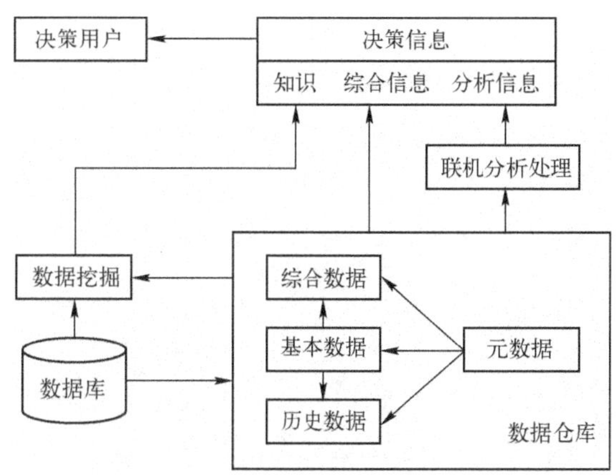

图 1.5 基于数据仓库的新决策支持系统

2）数据的高效装入和数据压缩

（1）装入数据：装入的数据量很大，同时也要装入高效的索引。

（2）数据压缩：DW 数据量大，需要进行数据的压缩。

3）存储介质的管理

数据仓库中的数据量是 10GB 或 100GB 级的，数据仓库开发需要满足处理大量数据存储介质的需求。表 1.3 所列为数据仓库可采用的存储介质及其访问速度和存储费用对照表。

表 1.3 存储介质及其访问速度和存储费用对照表

存储介质	访问速度	存储费用
主存	非常快	非常贵
扩展内存	非常快	贵
高速缓存	非常快	贵
磁盘	快	适中
光盘	不慢	不贵
微缩胶片	慢	便宜

4）元数据管理

如果没有一个好的元数据来运作，DSS 分析员的工作就非常困难。

5）数据仓库语言

数据仓库语言可有效管理数据仓库中的数据，快速、高效地访问数据仓库中的数据。

6）高效索引

数据仓库不仅能够方便地支持新索引的创建和装入，而且要能够高效地访问这些索引。

7）数据仓库的特殊管理

（1）复合键码：能够支持复合键码。

（2）变长数据：有效管理变长数据的能力。

（3）快速恢复：快速地恢复数据仓库表。

8）多维 DBMS 和数据仓库

多维数据库管理系统（多维 DBMS）提供了用多种方法对数据进行切片、分割，动态地考查汇总数据和细节数据的关系，非常适合 DSS 环境。

数据仓库中的细节数据为多维 DBMS 提供了数据源，数据要定期从数据仓库中导入到多维 DBMS 中去，为 DSS 用户服务。

2. 新决策支持系统的用户

有两类本质不同的最终用户。

1）信息的使用者

信息的使用者是数据仓库的大多数用户，从数据仓库中获取所需要的信息。

信息使用者以一种可预测的、重复性的方式来使用数据仓库平台。信息使用者完成查询时，他们找到的只是少量“精华”，只查看相对少量的数据，并通常查看概括数据或聚集数据。

数据仓库的信息使用者对数据仓库的使用具有以下特征：

（1）在搜索数据前，已经知道对数据的需求；

（2）有规律地访问数据；

（3）明确他们正在寻找什么；

（4）访问的数据量较小；

（5）访问可预测的数据；

（6）经常处理以前访问的数据；

（7）经常访问各类综合数据；

（8）较少访问最近的详细数据；

（9）能发现少量的精华；

（10）最佳的数据结构是星型模型。

2）探索者

他们利用联机分析处理和数据挖掘工具对数据仓库进行深层次的分析，获取辅助决策信息，即利用数据仓库建立决策支持系统。

决策支持系统的用户是探索者。探索者并不知道什么是他们所需要的。“当我看见它的时候，我就会知道我需要的是什么。”

探索者对数据仓库的使用具有以下特征：

（1）不规律地访问数据；

（2）只知道总体的需求；

（3）有规则地访问最近的详细数据；

（4）查看数据关系而不是数据值；

（5）利用数据挖掘/统计分析工具进行探索；

（6）最佳的数据结构是关系结构。

探索者要完成 4 种基本类型的工作：

（1）概况分析：用来评定是否有充分的样本数据量。在抽取、建模和分类之前，概况分析活动对于确保数据质量非常关键。

（2）抽取：数据抽取的任务就是从数据仓库中抽取指定的数据，送入用来支持探索者分析活动的临时仓库中。

(3) 建模:建模是开发一种用来描述实体特征的模型的过程,根据数据仓库中的实体来分类这些实体,并可预测将来的结果。

(4) 分类:探索者依据这些实体与这个模型的匹配来分类数据仓库中的其他实体。

三、综合决策支持系统

传统决策支持系统与新决策支持系统的比较如下。

1. 传统决策支持系统的特点

传统决策支持系统是以模型库(MB)和知识库(KB)为基础的,数学模型的优化模型辅助决策的效果很明显,知识推理具有较强的智能性,传统决策支持系统充分发挥模型资源的辅助决策作用和知识资源辅助决策作用。

(1) 用模型和模型的组合来辅助决策。多模型的组合扩大了模型辅助决策的能力。多模型的组合的实现是靠数据或数据处理来完成模型间的连接。

多模型的组合使模型的范围由数学模型扩展为数据处理模型等。

人机交互的手段丰富了多模型组合辅助决策的效果,也为人控制多模型的组合提供了支持手段。

(2) 用知识推理进行定性分析。知识推理的专家系统主要是进行定性分析。它结合到决策支持系统中形成智能决策支持系统。实质上完成了定量分析和定性分析相结合的辅助决策方式。

2. 新决策支持系统的特点

(1) 数据仓库和联机分析处理的数据组织方式是多维数据。数据仓库的数据组织为空间的多维结构形式。

(2) 数据仓库是为决策分析服务的。数据仓库可以提供综合信息和时间趋势信息等辅助决策信息。

(3) 联机分析处理提供多维分析手段。

(4) 数据挖掘是从数据中挖掘出隐藏知识。

(5) 数据仓库未明确提出利用模型的问题,将数据汇总到综合数据,是需要通过汇总模型来完成的。从历史数据中得到预测信息,是需要通过预测模型来完成的。数据仓库将会逐步增加各种模型,来提高辅助决策效果。

两个决策支持系统是完全不同的辅助决策方式,两者不能相互代替,应该相互结合。通过两个决策支持系统的结合能充分利用数据、模型、知识这三种不同的决策资源,获取企业或组织内部和外部相互补充的信息和知识,才能为决策者提供更全面、更广泛和更有效的辅助决策信息和知识。

将传统决策支持系统和新决策支持系统结合起来的决策支持系统是更高级形式的决策支持系统,称为综合决策支持系统(Synthetic Decision Support System,SDSS)。包括数据仓库(DW)、联机分析处理(OLAP)、数据挖掘(DM)、模型库(MB)、数据库(DB)、知识库(KB)。其结构如图 1.6 所示。

综合决策支持系统体系结构包括三个主体:

第一个主体是模型库系统和数据库系统的结合,它是决策支持的基础,它为决策问题提供定量分析(模型计算)的辅助决策信息。这是最早的传统决策支持系统。

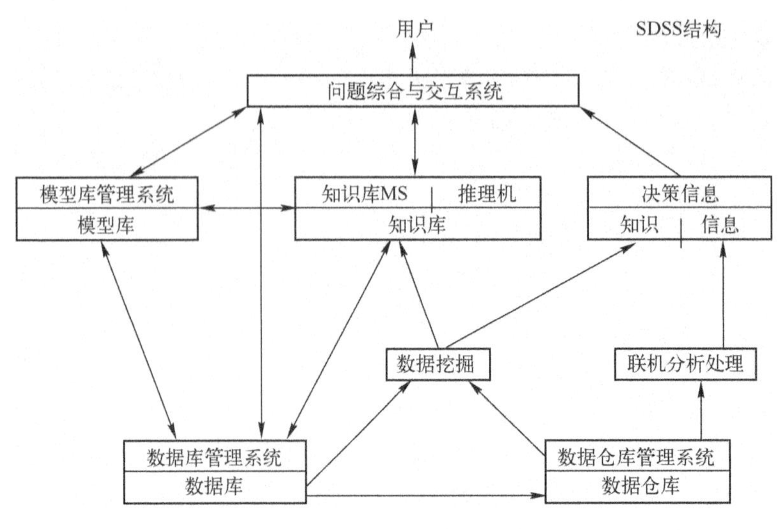

图 1.6　综合决策支持系统

第二个主体是数据仓库和 OLAP 的结合，它从数据仓库中提取综合数据和信息，这些数据和信息反映了大量数据的内在本质。

第三个主体是知识库与推理机和数据挖掘的结合。

1.4　作战辅助决策系统的发展

决策是人类有目的和目标的基本活动与行为之一。无论是人们日常生活安排，还是国家宏观政策制定，时刻都离不开决策。当决策面临的环境较复杂、决策依赖的信息存在不完备或者决策者的能力与认知水平有一定局限时，决策者在决策制定过程的诸多环节上就会存在辅助决策的需求。

中国很早就出现了辅助决策活动与工具。古代的算筹、算盘，乃至战争中使用的烽火、信鸽、军事作战地图、沙盘、兵棋等是以“工具”的形态辅助决策；而谋士、军师、幕僚、师爷等则是以“智囊团”的形式辅助决策。现在，服务于辅助决策的组织机构及活动更复杂，信息获取、处理与利用的工具更先进，或者说，实现辅助决策的手段、技术提升了，能力也提升了。但它们和早期辅助决策的基本功能是相同的，本质上都是为了决策。

信息化已成为 21 世纪新军事变革的核心，人类战争形态也已从机械化战争转变为信息化战争。决策作为军队作战指挥的核心也变得越来越复杂，特别是在具有风险性、欺骗性、对抗性、信息不完备、复杂多变等特征的战场环境下，辅助决策的作用越来越重要，辅助决策系统更是军队指挥信息系统的核心。

在国外，各国军队都十分重视研究和发展辅助决策系统。从 20 世纪 60 年代开始，美国各军种已逐步发展本部队的作战方案辅助生成和评估系统，到 20 世纪 70 年代，开始在指挥、控制、通信和情报系统中集成各种辅助决策功能。海湾战争期间，美军的联合作战计划与执行系统、战区级战役作战方案评估系统、防空混成旅射击指挥决策系统等辅助决策系统的应用大大提升了作战指挥决策的速度和效能。

21 世纪初期，美军总结作战决策的经验教训，从三个方面对作战指挥决策手段进行了改进:一是大力提高辅助决策系统的快速反应能力,以适应高技术条件下战场不确定因素增多、战场态势瞬息万变的特点。二是将辅助决策系统与联合作战仿真模拟系统集成为一个整体,以便作战方案能得到充分评估与论证。三是提高了各系统的互通能力。通过上述改进,美军基本上形成了以支持作战指挥决策全过程为核心的信息系统,即作战指挥辅助决策系统。美军的参谋计划与辅助决策系统是机动控制系统的核心,为军和军以下指挥官提供作战指挥辅助决策,并已装备到陆军营至军级。2010 年,美军基本实现了与系统完全集成的系列化作战辅助决策系统,为作战和训练中的指挥决策活动提供有效的支持。

我国关于辅助决策的研究起步较晚,作战指挥辅助决策系统的研究则是 20 世纪 80 年代以后才开始有文献加以论述。经过近 30 年的发展,作战辅助决策在理论研究和基本工具与系统开发等方面已经取得了一定的成效。在理论研究方面,尤其是近几年来,学术界对军队指挥辅助决策技术研究的重视程度不断提高,典型成果如指挥控制系统的辅助决策需求工程、军事信息系统体系结构技术、军事运筹新方法、军事战略运筹分析、联合战役决策支持系统模型体系、信息时代作战体系的概念模型及其描述、未来一体化辅助决策平台框架设计、决策问题模型体系的规范化描述与表示、系统服务组件设计等。在应用研究方面,不少科研院(所)开发了一些可用于作战指挥的辅助决策原型系统,如辅助决策系统开发工具 GFKD - DSS、战役机动智能化辅助决策系统、作战方案评估智能辅助决策系统、野战防空智能辅助决策系统等。

目前在我军已装备使用的各类指挥自动化系统中均配有辅助决策系统应用于部队,一定程度上提升了指挥员的决策水平。但审视这些系统不难发现,它们在诸如系统服务的开放性、知识体系的完备性、人机交互的协调性、对不同决策问题的适应性、问题求解过程的灵活性、决策支持的智能性等方面均值得进一步思考和研究。

习　题

1. 决策资源有哪些?
2. 决策支持的技术手段有哪些?
3. 科学决策程序的四个阶段是什么?
4. 作战辅助决策的特点是什么?
5. 作战辅助决策系统的定义是什么?
6. 试描述作战辅助决策系统的三部件结构、三系统结构、统一结构及其原理。
7. 说明智能决策支持系统、基于数据仓库的新决策支持系统结构、综合决策支持系统结构及其原理。

第2章　最优化理论与方法

本章介绍最优化理论与方法，包括线性规划、整数规划、动态规划和智能优化方法。其中线性规划主要包括线性规划模型、图解法及单纯形法；整数规划包括一般整数规划模型及其分支定界解法、0-1规划模型及其隐枚举法、指派问题及匈牙利法；动态规划包括多阶段决策问题的描述、动态规划的基本概念和基本方程；智能优化方法主要包括进化计算和群体智能优化方法。

2.1　概　　述

最优化理论与方法是以数学为基础，用于求解各种工程问题最优化解的理论与方法。最优化方法涉及的工程领域很广，问题种类与性质繁多。归纳而言，最优化问题（Optimization Problem）可分为函数优化问题和组合优化问题两大类，其中函数优化问题的对象是一定区间内的连续变量，而组合优化的对象则是解空间中的离散状态。

函数优化问题通常可描述为：令 S 为 R^n 上的有界子集（即变量的定义域），$f:S \to R$ 为 n 维实值函数，所谓函数 f 在 S 域上全局最小化就是寻求点 $X_{\min} \in S$，使得 $f(X_{\min})$ 在 S 域上全局最小，即 $\forall X \in S: f(X_{\min}) \leqslant f(X)$。

例如，对于一个求函数最小值的优化问题，一般可描述为下述数学规划模型：

$$
\begin{cases}
\min f(X) = \min(f_1(X), \cdots, f_n(X)) \\
\quad g_i(\boxtimes) < 0, i = 1, 2, \cdots, m \\
\quad h_j(\boxtimes) = 0, j = 1, 2, \cdots, k \\
X \in S
\end{cases}
$$

当 $n=1$ 时为单目标优化；当 $n>1$ 时为多目标优化；当 $m=k=0$ 时为无约束优化，否则为约束优化；X 取值离散为离散优化，若 $X \in D \subset R$ 为连续优化。

组合优化问题通常可描述为：令 $\Omega = \{s_1, s_2, \cdots, s_n\}$ 为所有状态构成的解空间，$C(s_i)$ 为状态 s_i 对应的目标函数值，要求寻找最优解 $s* \in \Omega$，使得 $\forall s_i \in \Omega, C(s^*) = \min C(s_i)$。

例如，旅行商问题（Traveling Salesman Problem, TSP）就是一个典型的组合优化问题。旅行商问题是指给定 n 个城市和两两城市之间的距离，要求确定一条经过各城市当且仅当一次的最短路线。其解空间共有 $n!$ 个状态。

在作战指挥决策应用中的许多问题都属于最优化问题，因此最优化理论是指挥决策理论与方法的基础，以下各节给出求解函数优化和组合优化问题的线性规划、整数规划、0-1规划、动态规划、智能优化等理论与方法。

2.2 线性规划

数学规划是在一系列约束条件下，寻找某个目标函数的极值问题，其包含的内容十分丰富，包括线性规划、非线性规划、动态规划、整数规划、组合规划、随机规划等。在军队作战的组织指挥和后勤保障中遇到的一系列问题，如兵力快速集中与疏散问题、兵力兵器的分配问题、军用物资运输问题、武器系统的合理配置问题等，常常可以用数学规划方法求得最佳方案。线性规划（Linear Programming）则是数学规划中起源最早、理论最成熟、应用最广泛的分支之一。

2.2.1 线性规划的数学模型

一、问题的提出

例 2.1 武器弹药运输问题

设有 A1、A2 两个弹药库，其弹药储备量分别为 900、1000 个单位；有 B1、B2、B3 三支部队，其弹药需要量分别为 200、350、150 个单位。从弹药库运往各部队的弹药所需运输工具的数量如表 2.1 所列（每个单位的弹药所需运输工具的数量）。问：如何以最少的运输工具保证部队的弹药需要？

表 2.1 武器弹药运输问题所需运输工具数量表

所需运输工具的数量		部队		
		B1(200)	B2(350)	B3(150)
弹药库	A1(900)	5	16	7
	A2(1000)	6	10	16

解 设 $x_{ij}, i=1,2; j=1,2,3$ 表示从弹药库 A_i 运往 B_j 部队的弹药数，得到 6 个决策变量。所需的运输工具数量为 Z。

上述问题可以描述为寻求目标函数：

$$\min Z = 5x_{11} + 16x_{12} + 7x_{13} + 6x_{21} + 10x_{22} + 16x_{23}$$

并满足约束条件

$$\begin{cases} x_{11} + x_{12} + x_{13} \leqslant 900 \\ x_{21} + x_{22} + x_{23} \leqslant 1000 \\ x_{11} + x_{21} \geqslant 200 \\ x_{12} + x_{22} \geqslant 350 \\ x_{13} + x_{23} \geqslant 150 \\ x_{11}, x_{12}, x_{13}, x_{21}, x_{22}, x_{23} \geqslant 0 \end{cases}$$

这个问题的一般提法为：假设有 m 个弹药供应站（基地、仓库等），储备着各种弹药（武器装备或其他军需物资），其数量足够保证战斗行动的实施和部队作战使用，但是，运输工具（汽车、运输机、火车车厢等）的数量则是有限的。问如何以最少的运输工具数量来保证对部队的不断供应？

则上述军事运输问题可以描述为：

寻求以下线性函数的最小值：

$$\min Z = \sum_{i=1}^{m} \sum_{j=1}^{n} C_{ij} x_{ij}$$

并且必须满足下列约束条件：

$$\begin{cases} \sum_{i=1}^{m} x_{ij} \geqslant b_j, j = 1,2,\cdots,n \\ \sum_{j=1}^{n} x_{ij} \leqslant a_i, i = 1,2,\cdots,m \\ x_{ij} \geqslant 0 \end{cases}$$

式中：$a_i, i=1,\cdots,m$ 为第 i 个供应站所储备的弹药（武器）总数量；$b_j, j=1,\cdots,n$ 为第 j 支部队在战斗行动中所需的弹药（武器）总数量；$C_{ij}, i=1,\cdots,m, j=1,\cdots,n$ 为从第 i 个供应站将单位数量的弹药（或一种武器）运往第 j 支部队所需的运输工具数量；$x_{ij}, i=1,\cdots,m, j=1,\cdots,n$ 为从第 i 个供应站运往第 j 支部队的弹药（或武器）数量；Z 为所需的运输工具数量。

第一个约束条件表示从所有供应站运往第 j 个部队的弹药总数量不少于该部队的需求量。

第二个约束条件表示从第 i 个供应站运出的弹药总数量不超过该供应站的总储备量。

二、线性规划的一般模型

由上面的例子，可以得出线性规划的一般模型（目标函数）：

$$\max(\text{或}\min) Z = c_1x_1 + c_2x_2 + c_3x_3 + \cdots + c_nx_n$$

约束于（即约束条件）

$$\begin{cases} a_{11}x_1 + a_{12}x_2 + \cdots + a_{1n}x_n \leqslant (=,\geqslant) b_1 \\ a_{21}x_1 + a_{22}x_2 + \cdots + a_{2n}x_n \leqslant (=,\geqslant) b_2 \\ \vdots \\ a_{m1}x_1 + a_{m2}x_2 + \cdots + a_{mn}x_n \leqslant (=,\geqslant) b_m \end{cases}$$

在上述线性规划的一般模型中，包括三个基本要素：决策变量 $x_1, x_2, \cdots, x_n$，约束条件（决策变量必须满足的一组限制条件）和目标函数（决策变量的函数，要求它的极值）。于是问题变成了：寻找决策变量 $x_1, x_2, \cdots, x_n$，使它们在满足约束条件的限制下，使目标函数 Z 达到极值。由于目标函数是决策变量的线性函数，约束条件是决策变量的线性等式或不等式，所以这种数学规划问题称为线性规划。

以下给出线性规划的矩阵形式：

决策向量为

$$\boldsymbol{X} = (x_1, x_2, \cdots, x_n)^{\mathrm{T}}$$

价值向量为

$$\boldsymbol{C} = (c_1, c_2, \cdots, c_n)^{\mathrm{T}}$$

限定向量为

$$\boldsymbol{b}=(b_1,b_2,\cdots,b_m)^{\mathrm{T}}$$

$$\boldsymbol{A}=\begin{pmatrix} a_{11} & a_{12} & \cdots & a_{1n} \\ a_{21} & a_{22} & \cdots & a_{2n} \\ \cdots & \cdots & \cdots & \cdots \\ a_{m1} & a_{m2} & \cdots & a_{mn} \end{pmatrix}$$约束方程组的系数矩阵为

则线性规划的矩阵形式可以表示为

$$\max(\text{或}\min)\boldsymbol{Z}=\boldsymbol{C}^{\mathrm{T}}\boldsymbol{X}$$

约束于

$$\boldsymbol{AX}\leqslant(=,\geqslant)\boldsymbol{b}$$

上例中线性规划的矩阵形式为

$$\boldsymbol{X}=(x_{11},x_{12},x_{13},x_{21},x_{22},x_{23})^{\mathrm{T}},\boldsymbol{C}=(5,16,7,6,10,16)^{\mathrm{T}},$$

$$\boldsymbol{b}=(900,1000,200,350,150)^{\mathrm{T}},\boldsymbol{A}=\begin{bmatrix} 1 & 1 & 1 & 0 & 0 & 0 \\ 0 & 0 & 0 & 1 & 1 & 1 \\ 1 & 0 & 0 & 1 & 0 & 0 \\ 0 & 1 & 0 & 0 & 1 & 0 \\ 0 & 0 & 1 & 0 & 0 & 1 \end{bmatrix}$$

三、线性规划的标准形式

上述线性规划的一般模型中,目标函数有的要求极大值,有的要求极小值;约束条件有的是等式,有的是大于或小于式;决策变量有的有非负要求,有的没有;约束条件的常数项有的有非负要求,有的没有。因此可以将其标准化为

$$\max\boldsymbol{Z}=\boldsymbol{C}^{\mathrm{T}}\boldsymbol{X}$$

约束于

$$\begin{cases}\boldsymbol{AX}=\boldsymbol{b}\\ \boldsymbol{X}\geqslant 0,\boldsymbol{b}\geqslant 0\end{cases}$$

即线性规划的标准型中,目标函数要求最大值;约束条件一律为等式;约束条件的常数项要求非负;所有的决策变量要求非负。

下面讨论如何将非标准型的线性规划转化为标准型。

(1)若要求目标函数最小值时,即要求

$$\min\boldsymbol{Z}=\boldsymbol{C}^{\mathrm{T}}\boldsymbol{X}$$

令 $\boldsymbol{Z}'=-\boldsymbol{Z}'$,则原目标函数转化为求目标函数最大值问题:

$$\max\boldsymbol{Z}'=-\boldsymbol{C}^{\mathrm{T}}\boldsymbol{X}$$

(2)约束条件的常数项有负数时,两边同乘以 -1,注意不等号变号。

(3)约束条件为不等式时,若为"≤",可在不等式左端加 非负的松弛变量,变约束条件为等式;若不等式为"≥"时,可在不等式左端减去一非负的剩余变量,变约束条件为等式。

(4)如某一变量 x_k 无非负要求时,可做变量替换

$$x_k=x_k'-x_k''$$

增加约束 $x_k',x_k''\geqslant 0$,这时新变量 x_k',x_k'' 虽有非负约束,但原变量 x_k 既可为正,又可为负。

例 2.2 试将以下线性规划的一般形式化为标准型：

$$\min Z = 2x_2 - x_1 - 3x_3$$

$$\begin{cases} x_1 + x_2 + x_3 \leqslant 7 \\ -x_1 + x_2 - x_3 \leqslant -2 \\ -3x_1 + x_2 + 2x_3 = 5 \\ x_1, x_2 \geqslant 0, x_3 \text{ 无非负约束} \end{cases}$$

解 (1) 令 $Z' = -Z$，则目标函数变成 $\max Z' = x_1 - 2x_2 + 3x_3$

(2) 第二个约束条件的两边同乘以 -1，使得常数项变为非负，即

$$x_1 - x_2 + x_3 \geqslant 2$$

(3) 在第一个约束条件左端加入松弛变量 x_4，$x_4 \geqslant 0$；

(4) 在第二个约束条件 $x_1 - x_2 + x_3 \geqslant 2$ 的左端减去剩余变量 x_5，$x_5 \geqslant 0$；

(5) 令 $x_3 = x_3' - x_3''$，$x_3', x_3'' \geqslant 0$

于是得标准型：

$$\max Z' = x_1 - 2x_2 + 3(x_3' - x_3'')$$

约束于

$$\begin{cases} x_1 + x_2 + (x_3' - x_3'') + x_4 = 7 \\ x_1 - x_2 + (x_3' - x_3'') - x_5 = 2 \\ -3x_1 + x_2 + 2(x_3' - x_3'') = 5 \\ x_1, x_2, x_3', x_3'', x_4, x_5 \geqslant 0 \end{cases}$$

2.2.2 线性规划的图解法

满足上述线性规划模型的最优解可以通过图解法和单纯形法求解，首先需要说明线性规划解的基本概念：线性规划的可行解是指满足约束条件的决策变量组；全体可行解组成的集合称为线性规划的可行域；满足目标函数极值的可行解称为线性规划的最优解。如果线性规划的决策变量只有两个，则可将其可行解和可行域在二维平面上描述出来，并通过直观的图解法求得最优解，进而可以从中了解线性规划问题的求解原理，为解决含有两个以上决策变量的一般线性规划问题提供思路。

例 2.3 求线性规划 $\max Z = 0.7x_1 + 0.9x_2$

$$\begin{cases} x_1 \leqslant 8 \\ x_2 \leqslant 7 \\ x_1 + x_2 \leqslant 12 \\ x_1, x_2 \geqslant 0 \end{cases}$$

解 (1) 首先在平面直角坐标系 x_1Ox_2 内画出上述线性规划的可行域 R。事实上在约束条件中，每个线性等式代表平面上的一条直线，该直线将坐标平面分成两部分，于是每个线性不等式代表一个半平面。本例中五个线性不等式代表五个半平面的交，就是可行域 R，它是一个凸多边形，有五个顶点，分别为 $O(0,0)$，$A(0,7)$，$B(5,7)$，$C(8,4)$，$D(8,0)$，如图 2.1 所示。

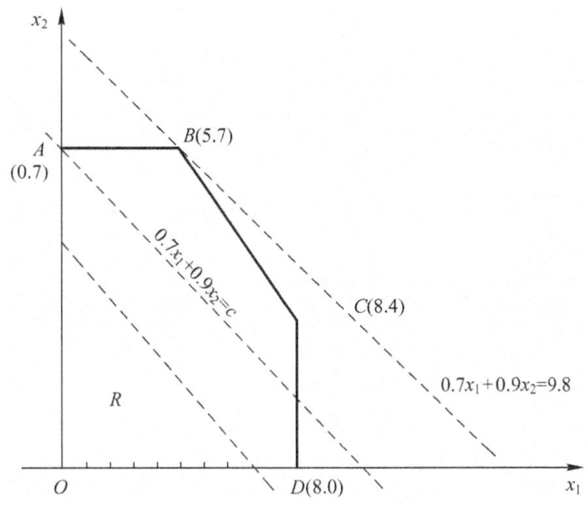

图 2.1　线性规划有最优解

（2）求解线性规划，就是要在上述凸多边形 R 中找一点(x_1,x_2)，使目标函数 $\max Z=0.7x_1+0.9x_2$ 取最大值。对任意固定的常数 c，直线 $0.7x_1+0.9x_2=c$ 上的每点都有相同的目标函数值 c，故该直线称为“等值线”。当 c 变化时，得出一族相互平行的等值线，这些等值线中有一部分与可行域相交。我们要在可行域 R 中寻找这样的点，使它所在的等值线具有最大值 c。当 $c<0$ 时，直线 $0.7x_1+0.9x_2=c$ 与 R 不相交；当 $c=0$ 时，直线 $0.7x_1+0.9x_2=c$ 与 R 有唯一交点，即顶点$(0,0)$；当 c 由 0 增大时，等值线平行向右上方移动，与 R 相交于一线段；当 c 继续增大时，等值线与 R 不再有交点。由此可见，顶点$(5,7)$是使 R 中目标函数达到最大值的点，于是线性规划有唯一解：$x_1^*=5,x_2^*=7$，这时 $Z^*=\max Z=9.8$。

例 2.4　例 2.3 中若将目标函数改为

$$\max Z=0.9x_1+0.9x_2$$

解　由于约束条件不变，因此可行域不变。

而这时对目标函数的直线族 $0.9x_1+0.9x_2=c$，令 c 不断增大，当 c 增大至 10.8 时，等值线与 R 相交于线段 BC；当 c 继续增大时，等值线与 R 不再有交点。由此可见，线段 BC 上的点都是线性规划的最优解：这时 $Z^*=10.8$。此时线性规划的最优解不是唯一的。

例 2.5　求解线性规划

$$\max Z=x_1+x_2$$

$$\begin{cases}x_1+x_2\leqslant 10\\2x_1+x_2\geqslant 30\\x_1\geqslant 0,x_2\geqslant 0\end{cases}$$

解　约束条件中前两个不等式相互矛盾，线性规划无可行解，如图 2.2 所示。

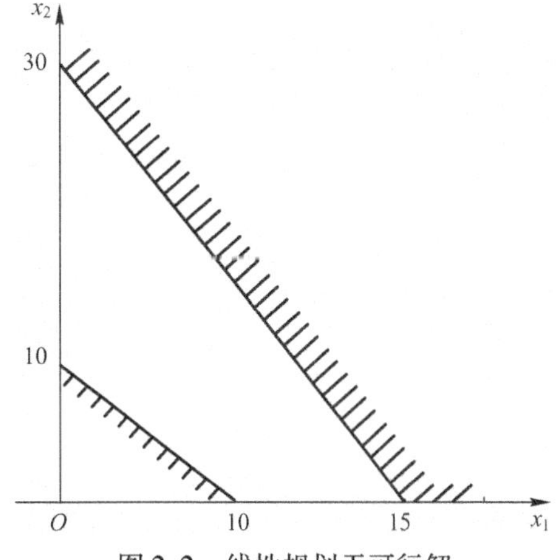

图 2.2　线性规划无可行解

例 2.6　求解线性规划

$$\max Z = x_1 + x_2$$

$$\begin{cases} x_1 - x_2 \geqslant -1 \\ x_1 - x_2 \leqslant 1 \\ x_1, x_2 \geqslant 0 \end{cases}$$

解 该线性规划的可行域 R 无界，该线性规划无有界最优解，如图 2.3 所示。

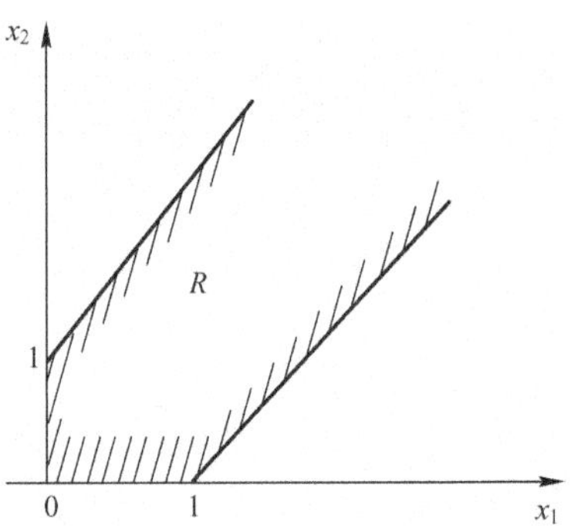

图 2.3 线性规划无有界最优解

两变量线性规划问题的图解法可以推广到一般的情形：

(1) 线性规划的可行域 R 是凸集。

定义 2.1 设 K 是 n 维空间的一个点集，对 K 中任意两点 $X_1, X_2 \in K$，和任意实数 $\alpha \in (0,1)$，若都有 $\alpha X_1 + (1-\alpha)X_2 \in K$，则称 K 为凸集。

(2) 线性规划若有最优解，则最优解一定可以在顶点上达到。

定义 2.2 设 K 是凸集，$X \in K$，且 X 不能用 K 中不同的两点 $X_1, X_2 \in K$ 表示成 $X = \alpha X_1 + (1-\alpha)X_2$，$\alpha \in (0,1)$ 的形式，则称 X 为 K 的一个顶点。

(3) 若有两个或两个以上的顶点都是线性规划的最优解，则这些点组成的凸组合也是最优解。

(4) 线性规划可行域顶点的个数是有限的，因此线性规划如果有最优解的话，总可以在有限个顶点中找到最优解。

2.2.3 单纯形法

单纯形法(Simplex Theory)就是根据上述原理，从一个初始顶点开始，通过有限步，找到线性规划的最优顶点，从而解决一般线性规划问题。可以证明：线性规划的基本可行解就是其可行域凸集上的顶点。

一、基本可行解

对标准线性规划有

$$\max \boldsymbol{Z} = \boldsymbol{C}^{\mathrm{T}} \boldsymbol{X}$$

$$\begin{cases} \boldsymbol{AX} = \boldsymbol{b}, \boldsymbol{b} \geqslant 0 \\ \boldsymbol{X} \geqslant 0 \end{cases}$$

若 $\boldsymbol{X}$ 满足 $\boldsymbol{AX} = \boldsymbol{b}, \boldsymbol{X} \geqslant 0$，则 $\boldsymbol{X}$ 为线性规划的一个可行解。全体可行解的集合 $R = \{\boldsymbol{X} \mid \boldsymbol{AX} = \boldsymbol{b}, \boldsymbol{X} \geqslant 0\}$ 为线性规划的可行域。下面首先定义单纯形法中至关重要的概念——基本可行解，基本可行解是特殊的可行解。

约束方程组系数矩阵 $\boldsymbol{A}$ 是 $m \times n$ 阶矩阵，即 $\boldsymbol{A} = \begin{pmatrix} a_{11} & a_{12} & \cdots & a_{1n} \\ a_{21} & a_{22} & \cdots & a_{2n} \\ \cdots & \cdots & \cdots & \cdots \\ a_{m1} & a_{m2} & \cdots & a_{mn} \end{pmatrix}$。设其秩为 m，

即 m 个线性方程组线性无关,一般情况下 $m<n$,这时线性规划的可行解不是唯一的,而有无穷多个。由于 $\boldsymbol{A}$ 的秩为 m,故 $\boldsymbol{A}$ 有一个 $m\times m$ 阶非奇异子矩阵 $\boldsymbol{B}$,它由 $\boldsymbol{A}$ 的 m 个线性独立的列向量组成,称为线性规划的一个基,将 $\boldsymbol{B}$ 的 m 个列向量对应的 m 个变量称为基变量,其余 $n-m$ 个变量称为非基变量。

例如,设矩阵 $\boldsymbol{A}$ 的前 m 列线性独立,则

$$\boldsymbol{B}=\begin{pmatrix} a_{11} & a_{12} & \cdots & a_{1m} \\ a_{21} & a_{22} & \cdots & a_{2m} \\ \cdots & \cdots & \cdots & \cdots \\ a_{m1} & a_{m2} & \cdots & a_{mm} \end{pmatrix}=(P_1,P_2,\cdots,P_m)$$

是一个基。即上面矩阵 $\boldsymbol{B}$ 对应的 $x_1,x_2,\cdots,x_m$ 为基变量,记为 $\boldsymbol{X}_B=(x_1,x_2,\cdots\cdots x_m)^{\mathrm{T}}$;$x_{m+1},x_{m+2},\cdots,x_n$ 为非基变量,记为 $\boldsymbol{X}_N=(x_{m+1},x_{m+2},\cdots\cdots x_n)^{\mathrm{T}}$。

令非基变量全部为零,由约束方程组可唯一解出全部变量,这样得出的一个解,称为线性规划的一个基本解。可见,基本解中非零元素的个数不超过 m,它的非零元素对应的系数矩阵的列向量线性无关。有一个基,就有对应的基本解,线性规划的基本解与基一一对应。但应注意非零元素的个数不超过 m 的解未必是基本解。

若基本解又满足非负条件,则称为基本可行解。当基本可行解中非零元素的个数小于 m 时,则此基本可行解是退化的。下面只讨论非退化的情形,即基本可行解中都恰好有 m 个元素。

令 $\boldsymbol{X}_N=0$,代入约束方程组得

$$\boldsymbol{AX}=(\boldsymbol{B},\boldsymbol{N})\begin{pmatrix}\boldsymbol{X}_B\\0\end{pmatrix}=\boldsymbol{BX}_B=\boldsymbol{b}$$

由 $\boldsymbol{B}$ 非奇异,可唯一解出基变量,即

$$\boldsymbol{X}_B=\boldsymbol{B}^{-1}\boldsymbol{b}$$

于是 $\boldsymbol{X}=\begin{pmatrix}\boldsymbol{B}^{-1}\boldsymbol{b}\\0\end{pmatrix}$ 就是一个基本解。若 $\boldsymbol{B}^{-1}\boldsymbol{b}\geqslant 0$,则 $\boldsymbol{X}$ 是一个基本可行解。若 $\boldsymbol{B}^{-1}\boldsymbol{b}>0$,则 $\boldsymbol{X}$ 是一个非退化的基本可行解。

例 2.7 设某线性规划的约束条件为

$$\begin{cases} x_1+3x_3+2x_4=b_1 \\ x_2+4x_3+5x_4=b_2 \\ x_1,x_2,x_3,x_4\geqslant 0 \end{cases}$$

则 $\boldsymbol{A}=\begin{bmatrix}1 & 0 & 3 & 2\\0 & 1 & 4 & 5\end{bmatrix}$ 为系数矩阵。

选择 $\boldsymbol{B}=\begin{bmatrix}1 & 0\\0 & 1\end{bmatrix}$ 为基(还有其他选择基的方法,但选择单位子矩阵有好处);

$\boldsymbol{X}_B=(x_1,x_2)^{\mathrm{T}}$ 为基变量;

$\boldsymbol{X}_N=(x_3,x_4)^{\mathrm{T}}$ 为非基变量。

令 $\boldsymbol{X}_N=0$,代入约束方程组得

$$\boldsymbol{X}_B=(x_1,x_2)^{\mathrm{T}}=(b_1,b_2)^{\mathrm{T}}$$

基本解$\boldsymbol{X}=(b_1,b_2,0,0)^{\mathrm{T}}$

若 $b_1\geqslant 0,b_2\geqslant 0$,则 $\boldsymbol{X}=(b_1,b_2,0,0)^{\mathrm{T}}$ 为基本可行解。

二、单纯形法的基本思路

由图解法的结果可知,线性规划若有最优解,则其最优解一定在可行域的顶点上达到,且它的全部最优解就是全部最优顶点的凸组合。所以,只要在线性规划的有限个基本可行解中搜索,便能得到线性规划的最优解,甚至得出全部最优解。由此得到单纯形法的基本思路:从线性规划的一个基本可行解(可行域顶点)开始,检验它是否为最优解,如果是最优解,计算停止;如果不是,那么或者可以判定线性规划无有界最优解,或者根据一定步骤得出使目标函数值增大的另一个基本可行解。由于基本可行解的个数有限,所以总可以经过有限次迭代,得到线性规划的最优基本可行解,或者判定线性规划无有界最优解。下面以上述图解法的例 2.3 为例,说明单纯形法的基本思路,得到的各个基本可行解都可从图解法中找到对应的顶点。

例 2.8 求线性规划 $\max Z=0.7x_1+0.9x_2$

约束于

$$\begin{cases}x_1\leqslant 8\\x_2\leqslant 7\\x_1+x_2\leqslant 12\\x_1,x_2\geqslant 0\end{cases}$$

解 (1) 找出一个初始基本可行解(没有,则无可行解)。

引入松弛变量,化成标准型得

$$\max Z=0.7x_1+0.9x_2$$

$$\begin{cases}x_1+x_3=8\\x_2+x_4=7\\x_1+x_2+x_5=12\\x_1,x_2,x_3,x_4,x_5\geqslant 0\end{cases}$$

该线性规划问题具有如下特点:每个约束方程中有一个变量的系数为 1,而这个变量在其他的约束方程乃至目标函数中都不出现。换句话说,约束方程组的系数矩阵中有一个 m 阶的单位矩阵,且该单位矩阵对应的变量在目标函数中不出现。满足上述条件的线性规划称为线性规划的规范型。

线性规划的规范型一定对应着一个非退化的基本可行解。事实上,以上述单位矩阵为基,该基对应的变量为基变量,在上述例子中,基变量为 x_3,x_4,x_5,令非基变量 x_1,x_2 为零,可得:

基变量:$x_3=8,x_4=7,x_5=12$

基本可行解:$\boldsymbol{X}^{(0)}=(0,0,8,7,12)^{\mathrm{T}}$

目标函数:$Z^{(0)}=0$。

(2) 判断此初始基本可行解是否为最优,若不为最优,再找出下步要引入的基变量(引入变量)。

① 判断初始基本可行解是否为最优解。

事实上，在规范型中，对应于基本可行解 $\boldsymbol{X}^{(0)}$，目标函数中只含有非基变量，它们取零值。显然若目标函数中非基变量的系数有正数，则此时的基本可行解不是最优解，还可以改善；若目标函数里非基变量的系数无正数，则它对应的基本可行解是最优解。将规范型里目标函数中非基变量的系数称为检验数：若没有正的检验数，则初始基本可行解是最优解；若有正的检验数，则寻找新的基本可行解。

② 寻找引入变量。

要寻找新的基本可行解，首先要寻找引入变量：将 $\boldsymbol{X}^{(0)}$ 中的一个非基变量由零变成正数，从而变成基变量，这个变量称为引入变量。这样得到的新的基本可行解能否使目标函数增大呢？若目标函数中非基变量的系数有正数，令这个非基变量作为引入变量，由零变正，就会使目标函数增大；如果目标函数中非基变量的系数全为非正，则无论哪个非基变量作为引入变量，由零变正，目标函数都不会再增大。

故可以得出结论：若目标函数中正的检验数不止一个，则选择最大的正检验数对应的非基变量为引入变量，可使目标函数改善得最快。本例中引入变量为 x_2。

(3) 判断线性规划是否无有界解，若有，寻找退出变量。

① 判断线性规划是否无有界解。

将 $\boldsymbol{X}^{(0)}$ 中的一个基变量由正数变成零，从而变成非基变量，这个变量称为退出变量。称规范型中约束方程组里引入变量的系数列为关键列。若关键列中所有元素 a_{ij} 为负数，由约束方程组知，当引入变量无限增大时，每个方程里的基变量都不会变为负数，这时目标函数有最大值 $+\infty$，故此时线性规划无有界解。

② 寻找退出变量。

当引入变量由 0 增大时，由约束方程知，原基变量减小，选择最先降到 0 的原基变量为退出变量。本例中，引入变量 x_2 由 0 增大时，则原基变量 x_3, x_4, x_5 势必减小，最先降到 0 的原基变量 x_4 为退出变量，相应的约束条件所在行称为关键行，关键行与关键列的交点处为关键数。即若 $\min\limits_{a_{ij}>0}\left(\dfrac{b_i}{a_{ij}}\right)=\dfrac{b_k}{a_{kj}}$，则关键数为 a_{kj}。

(4) 用关键数对约束方程、目标函数进行行初等变换，将线性规划化成新的规范型，重复以上步骤。

本例得到的另外一个规范型为

$$Z-6.3=0.7x_1-0.9x_4$$

$$\begin{cases}x_1+x_3=8\\x_2+x_4=7\\x_1-x_4+x_5=5\\x_1,x_2,x_3,x_4,x_5\geqslant 0\end{cases}$$

基本可行解为

$$\boldsymbol{X}^{(1)}=(0,7,8,0,5)^{\mathrm{T}};Z^{(1)}=6.3$$

再次重复上述步骤，得到的规范型为

$$Z-9.8=-0.2x_4-0.7x_5$$

$$\begin{cases} x_3 + x_4 - x_5 = 3 \\ x_2 + x_4 = 7 \\ x_1 - x_4 + x_5 = 5 \\ x_1, x_2, x_3, x_4, x_5 \geqslant 0 \end{cases}$$

基本可行解为

$$X^{(2)} = (5,7,3,0,0)^{\mathrm{T}}$$

此时检验数全部为负,故得到最优解为

$$X^* = (5,7)^{\mathrm{T}}; Z^* = 9.8$$

总结单纯形法的步骤:

(1) 将线性规划化成规范型,求初始基本可行解;

(2) 考查规范型中目标函数的系数——检验数,若无正数,则该基本可行解为最优解;否则,取正检验数中最大的一个对应的变量为引入变量,得出关键列$(a_{1j}, a_{2j}, \cdots, a_{mj})^{\mathrm{T}}$;

(3) 若关键列中无正元素,则线性规划无有界最优解;否则,由$\min\limits_{a_{ij}>0}\left(\dfrac{b_i}{a_{ij}}\right) = \dfrac{b_k}{a_{kj}}, i = 1,2,3,\cdots,m$ 得出关键数 a_{kj};

(4) 将关键数化为 1,用初等行变换将关键列化为单位列向量,从而将线性规划再次化成规范型;

(5) 重复以上步骤。

三、单纯形表

上述单纯形法的迭代过程可以用一种专门的表格表示出来,这种计算表格称为单纯形表。

例 2.9 用单纯形表求解以下线性规划问题

$$\max Z = 0.7x_1 + 0.9x_2$$

$$\begin{cases} x_1 \leqslant 8 \\ x_2 \leqslant 7 \\ x_1 + x_2 \leqslant 12 \\ x_1, x_2 \geqslant 0 \end{cases}$$

解 将原线性规划化成标准型得

$$\begin{cases} x_1 + x_3 = 8 \\ x_2 + x_4 = 7 \\ x_1 + x_2 + x_5 = 12 \\ x_1, x_2, x_3, x_4, x_5 \geqslant 0 \end{cases}$$

这个标准型同时也是一个规范型,它对应一个初始基本可行解,x_3, x_4, x_5 是基变量,目标函数这时取零值。把它们按要求填入单纯形表 2.2 中。

表 2.2 单纯形表 1

基	x_1	x_2	x_3	x_4	x_5	解
x_3	1	0	1	0	0	8

（续）

基	x_1	x_2	x_3	x_4	x_5	解
x_4	0	[1]	0	1	0	7
x_5	1	1	0	0	1	12
检验数	0.7	0.9	0	0	0	0

表2.2中右下角的“0”是目标函数的相反数。注意：一张表必然是一个规范型，若有最优解，必然可由表得到。右边为基变量的解，右下角是目标函数最优解的相反数。即

$$\boldsymbol{X}^{(0)}=(0,0,8,7,12)^{\mathrm{T}},Z^{(0)}=0$$

判断是否最优解：检验数中有两个正数，故不是最优解。取最大检验数0.9，故关键列为x_2列。引入变量x_2。

判断是否无有界最优解：关键列有正数，故有有界最优解。取x_4为退出变量，相应行为关键行。

以关键行、关键列的交叉点（关键数）为中心，进行行初等变换，得到新的单纯形表2.3。

表2.3　单纯形表2

基	x_1	x_2	x_3	x_4	x_5	解
x_3	1	0	1	0	0	8
x_2	0	1	0	1	0	7
x_5	[1]	0	0	-1	1	5
检验数	0.7	0	0	-0.9	0	-6.3

$$\boldsymbol{X}^{(1)}=(0,7,8,0,5)^{\mathrm{T}},Z^{(1)}=6.3$$

重复上述过程得到单纯形表2.4。

表2.4　单纯形表3

基	x_1	x_2	x_3	x_4	x_5	解
x_3	0	0	1	1	-1	3
x_2	0	1	0	1	0	7
x_1	1	0	0	-1	1	5
检验数	0	0	0	-0.2	-0.7	-9.8

检验数全部为负，得到最优解：

$$\boldsymbol{X}^{(2)}=(5,7,3,0,0)^{\mathrm{T}}$$

原问题的解：$\boldsymbol{X}^*-(5,7)^{\mathrm{T}},Z^*-9.8$

2.3　整数规划

2.3.1　整数规划模型及分枝定界法

在前面讨论的线性规划问题中，有些最优解可能是小数，但对于某些具体问题，常常

要求所得到的解必须是整数解。例如，所求解是武器的数量、兵力数等，小数解不符合要求。为了满足整数解的要求，初看起来，似乎只要把已得到的带有小数的解经过“舍入化整”就可以了，但这常常是不行的，因为化整后不一定是可行解；或虽是可行解，但不一定是最优解。因此，对于求解最优整数解的问题，有必要另行研究。这样的问题称为整数规划(Integer Programming, IP)问题，整数规划是近几十年来发展起来的规划论中的一个分支，它显然属于组合优化问题。

整数规划中如果所有的决策变量都限制为(非负)整数，称为纯整数规划(Pure Integer Programming)或称为全整数规划(All Integer Programming)；如果仅一部分决策变量限制为整数，则称为混合整数规划(Mixed Integer Programming)。整数规划的一种特殊情形是 0 - 1 规划，它的决策变量取值仅限于 0 或 1，2.3.2 节将介绍 0 - 1 规划问题。

例 2.10 某整数规划问题为

$$\max z = 20x_1 + 10x_2 \qquad (1)$$

$$\begin{cases} 5x_1 + 4x_2 \leqslant 24 & (2) \\ 2x_1 + 5x_2 \leqslant 13 & (3) \\ x_1, x_2 \geqslant 0 & (4) \\ x_1, x_2 \text{ 为整数} & (5) \end{cases}$$

解 它和线性规划问题的区别仅在于最后一个决策变量取整的条件(5)。现在暂不考虑这一条件，即解(1)～(4)(以后称这样的问题为和原问题相应的线性规划问题)，很容易求得此线性规划问题的最优解为

$$x_1 = 4.8, x_2 = 0, \max z = 96$$

是不是将所得的非整数的最优解经过“化整”就可得到符合条件(5)的整数最优解呢？将所得的非整数最优解(4.8,0)凑整为(5,0)，不符合条件(2)，因而它不是可行解；如将(4.8,0)舍去尾数0.8，变为(4,0)，这当然满足各约束条件，因而是可行解，但不是最优解，因为当 $x_1 = 4, x_2 = 0$ 时，$z = 80$，但当 $x_1 = 4, x_2 = 1$(这也是可行解)时，$z = 90$，显然后者的目标函数值大于前者。

用图解法来说明，如图 2.4 所示，非整数的最优解在 $C(4.8,0)$点达到。图中画 + 号的点表示可行的整数解。凑整的(5,0)点不在可行域内，而 C 点又不符合条件(5)。为了满足题中要求，表示目标函数的 z 的等值线必须向原点平行移动，直到第一次遇到带“ + ”号 B 点(4,1)为止。这样，z 的等值线就由 $z = 96$ 变到 $z = 90$，它们的差值 $\Delta z = 96 - 90 = 6$ 表示目标函数值的下降，这是由于变量的整数要求引起的。

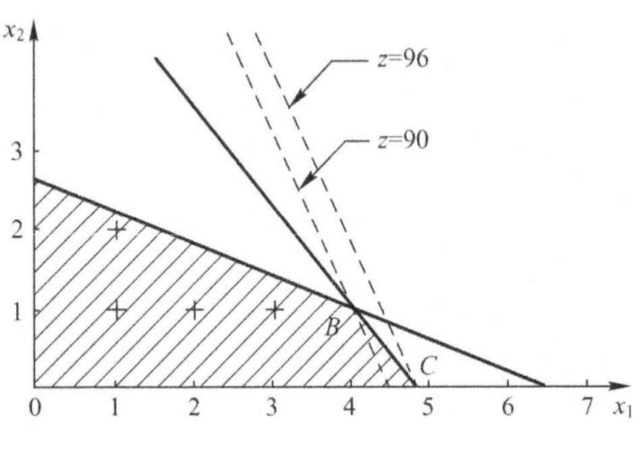

图 2.4 整数规划问题的图解法

由例 2.10 看出，将其相应的线性规划的最优解“化整”来求解原整数规划，虽是最容易想到的，但常常得不到整数规划的最优解，甚至根本不是可行解，因此有必要对整数规划的解法进行专门研究。

在求解整数规划时，如果可行域是有界的，首先容易想到的方法就是穷举变量的所有可行的整数组合，就像在图 2.4 中画出所有"+"号的点那样，然后比较它们的目标函数值以定出最优解。对于小型的问题，变量数很少，可行的整数组合数也很少时，这个方法是可行的，也是有效的。如在例 2.10 中，变量只有 x_1,x_2，由条件(2)可知，x_1 所能取的整数值为 0、1、2、3、4 共 5 个；由条件(3)可知，x_2 所能取的整数值为 0、1、2 共 3 个，它们的组合(不都是可行的)数是 $3\times5=15$ 个，穷举法还是可用的。对于大型问题，可行的整数组合数是很大的，有时甚至是无穷多个。如在指派问题(整数规划的特例)中，将 n 项任务指派 n 个人去完成，不同的指派方案共有 $n!$ 种，当 $n=10$ 时，这个数就超过 300 万；当 $n=20$ 时，这个数超过了 2×10^{18}，如果一一计算，就是用每秒百万次的计算机，也要几万年的工夫。很明显，解这样的题，穷举法是不可取的。所以通常仅检查部分可行整数组合，就能定出最优的整数解。分枝定界法(Branch and Bound Method)就是求解整数规划的一种方法。

分枝定界法可用于求解纯整数或混合的整数规划问题，在 20 世纪 60 年代初由 Land Doig 和 Dakin 等人提出。由于该方法灵活且便于用计算机求解，所以现在已是求解整数规划的重要方法。设有目标函数最大化的整数规划问题 A，与它相应的线性规划问题为 B。从解问题 B 开始，若其最优解不符合 A 的整数条件，那么 B 的最优目标函数必是 A 的最优目标函数 z^* 的上界，记作 $\bar{z}$；而 A 的任意可行解的目标函数值将是 z^* 的一个下界 $\underline{z}$。分枝定界法就是将 B 的可行域分成子区域(称为分枝)的方法，逐步减小 $\bar{z}$ 和增大 $\underline{z}$，使之逐渐逼近最优解 z^*。

例 2.11 求解以下整数规划问题：

$$\max z=40x_1+90x_2 \qquad (1)$$

$$\begin{cases}9x_1+7x_2\leqslant56 & (2)\\ 7x_1+20x_2\leqslant70 & (3)\\ x_1,x_2\geqslant0 & (4)\\ x_1,x_2\ \text{为整数} & (5)\end{cases}$$

解 同上，暂不考虑整数条件(5)，由图 2.5 可求得与原问题 A 相应的线性规划问题 B 的最优解为

$$x_1=4.81,x_2=1.82,z_0=356$$

显然它不符合整数条件(5)，这时 z_0 是问题 A 的最优目标函数值 z^* 的上界，记作 $z_0=\bar{z}$。而 $x_1=0,x_2=0$ 显然是问题 A 的一个整数可行解，这时 $z=0$ 是 z^* 的一个下界，记作 $\underline{z}=0$。原整数规划的最优解应在下界与上界之间，即 $0\leqslant z^*\leqslant356$。

分枝定界法的解法是首先注意问题 B 中一个非整数变量的解，如本例中 $x_1=4.81$，以其上下两个整数值对原问题增加两个约束条件：$x_1\leqslant4$，$x_1\geqslant5$，可将原问题分解为两个子问题 B_1 和 B_2(即两枝)：

子问题 B_1：

$$\max z=40x_1+90x_2 \qquad (1)$$

$$\begin{cases}9x_1+7x_2\leqslant56 & (2)\\ 7x_1+20x_2\leqslant70 & (3)\\ x_1,x_2\geqslant0 & (4)\\ x_1\leqslant4 & (5)\end{cases}$$

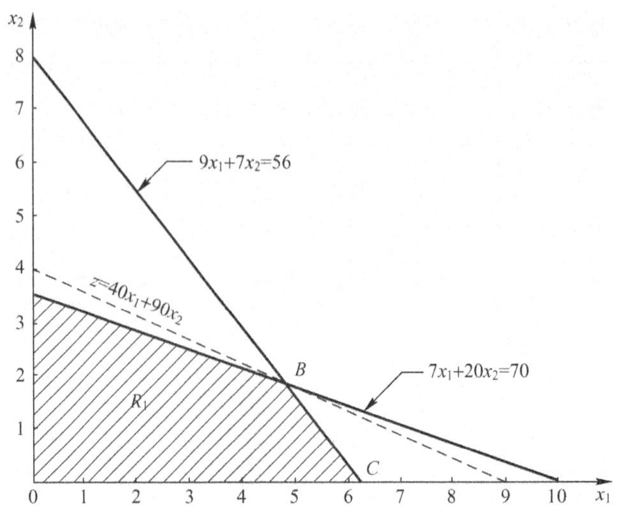

图 2.5　线性规划问题的最优解在 B 点($x_1=4.81, x_2=1.82$)处

子问题 B_2：

$$\max z = 40x_1 + 90x_2 \qquad (1)$$

$$\begin{cases} 9x_1 + 7x_2 \leqslant 56 & (2) \\ 7x_1 + 20x_2 \leqslant 70 & (3) \\ x_1, x_2 \geqslant 0 & (4) \\ x_1 \geqslant 5 & (5) \end{cases}$$

如图 2.6 所示，在图中舍去了 $4 < x_1 < 5$ 部分的可行域，这并不影响问题 A 的可行域。

求解问题 B_1 和 B_2，称此为第一次迭代，得到最优解为

问题 B_1	问题 B_2
$x_1 = 4.00$	$x_1 = 5.00$
$x_2 = 2.10$	$x_2 = 1.57$
$z_1 = 349$	$z_1 = 341$

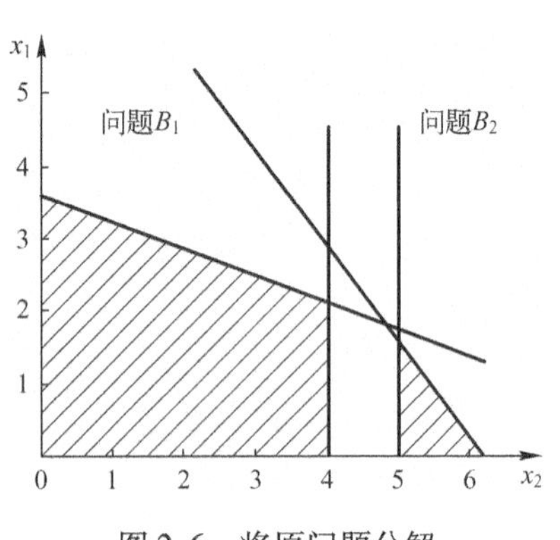

图 2.6　将原问题分解为两个子问题 B_1 和 B_2

显然没有得到全部变量是整数的解。因 $z_1 > z_2$，故将 $\bar{z}$ 改为 349，可见上界$\bar{z}$逐步减小，最优整数解必然满足 $0 \leqslant z^* \leqslant 349$。

继续对问题 B_1 和 B_2进行分解，因 $z_1 > z_2$，故先分解 B_1为两枝。增加条件 $x_2 \leqslant 2$ 者，称为问题 B_3；增加条件 $x_2 \geqslant 3$ 者称为问题 B_4。再进行第二次迭代。解题过程的结果列在图 2.7 中。

可见问题 B_3的解已都是整数，它的目标函数值 $z_3 = 340$，可取为$\underline{z}$，而它大于 $z_4 = 327$。所以再分解 B_4已无必要。而问题 B_2的 $z_2 = 341$，所以 z^* 可能在 $340 \leqslant z^* \leqslant 341$ 之间有整数解。于是对 B_2分解，得问题 B_5既非整数解，且 $z_5 = 308 < z_3$；而问题 B_6无可行解。于是可以断定

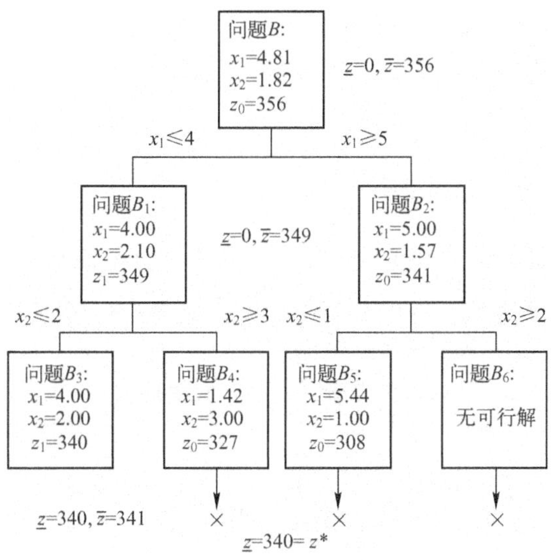

图 2.7　分枝定界法的解题过程

$$z_3 = \underline{z} = z^* = 340$$

即问题 B_3 的解 $x_1 = 4.00, x_2 = 2.00$ 为最优整数解。

从以上解题过程可得到用分枝定界法求解整数规划(假设目标函数为求最大)问题的步骤如下:

(1) 初始化过程。将要求解的整数规划问题称为问题 A,将与它相应的线性规划问题称为问题 B。

① 解问题 B,可能得到以下情况之一:

a. B 没有可行解,这时 A 也没有可行解,则停止。

b. B 有最优解,并符合问题 A 的整数条件,B 的最优解即为 A 的最优解,则停止。

c. B 有最优解,但不符合问题 A 的整数条件,记它的目标函数值为 $\bar{z}$。

② 用观察法找出问题 A 的一个整数可行解,一般可取 $x_j = 0, j = 1, 2, \cdots, n$ 试探,求得其目标函数值,记作 $\underline{z}$。以 z^* 表示问题 A 的最优目标函数值,这时有

$$\underline{z} \leqslant z^* \leqslant \bar{z}$$

(2) 迭代过程

① 分枝。在 B 的最优解中任选一个不符合整数条件的变量 x_j,其值为 b_j,以 $[b_j]$ 表示小于 b_j 的最大整数。构造两个约束条件 $x_j \leqslant [b_j]$ 和 $x_j \geqslant [b_j] + 1$,将这两个约束条件分别加入问题 B,得到两个后继规划问题 B_1 和 B_2,不考虑整数条件求解这两个后继问题。

② 定界。以每个后继问题为一分枝标明求解的结果,与其他问题的解的结果中,找出最优目标函数值最大者作为新的上界 $\bar{z}$。从已符合整数条件的各分枝中,找出目标函数值为最大者作为新的下界 $\underline{z}$;若未找到符合整数条件的解,则 $\underline{z}$ 不变。

③ 比较与剪枝。各分枝的最优目标函数中若有小于 $\underline{z}$ 者,则剪掉这枝(用打 × 表示),即以后不再考虑了。若大于 $\underline{z}$,但不符合整数条件,则重复①,一直到最后得到 $z^* = \underline{z}$ 为止,得最优整数解 $x_j*, j = 1, 2, \cdots, n$。

用分枝定界法求解纯整数规划问题和混合整数规划问题比穷举法优越，因为它仅在一部分可行解的整数解中寻求最优解，计算量比穷举法小。但若变量数目很大，其计算工作量也是相当可观的。

2.3.2　0－1 规划模型及隐枚举法

0－1 规划是整数规划中的特殊情形，它的变量 x_i 仅取值 0 或 1。这时 x_i 称为 0－1 变量，x_i 仅取值 0 或 1 这个条件可由下述约束条件：$x_i \leqslant 1, x_i \geqslant 0, x_i$ 为整数所代替，是和一般整数规划的约束条件形式一致的。

例 2.12　兵力驻地研究：某一防御地带有 m 个防御要点，为反敌空降，决定派兵在一些防御要点中驻防。上级要求，在上述要点中的任意一个出现敌情时，驻防反空降预备队在规定时间内至少有一个营地的部队能从驻地赶到该要点。为了便于指挥，还要求尽量集中驻防。问为完成反空降任务，最少设几个兵营？设在何处？

解　设决策变量为 x_i，设置的兵营数为 z，令

$$x_i = \begin{cases} 1, & \text{第 } i \text{ 个要点设防} \\ 0, & \text{第 } i \text{ 个要点不设防} \end{cases}, i = 1, 2, \cdots, m$$

又令

$$a_{ij} = \begin{cases} 1, & \text{驻第 } i \text{ 个要点的部队能按时赶到第 } j \text{ 个要点} \\ 0, & \text{驻第 } i \text{ 个要点的部队不能按时赶到第 } j \text{ 个要点} \end{cases}, i, j = 1, 2, \cdots, m$$

a_{ij}的数值预先由地图确定，是已知的。第 i 个要点驻防且能在规定时间赶到第 j 个要点的充分必要条件是：$x_i = 1$，且 $a_{ij} = 1$，即 $x_i a_{ij} = 1$。

于是，至少有一个营地的部队能赶到任一要点的数学描述为

$$\sum_{i=1}^{m} a_{ij} x_i \geqslant 1, j = 1, 2, \cdots, m$$

原问题可变成线性规划问题：

$$\min z = x_1 + x_2 + \cdots + x_m$$

约束于

$$\begin{cases} \sum_{i=1}^{m} a_{ij} x_i \geqslant 1, j = 1, 2, \cdots, m \\ x_i = 0 \text{ 或 } 1, \quad i = 1, 2, \cdots, m \end{cases}$$

解 0－1 型整数规划最容易想到的方法，和一般整数规划的情形一样，就是穷举法，即检查变量取值为 0 或 1 的每一种组合，比较目标函数值以求得最优解，这就需要检查变量取值的 2^n 个组合。如果变量个数 n 较大（例如 $n > 10$），这几乎是不可能的。因此常设计一些方法，只检查变量取值的组合的一部分，就能求到问题的最优解。这样的方法称为隐枚举法（Implicit Enumeration），分枝定界法也是一种隐枚举法。当然，对有些问题隐枚举法并不适用，所以有时穷举法还是必要的。

下面举例说明一种解 0－1 型整数规划的隐枚举法。

例 2.13　利用隐枚举法求解 0－1 型整数规划

$$\max z=3x_1-2x_2+5x_3$$

$$\begin{cases} x_1+2x_2-x_3\leqslant 2 & (1)\\ x_1+4x_2+x_3\leqslant 4 & (2)\\ x_1+x_2\leqslant 3 & (3)\\ 4x_2+x_3\leqslant 6 & (4)\\ x_1,x_2,x_3=0,1 & (5)\end{cases}$$

解 先通过试探的方法找一个可行解，容易看出$(x_1,x_2,x_3)=(1,0,0)$满足约束条件，算出相应的目标函数值 $z=3$。

下面来求最优解，对于极大化问题，当然希望 $z\geqslant 3$，于是增加一个约束条件：

$$3x_1-2x_2+5x_3\geqslant 3 \quad ◎$$

后加的条件称为过滤条件（Filtering Constraint）。这样，原问题的线性约束条件就变成 5 个。用全部枚举的方法，3 个变量共有 $2^3=8$ 个解，原来 4 个约束条件，共需 32 次运算。现在增加了过滤条件◎，如按下述方法进行，就可减少运算次数。将 5 个约束条件按◎—(1)—(4)顺序排好（表 2.5），对每个解，依次代入约束条件左侧，求出数值，看是否适合不等式条件，如某一条件不适合，同行以下各条件就不必再检查，因而就减少了运算次数。本例计算过程如表 2.5 所列，实际只作 24 次运算。

表 2.5　隐枚举法计算过程 1

点	条件					满足条件？是(√)否(×)	值
	⓪	①	②	③	④		
(0,0,0)	0					×	
(0,0,1)	5	−1	1	0	1	√	5
(0,1,0)	−2					×	
(0,1,1)	3	1	5			×	
(1,0,0)	3	1	1	1	0	√	3
(1,0,1)	8	0	2	1	1	√	8
(1,1,0)	1					×	
(1,1,1)	6	2	6			×	

于是求得最优解：

$$(x_1,x_2,x_3)=(1,0,1),\ \max z=8$$

在计算过程中，若遇到 z 值已超过条件◎右边的值，应改变条件◎，使右边为迄今为止最大者，然后继续执行。例如，当检查点(0,0,1)时因 $z=5>3$，所以应将条件◎换成

$$3x_1-2x_2+5x_3\geqslant 5,\ ◎$$

这种对过滤条件的改进，更可以减少计算量。

注：一般常重新排列 x_i 的顺序使目标函数中 x_i 的系数是递增（不减）的，如在例 2.13 中，改写 $z=3x_1-2x_2+5x_3=-2x_2+3x_1+5x_3$，因为 −2,3,5 是递增的。变量$(x_2,x_1,x_3)$也按下述顺序取值：(0,0,0)，(0,0,1)，(0,1,0)，……，这样能够较早地发现最优解。再结合过滤条件的改进，更可使计算简化。在例 2.13 中有

$$\max z = -2x_2 + 3x_1 + 5x_3$$

$$\begin{cases} -2x_2 + 3x_1 + 5x_3 \geqslant 3 & \text{◎} \\ 2x_2 + x_1 - x_3 \leqslant 2 & (1) \\ 4x_2 + x_1 + x_3 \leqslant 4 & (2) \\ x_2 + x_1 \leqslant 3 & (3) \\ 4x_2 + x_3 \leqslant 6 & (4) \end{cases}$$

解题时按下述步骤进行(表 2.6):

表 2.6　隐枚举法计算过程 2

点 (x_2, x_1, z_3)	条　件					是否满足条件	值
	⓪	①	②	③	④		
(0,0,0)	0					×	
(0,0,1)	5	-1	1	0	1	√	5

改进过滤条件为

$$-2x_2 + 3x_1 + 5x_3 \geqslant 5, \text{◎}$$

继续进行,得到表 2.7。

表 2.7　隐枚举法计算过程 3

点 (x_2, x_1, x_3)	条　件					是否满足条件	
	⓪	①	②	③	④		
(0,1,0)	3					×	
(0,1,1)	8	0	2	1	1	√	8

再改进过滤条件为

$$-2x_2 + 3x_1 + 5x_3 \geqslant 8, \text{◎}$$

再继续进行,得到表 2.8。

表 2.8　隐枚举法计算过程 4

点 (x_2, x_1, x_3)	条　件					是否满足条件	
	⓪	①	②	③	④		
(1,0,0)	-2					×	
(1,0,1)	3					×	
(1,1,0)	1					×	
(1,1,1)	6					×	

至此,z 值已不能改进,即得到最优解,解答如前,但计算已简化。

2.3.3　指派问题及匈牙利法

指派问题是 0-1 规划的特例,m 项任务分配给 m 个单位或人去完成。要求每项任务只能分配给一个单位或个人;每个单位或个人只能接受一项任务。

例 2.14 火力最优分配问题。我军有 D1、D2、D3、D4 四个导弹阵地,同时射击敌方 A1、A2、A3、A4 四架敌机。根据敌机来袭方向和位置等,算得每个导弹阵地对每架敌机的击毁概率如表 2.9 所列。试给每个导弹阵地分配一架敌机,给每架敌机分配一个导弹阵地,使对敌机的击毁概率最大。

表 2.9 火力最优分配问题

击毁概率	A1	A2	A3	A4
D1	0.6	0.9	0.4	0.6
D2	0.8	0.6	0.8	0.6
D3	0.4	0.8	0.6	0.8
D4	0.6	0.9	0.8	0.2

火力分配是指火力单位对攻击目标的分配。实际作战中,通常都是多个火力单位(武器系统或武器系统群)对多个目标(或目标群)进行火力攻击的,这就需要确定各火力单位在给定时间的攻击目标,即把火力单位分配给各个目标,这种火力单位对目标的分配即通常所说的目标分配或火力分配。由于各火力单位对目标的毁伤效能,以及各目标本身的价值及威胁程度不同,所以火力单位对目标的分配存在优劣。火力单位最优分配的任务就是发挥诸火力单位的整体协调优势,寻求在给定约束条件下,总的射击效果最好的分配方案。

解 设 $x_{ij}, i=1,2,\cdots,4, j=1,2,\cdots,4$ 表示火力单位对目标的分配方案,即

$$x_{ij}=\begin{cases}1, & \text{当第 } i \text{ 个阵地分配给第 } j \text{ 个目标时}\\ 0, & \text{第 } i \text{ 个阵地不被分配给第 } j \text{ 个目标时}\end{cases}$$

得线性规划

$$\begin{aligned}\max P=&0.6x_{11}+0.9x_{12}+0.4x_{13}+0.6x_{14}+\\&0.8x_{21}+0.6x_{22}+0.8x_{23}+0.6x_{24}+\\&0.4x_{31}+0.8x_{32}+0.6x_{33}+0.8x_{34}+\\&0.6x_{41}+0.9x_{42}+0.8x_{43}+0.2x_{44}+\end{aligned}$$

约束于

$$\begin{cases}\sum_{j=1}^{4}x_{ij}=1, i=1,2,3,4\\ \sum_{i=1}^{4}x_{ij}=1, j=1,2,3,4\\ x_{ij}=0,1\end{cases}$$

这个问题的一般提法为:设已知 m 个火力单位要射击 n 个目标,第 i 个火力单位对第 j 个目标射击的效能指标为 $c_{ij}, i=1,2,\cdots,m; j=1,2,\cdots,n$,寻找使目标遭受最大毁伤的分配。

用 $x_{ij}, i=1,2,\cdots,m, j=1,2,\cdots,n$ 表示火力单位对目标的分配方案,即

$$x_{ij}=\begin{cases}1, & \text{当第 } i \text{ 个火力单位分配给第 } j \text{ 个目标时}\\ 0, & \text{第 } i \text{ 个火力单位不被分配给第 } j \text{ 个目标}\end{cases}$$

于是最佳效果就是使得以下目标函数取极大值,即

$$\max z = \sum_{i=1}^{m}\sum_{j=1}^{m} c_{ij}x_{ij}$$

约束条件为

$$\begin{cases}\sum_{j=1}^{m} x_{ij} = 1, i = 1,2,\cdots,m \\ \sum_{i=1}^{m} x_{ij} = 1, j = 1,2,\cdots,m \\ x_{ij} \geqslant 0\end{cases}$$

第一个约束条件表示全部火力单位用来攻击目标;第二个约束条件表示每个目标的火力单位数为1。

根据该例可得到指派问题的一般模型:设决策变量 $x_{ij}, i=1,2,\cdots,m, j=1,2,\cdots,m$,其值只能取1或0,并令

$$x_{ij}=\begin{cases}1,\text{当指派第 } i \text{ 人去完成第 } j \text{ 项任务时} \\ 0,\text{当不指派第 } i \text{ 人去完成第 } j \text{ 项任务时}\end{cases}$$

则目标函数为: $\min z = \sum_{i=1}^{m}\sum_{j=1}^{m} c_{ij}x_{ij}$,$c_{ij}$ 为系数 ,

约束条件为: $\text{st.}\begin{cases}\sum_{i=1}^{m} x_{ij} = 1, j = 1,2,\cdots,m \\ \sum_{j=1}^{m} x_{ij} = 1, i = 1,2,\cdots,m \\ x_{ij} = 0 \text{ 或 } 1\end{cases}$

注意:为了求解方便,其标准形式是目标函数极小化。上述两个约束条件看似一样,其实内涵不同。第一个约束条件说明第 j 项任务只能由1人去完成;第二个约束条件说明第 i 人只能完成1项任务。

对应每个指派问题有一个类似例2.13的数表,称为系数矩阵,其元素 $c_{ij}(i,j=1,2,\cdots,m)$ 表示指派第 i 人去完成第 j 项任务时的效率(或时间、成本等)。如将例2.13的目标函数极大改为目标函数极小化,则系数矩阵

$$(c_{ij})=\begin{bmatrix}-0.6 & -0.9 & -0.4 & -0.6 \\ -0.8 & -0.6 & -0.8 & -0.6 \\ -0.4 & -0.8 & -0.6 & -0.8 \\ -0.6 & -0.9 & -0.8 & -0.2\end{bmatrix}$$

以下考虑如何求指派问题的最优解问题。在指派问题的数学模型中,满足约束条件的可行解 $x_{ij}(i,j=1,2,\cdots,m)$ 也可写成表格或矩阵形式,称为解矩阵,解矩阵 $x_{ij}(i,j=1,2,\cdots,m)$ 中各行各列的元素之和都是1。如例2.13的一个解矩阵为

$$(x_{ij})=\begin{bmatrix}1 & 0 & 0 & 0 \\ 0 & 1 & 0 & 0 \\ 0 & 0 & 1 & 0 \\ 0 & 0 & 0 & 1\end{bmatrix}$$

即D1 - A1,D2 - A2,D3 - A3,D4 - A4,毁伤敌目标 $0.6+0.6+0.6+0.2=2.0$,这个

解并不是最优解。采用穷举法可以得到最优解为 D1 - A2,D2 - A1,D3 - A4,D4 - A3,毁伤敌目标0.9 +0.8 +0.8 +0.8 =3.3。该问题中穷举所有可能需计算 4! =24 次,5 个目标则要计算 5! =120 次。

指派问题是 0 - 1 规划的特例,而 0 - 1 规划是整数规划的特例,因此当然可以用整数规划、0 - 1 规划的解法去求解,但这是不合算的,利用指派问题的特点可有更简便的解法,即匈牙利法。

指派问题的最优解有这样的性质:若系数矩阵(c_{ij})的一行(或一列)各元素中加(减)同一常数,该问题的最优解不变。根据该性质,从(c_{ij})的每行和每列中分别减去该行该列的最小元素,得到新矩阵(b_{ij}),该矩阵中的元素全部大于或等于 0,并有许多 0 元素,而最优解保持不变。在系数矩阵(b_{ij})中,位于不同行不同列的 0 元素称为独立零元素。

若能在(b_{ij})中找出 m 个独立 0 元素,则令与之对应的解元素 x_{ij} 取 1,其他取 0,将其代入目标函数中得到 $z_b=0$。由于(b_{ij})中没有负元素,$z_b=0$ 是目标函数的最小值,因此得到系数矩阵为(b_{ij})的指派问题的最优解,它也是原问题的最优解。

库恩(W. W. Kuhn)于 1955 年提出了指派问题的解法,他引用了匈牙利数学家康尼格一个关于矩阵中 0 元素的定理:系数矩阵中独立"0"元素的最多个数等于能覆盖所有"0"元素的最少直线数。该解法称为匈牙利法。以后在方法上虽有不断改进,但仍沿用此名称。下面用例 2.13 来说明指派问题的解法。

第一步:使指派问题的系数矩阵经变换,在各行各列中都出现 0 元素。

(1) 从系数矩阵的每行元素减去该行的最小元素;

(2) 再从所得系数矩阵的每列元素中减去该列的最小元素。

若某行(列)已有 0 元素,就不必再减了。

如例 2.13 中矩阵的每行元素减去该行的最小元素后得到(b_{ij})矩阵,每行每列都已有 0 元素,因此不必再减了。

$$(c_{ij})=\begin{bmatrix}-0.6 & -0.9 & -0.4 & -0.6\\ -0.8 & -0.6 & -0.8 & -0.6\\ -0.4 & -0.8 & -0.6 & -0.8\\ -0.6 & -0.9 & -0.8 & -0.2\end{bmatrix}\rightarrow\begin{bmatrix}0.3 & 0 & 0.5 & 0.3\\ 0 & 0.2 & 0 & 0.2\\ 0.4 & 0 & 0.2 & 0\\ 0.3 & 0 & 0.1 & 0.7\end{bmatrix}=(b_{ij})$$

第二步:进行试指派,以寻求最优解。为此,按以下步骤进行。

经第一步变换后,系数矩阵中每行每列都已有了 0 元素;但需找出 m 个独立的 0 元素,若能找出,就以这些独立 0 元素对应解矩阵(x_{ij})中的元素为 1,其余为 0,这就得到最优解。当 m 较小时,可用观察法、试探法去找出 m 个独立 0 元素。若 m 较大时,就必须按一定的步骤去找,常用的步骤为:

(1) 从只有一个 0 元素的行(列)开始,给这个 0 元素加圈,记作◎。这表示对这行所代表的人,只有一种任务可指派。然后划去◎所在列(行)的其他 0 元素,记作 ϕ。这表示这列所代表的任务已指派完,不必再考虑别人了。

(2) 给只有一个 0 元素列(行)的 0 元素加圈,记作◎;然后划去◎所在行的 0 元素,记作 ϕ。

(3) 反复进行(1),(2)两步,直到所有 0 元素都被圈出和划掉为止。

(4) 若仍有没有划圈的 0 元素,且同行(列)的 0 元素至少有两个(表示对这人可以从两项任务中指派其一),可用不同的方案去试探。从剩有0元素最少的行(列)开始,比较这行各0元素所在列中0元素的数目,选择0元素少的那列的0元素加圈(表示选择性多的要“礼让”选择性少的)。然后划掉同行同列的其他0元素,可反复进行,直到所有0元素都已圈出和划掉为止。

(5) 若◎元素的数目(表示独立0元素的个数)等于矩阵的阶数 m,则该指派问题的最优解已得到。若小于 m,则转入下一步。

按照上述步骤对上例中 (b_{ij}) 矩阵进行加圈、划圈。

$$(b_{ij})=\begin{bmatrix}0.3 & 0 & 0.5 & 0.3\\ 0 & 0.2 & 0 & 0.2\\ 0.4 & 0 & 0.2 & 0\\ 0.3 & 0 & 0.1 & 0.7\end{bmatrix}\rightarrow\begin{bmatrix}0.3 & ◎ & 0.5 & 0.3\\ ◎ & 0.2 & \phi & 0.2\\ 0.4 & \phi & 0.2 & ◎\\ 0.3 & \phi & 0.1 & 0.7\end{bmatrix}$$

这里◎元素的数目小于矩阵的阶数 m,所以解题没有完成,这时应按以下步骤继续进行。

第三步:作最少的直线覆盖所有0元素,以确定该系数矩阵中能找到最多的独立0元素数。为此按以下步骤进行:

(1) 对没有◎的行打√号;

(2) 对已打√号的行中所有含 ϕ 元素的列打√号;

(3) 再对打有√号的列中含◎元素的行打√号;

(4) 对没有打√号的行画一横线,有打√号的列画一纵线,这样就得到覆盖所有0元素的最少直线数。

若直线数 $l<m$,说明必须再变换当前的系数矩阵,才能找到 m 个独立的0元素,为此转第四步。

在本例中,对矩阵按以下次序进行:先在第四行旁打√,接着可判断应在第2列下打√,接着在第1行旁打√。经检查不能再打√了。对没有打√行,画一直线以覆盖0元素,已打√的列画一直线以覆盖0元素。得

$$\begin{array}{c}\begin{bmatrix}0.3 & ◎ & 0.5 & 0.3\\ ◎ & 0.2 & \phi & 0.2\\ 0.4 & \phi & 0.2 & ◎\\ 0.3 & \phi & 0.1 & 0.7\end{bmatrix}\begin{matrix}\surd\\ \\ \\ \surd\end{matrix}\\ \quad\surd\end{array}$$

由此可见 $l=3<m$。所以应继续对上述矩阵进行变换,转第四步。

第四步:对矩阵进行变换的目的是增加0元素。为此在没有被直线覆盖的部分中找出最小元素,然后在打√行各元素中都减去该最小元素,而在打√列的各元素都加上该最小元素,以保证原来0元素不变。这样得到新的系数矩阵。重复上述步骤。

本例中第1、4行减去最小元素0.1,第2列加上0.1,得到

$$\begin{bmatrix}0.2 & ◎ & 0.4 & 0.2\\ ◎ & 0.3 & \phi & 0.2\\ 0.4 & 0.1 & 0.2 & ◎\\ 0.2 & \phi & ◎ & 0.6\end{bmatrix}$$

它具有 4 个独立 0 元素，这样就得到了最优解矩阵：

$$(x_{ij})=\begin{bmatrix}0&1&0&0\\1&0&0&0\\0&0&0&1\\0&0&1&0\end{bmatrix}$$

即最优分配方案为：$x_{12}=x_{21}=x_{34}=x_{43}=1$。

例 2.15 求表 2.10 所列指派问题的最优解，表中所列为每人完成各任务所需时间。

表 2.10 指派问题

人员 \ 任务	A	B	C	D	E
甲	12	7	9	7	9
乙	8	9	6	6	6
丙	7	17	12	14	9
丁	15	14	6	6	10
戊	4	10	7	10	9

解 按匈牙利法求解指派问题的步骤，第一步，将系数矩阵变换为

$$\begin{bmatrix}12&7&9&7&9\\8&9&6&6&6\\7&17&12&14&9\\15&14&6&6&10\\4&10&7&10&9\end{bmatrix}\rightarrow\begin{bmatrix}5&0&2&0&2\\2&3&0&0&0\\0&10&5&7&2\\9&8&0&0&4\\0&6&3&6&5\end{bmatrix}$$

经一次计算即得每行每列都有 0 元素的系数矩阵，再按上述步骤运算，得到

$$\begin{bmatrix}5&\circledcirc&2&\phi&2\\2&3&\phi&\circledcirc&\phi\\\circledcirc&10&5&7&2\\9&8&\circledcirc&\phi&4\\\phi&6&3&6&5\end{bmatrix}\begin{matrix}\\\\\surd\\\\\surd\end{matrix}$$
$$\surd$$

在上例的矩阵中，在没有被覆盖部分（第 3、5 行）中找出最小元素为 2，然后在第 3、5 行各元素分别减去 2，给第 1 列各元素加 2，得到下述新矩阵：

$$\begin{bmatrix}7&0&2&0&2\\4&3&0&0&0\\0&8&3&5&0\\11&8&0&0&4\\0&4&1&4&3\end{bmatrix}$$

按第二步，找出所有独立的 0 元素：

$$\begin{bmatrix} 7 & ◎ & 2 & \phi & 2 \\ 4 & 3 & \phi & ◎ & \phi \\ \phi & 8 & 3 & 5 & ◎ \\ 11 & 8 & ◎ & \phi & 4 \\ ◎ & 4 & 1 & 4 & 3 \end{bmatrix}$$

它具有5个独立0元素,这样就得到了最优解矩阵:

$$\begin{bmatrix} 0 & 1 & 0 & 0 & 0 \\ 0 & 0 & 0 & 1 & 0 \\ 0 & 0 & 0 & 0 & 1 \\ 0 & 0 & 1 & 0 & 0 \\ 1 & 0 & 0 & 0 & 0 \end{bmatrix}$$

由解矩阵得到最优指派方案:

甲—B,乙—D,丙—E,丁—C,戊—A

本例还可以得到另一最优指派方案:

甲—B,乙—C,丙—E,丁—D,戊—A

所需总时间为 $\min z = 32$。

当指派问题的系数矩阵,经过变换得到了同行和同列中都有两个或两个以上0元素时,这时可以任选一行(列)中某一个0元素,再划去同行(列)的其他0元素。这时会出现多重解。

2.4 动态规划

动态规划是解决多阶段决策过程最优化问题的一种方法。该方法是由美国数学家贝尔曼(R Bellman)等人在20世纪50年代初提出的。他们针对多阶段决策问题的特点,提出了解决这类问题的最优化原理,并成功地解决了生产管理、工程技术等方面的许多实际问题,从而建立了运筹学的一个新的分支,即动态规划。1957年,贝尔曼出版了动态规划方面的第一本专著《动态规划》。

动态规划是一种重要的决策方法,可以用于解决最优路径、资源分配、生产计划与库存、投资、装载、排序等问题以及生产过程的最优控制等。由于其独特的解题思路,在处理某些优化问题时,有时比线性规划方法或非线性规划方法更有效。

2.4.1 多阶段决策问题

在生产和科学实践中,有一类活动的过程可分为若干个相互联系的阶段,在它的每一个阶段都需要作出决策,从而使整个过程达到最好的活动效果。因此,各个阶段决策的选取不是任意确定的,它依赖于当前面临的状态,又影响以后的发展,当各个阶段的决策确定后,就组成了一个决策序列,因而也就决定了整个过程的一条活动路线,这种把一个问题看作是一个前后关联具有链状结构的多阶段过程(如图2.8所示)就称为多阶段决策过程,这种问题就称为多阶段决策问题。

下面用一个例子说明多阶段决策问题及求解思路。

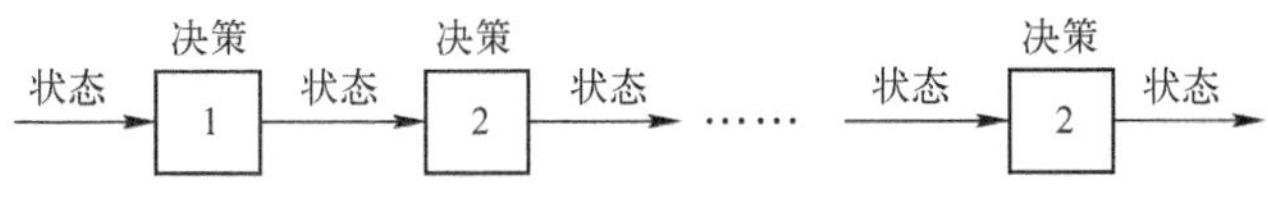

图 2.8　多阶段决策过程

例 2.16　图 2.9 给出一个道路网络，某部队从 A 点开进到 G 点，要求一条从 A 到 G 的最短开进路线，图中数字表示两点之间的距离。

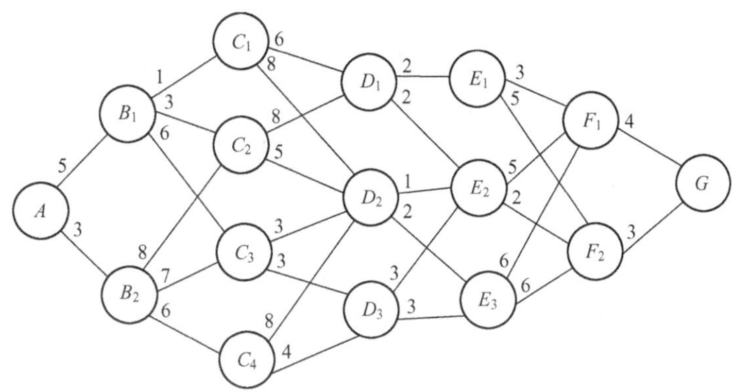

图 2.9　一个道路网络

解　在图 2.9 中，道路网络共有 30 条支路，支路的端点称为节点，把从起点 A 到终点 G 的所有节点分为若干段，第一段有起点 A；第二段有节点 B_1, B_2；……；第六段有节点 F_1, F_2；最后有终点 G。这样，从 A 点开进到 G 点的全过程，就可分为 6 个阶段（$k=1,2,3,4,5,6$）。在第一阶段，是从起点 A 开进到第二阶段，这就要决定是开进到第二阶段的 B_1 还是 B_2，这就是决策。每个阶段都要做类似的决策，因此是多阶段决策。

要解决这个问题，当然可以用枚举法。就是把所有从 A 到 G 的可能路线都找出来，计算相应的总距离，然后进行比较，其中最小的即为所求。从 A 到 G 共有多少条可能路线？在第一阶段，从 A 点出发到第二阶段，有两种选择；第二阶段到第三阶段，又各有三种选择……；可见从 A 到 G 共有 $2\times3\times2\times2\times2=48$ 条可能路线。

当道路网络更加复杂时，用这种枚举法求最优路线的计算工作量就更大了，这就促使人们考虑，能否找到一个更好一些的方法？如果最优路线存在的话，必然具有这样的特性：若最优路线经过节点 x_i，则在这条最优路线中，从 x_i 到终点的那条路线，一定是从 x_i 到终点的最优路线（称为由 x_i 出发的最优子路线）。根据最优路线的这个特性，就可以用从终点向起点方向逆推的方法，求出各节点的最优子路线，最后得到从起点到终点的最优路线，这就是求最优路线的动态规划方法。

根据图 2.9，从终点 G 开始，依逆序逐段考虑各节点的最优子路线，并记 $f_k(x_k)$ 为第 k 阶段节点 x_k 到终点 G 的最小距离，$u_k(x_k)$ 为第 k 阶段节点 x_k 所作的决策，则

当 $k=6$，有两个节点：

$$f_6(F_1)=4, f_6(F_2)=3, u_6(F_1)=G, u_6(F_2)=G$$

当 $k=5$，有三个节点：

$$f_5(E_1)=\min\begin{Bmatrix}3+f_6(F_1)\\5+f_6(F_2)\end{Bmatrix}=\min\begin{Bmatrix}3+4\\5+3\end{Bmatrix}=7, u_5(E_1)=F_1$$

$$f_5(E_2)=\min\begin{Bmatrix}5+f_6(F_1)\\2+f_6(F_2)\end{Bmatrix}=\min\begin{Bmatrix}5+4\\2+3\end{Bmatrix}=5, u_5(E_2)=F_2$$

$$f_5(E_3)=\min\begin{Bmatrix}6+f_6(F_1)\\6+f_6(F_2)\end{Bmatrix}=\min\begin{Bmatrix}6+4\\6+3\end{Bmatrix}=9, u_5(E_3)=F_2$$

当 $k=4$,有三个节点:

$$f_4(D_1)=\min\begin{Bmatrix}2+f_5(E_1)\\2+f_5(E_2)\end{Bmatrix}=\min\begin{Bmatrix}2+7\\2+5\end{Bmatrix}=7, u_4(D_1)=E_2$$

$$f_4(D_2)=\min\begin{Bmatrix}1+f_5(E_2)\\2+f_5(E_3)\end{Bmatrix}=\min\begin{Bmatrix}1+5\\2+9\end{Bmatrix}=6, u_4(D_2)=E_2$$

$$f_4(D_3)=\min\begin{Bmatrix}3+f_5(E_2)\\3+f_5(E_3)\end{Bmatrix}=\min\begin{Bmatrix}3+5\\3+9\end{Bmatrix}=8, u_4(D_3)=E_2$$

当 $k=3$,有四个节点:

$$f_3(C_1)=\min\begin{Bmatrix}6+f_4(D_1)\\8+f_4(D_2)\end{Bmatrix}=\min\begin{Bmatrix}6+7\\8+6\end{Bmatrix}=13, u_3(C_1)=D_1$$

$$f_3(C_2)=\min\begin{Bmatrix}8+f_4(D_1)\\5+f_4(D_2)\end{Bmatrix}=\min\begin{Bmatrix}8+7\\5+6\end{Bmatrix}=11, u_3(C_2)=D_2$$

$$f_3(C_3)=\min\begin{Bmatrix}3+f_4(D_2)\\3+f_4(D_3)\end{Bmatrix}=\min\begin{Bmatrix}3+6\\3+8\end{Bmatrix}=9, u_3(C_3)=D_2$$

$$f_3(C_4)=\min\begin{Bmatrix}8+f_4(D_2)\\4+f_4(D_3)\end{Bmatrix}=\min\begin{Bmatrix}8+6\\4+8\end{Bmatrix}=12, u_3(C_4)=D_3$$

当 $k=2$,有两个节点:

$$f_2(B_1)=\min\begin{Bmatrix}1+f_3(C_1)\\3+f_3(C_2)\\6+f_3(C_3)\end{Bmatrix}=\min\begin{Bmatrix}1+13\\3+11\\6+9\end{Bmatrix}=14, u_2(B_1)=C_1 \text{ 或 } u_2(B_1)=C_2$$

$$f_2(B_2)=\min\begin{Bmatrix}8+f_3(C_2)\\7+f_3(C_3)\\6+f_3(C_4)\end{Bmatrix}=\min\begin{Bmatrix}8+11\\7+9\\6+12\end{Bmatrix}=16, u_2(B_2)=C_3$$

当 $k=1$,有一个节点:

$$f_1(A)=\min\begin{Bmatrix}5+f_2(B_1)\\3+f_2(B_2)\end{Bmatrix}=\min\begin{Bmatrix}5+14\\3+16\end{Bmatrix}=19, u_1(A)=B_1 \text{ 或 } u_1(A)=B_2$$

于是得到从起点 A 到终点 G 的最短距离为 19,其最优路线有三条,分别为:$A\to B_1\to C_1\to D_1\to E_2\to F_2\to G$,$A\to B_1\to C_2\to D_2\to E_2\to F_2\to G$,$A\to B_2\to C_3\to D_2\to E_2\to F_2\to G$

上述最短路线问题的计算过程,可用图上直接作业的标号法(从后往前标号,所有节点都包括)。逆推过程解决从终点到某点的最优化问题很方便,而正推过程可解决从起点到某点的最优化问题,如寻找距离起点最近的某个节点。

2.4.2 动态规划的基本概念

刚才用例子直观给出多阶段决策问题及求解过程,此处上升到理论高度。多阶段决策过程是一个序贯决策过程。决策序列:将过程分为若干个相互联系的阶段,在每一阶段都要作出决策,决策面临状态。动态规划模型涉及以下概念:阶段、状态、决策、策略、状态转移方程、指标函数和最优值函数。

一、阶段

把所给问题的过程,恰当地分为若干个相互联系的阶段,以便能按照一定的次序去求解,描述阶段的变量称为阶段变量,常用 k 表示。阶段一般是按空间、时间来划分的,但要便于把问题的过程转化为多阶段决策的过程。例如,例 2.16 可分为 6 个阶段求解,$k=1,2,3,4,5,6$。

二、状态

表示每个阶段开始所处的自然状态或客观条件,它描述了研究问题过程的状况,又称不可控因素。在例 2.16 中,状态就是某阶段的出发位置,它既是该阶段某支路的起点,又是前一阶段某支路的终点。通常一个阶段有若干个状态。描述过程状态的变量称为状态变量,通常将第 k 段状态变量记为 x_k,状态变量取值的全体称为状态集合,第 k 段的状态集合记为 X_k。如在例 2.16 中,$X_1=\{x_1\}=\{A\}$,$X_2=\{x_1,x_2\}=\{B_1,B_2\}$,$X_3=\{x_1,x_2,x_3,x_4\}=\{C_1,C_2,C_3,C_4\}$……

三、决策

表示当过程处于某一阶段的某个状态时,可以作出不同的决定,从而确定下一阶段的状态,这种决定称为决策。描述决策的变量称为决策变量,第 k 阶段的决策变量 $u_k(x_k)$ 是状态变量的函数,简写为 u_k。决策变量取值的全体称为允许决策集合 $D_k(x_k)$,显然有 $u_k(x_k)\in D_k(x_k)$。

如在例 2.16 第二阶段中,若从状态 B_1 出发,就可作出三种不同的决策,其允许决策集合 $D_2(B_1)=\{C_1,C_2,C_3\}$,若选决策点为 C_2,则 $u_2(B_1)=C_2$。

四、策略

策略是一个过程中若干个按顺序排列的决策集合(贯穿始终)。由过程的第 k 阶段开始到终点状态为止的过程称为 k 子过程。由每段的决策按顺序排列组成的决策函数序列 $\{u_k(x_k),u_{k+1}(x_{k+1}),\cdots,u_n(x_n)\}$ 称为 k 子过程策略,简称子策略,记为 $P_k(x_k)$,即

$$P_k(x_k)=\{u_k(x_k),u_{k+1}(x_{k+1}),\cdots,u_n(x_n)\}$$

当 $k=1$ 时,此决策函数序列称为全过程的一个策略,简称策略,记为 $P_1(x_1)$,即

$$P_1(x_1)=\{u_1(x_1),u_2(x_2),\cdots,u_n(x_n)\}$$

在实际问题中,可供选择的策略有一定的范围,称为允许策略集合,用 P 表示。从允许策略集合中找出达到最优效果的策略称为最优策略,记为 P^*。在例 2.16 中,P 的元素有 48 个,而最优路线对应的最优策略为

$$P^*=\{A,B_1,C_1,D_1,E_2,F_2,G\}$$

$$P^*=\{A,B_1,C_2,D_2,E_2,F_2,G\}$$

$$P^*=\{A,B_2,C_3,D_2,E_2,F_2,G\}$$

五、状态转移方程

如果已给定第 k 阶段状态变量 x_k 的值,则在该阶段的决策变量 u_k 确定之后,第 $k+1$ 阶段状态变量 x_{k+1} 的值也就随之确定,这样就可以把 x_{k+1} 看成是 (x_k,u_k) 的函数,并记为 $x_{k+1}=T_k(x_k,u_k)$。这一关系式指明了由第 k 阶段到第 $k+1$ 阶段的状态转移规律,称为状

态转移方程，T_k 称为状态转移函数。如例 2.16 中 $x_{k+1}=u_k(x_k)$。

六、指标函数和最优值函数

用来衡量策略优劣的一种数量指标，称为指标函数，它是定义在全过程和所有后部子过程上确定的数量函数，常用 V_k 表示，即

$$V_k=V_k(x_k,u_k,x_{k+1},u_{k+1},\cdots,x_{n+1}),k=1,2,\cdots,n$$

对于要构成动态规划模型的指标函数，应具有可分离性，并满足递推关系，即 V_k 可以表示为 x_k,u_k,V_{k+1} 的函数，记为 $V_k(x_k,u_k,\cdots,x_{n+1})=\psi_k[x_k,u_k,V_{k+1}(x_{k+1},u_{k+1},\cdots,x_{n+1})]$。

在实际问题中很多指标函数都满足这个性质，常见的指标函数的形式有：

(1) 过程和它的任一子过程的指标是它所包含的各阶段的指标的和，即指标函数是连加型：

$$V_k(x_k,u_k,\cdots,x_{n+1})=\sum_{j=k}^{n}v_j(x_j,u_j)$$

式中：$v_j(x_j,u_j)$ 表示第 j 阶段的阶段指标，这时递推关系为

$$V_k(x_k,u_k,\cdots,x_{n+1})=v_k(x_k,u_k)+V_{k+1}(x_{k+1},u_{k+1},\cdots,x_{n+1})$$

(2) 过程和它的任一子过程的指标是它所包含的各阶段的指标的乘积，即指标函数是连乘型：

$$V_k(x_k,u_k,\cdots,x_{n+1})=\prod_{j=k}^{n}v_j(x_j,u_j)$$

这时递推关系为

$$V_k(x_k,u_k,\cdots,x_{n+1})=v_k(x_k,u_k)\cdot V_{k+1}(x_{k+1},u_{k+1},\cdots,x_{n+1})$$

指标函数的最优值称为最优值函数，记为 $f_k(x_k)$，它表示从第 k 阶段的状态 x_k 开始到第 n 阶段的终止状态的过程，采取最优策略所得到的指标函数值。即

$$f_k(x_k)=\underset{\{u_k,\cdots,u_n\}}{\operatorname{opt}}V_k(x_k,u_k,\cdots,x_{n+1})$$

式中："opt"（"opt"是"optimal"的缩写）可根据题意取 min 或 max。

2.4.3 动态规划的基本方程

用动态规划方法求解多阶段决策过程的最优化问题，就要建立相应的动态规划模型（DP 模型），即确定过程的阶段 k，规定状态变量 x_k 和决策变量 u_k 的取法，给出各阶段状态集合、允许决策集合 $D_k(x_k)$ 和状态转移方程以及指标函数等。

根据最优化原理，最优策略的子策略总是最优的。因此可通过逐段逆推求后部最优子策略的方法，求得全过程的最优策略。即以终点作为边界条件，从最后一阶段开始，逐步利用第 $k+1$ 段以后的最优子策略 P_{k+1}^*，求出第 k 阶段以后的最优子策略 P_k^*，最终求得 P^*，据此写出动态规划的基本方程并求解。

对于指标函数是连加型：

$$\begin{cases}f_k(x_k)=\underset{u_k\in D(x_k)}{\operatorname{opt}}\{v_k(x_k,u_k)+f_{k+1}(x_{k+1})\}\\x_k\in X_k(k=n,n-1,\cdots,2,1)\\x_{k+1}=T_k(x_k,u_k)\\f_{n+1}(x_{n+1})=0(\text{终端边界条件})\end{cases}$$

对于指标函数是连乘型：

$$\begin{cases} f_k(x_k) = \mathop{\text{opt}}\limits_{u_k \in D(x_k)} \{v_k(x_k, u_k) \cdot f_{k+1}(x_{k+1})\} \\ u_k \in D(x_k) \\ x_k \in X_k (k = n, n-1, \cdots, 2, 1) \\ x_{k+1} = T_k(x_k, u_k) \\ f_{n+1}(x_{n+1}) = 1 (\text{终端边界条件}) \end{cases}$$

递推公式是从 $k=n \to k=1$，逆推求解即可得到最优策略 $P^* = \{u_1^*, u_2^*, \cdots, u_n^*\}$ 和最优函数 $f_1(x_1)$。

例 2.17 某战斗分三阶段进行，每一阶段中，一、二分队的武器效率分别为 0.7 和 0.8，每一阶段战斗结束时，一、二分队的武器剩存率分别为 0.9 和 0.6，假设战斗开始前共有武器 100 座，试求出各阶段最优武器分配方案，使三阶段战斗过程的武器的总效率最大。

解 这是一个三阶段决策过程，$k=1,2,3$。

设 x_k 为第 k 阶段开始时的武器剩余数，即为状态变量；

u_k 为第 k 阶段分配给一分队的武器数，即为决策变量，分配给二分队的武器数为 $x_k - u_k$；

决策变量的允许决策集合为：$D_k(x_k) = \{u_k \mid 0 \leqslant u_k \leqslant x_k\}$；

状态转移方程：$x_{k+1} = 0.9u_k + 0.6(x_k - u_k) = 0.3u_k + 0.6x_k$；

阶段指标函数（武器效率）：$v_k(x_k, u_k) = 0.7u_k + 0.8(x_k - u_k) = 0.8x_k - 0.1u_k$；

显然，一分队武器效率低，但武器剩存率高；二分队武器效率高，但武器剩存率低。

指标函数：

$$V = \sum_{k=1}^{3} v_k(x_k, u_k) = \sum_{k=1}^{3} (0.8x_k - 0.1u_k)$$

相应的 DP 方程如下：

$$\begin{cases} f_k(x_k) = \max\limits_{u_k \in D_k(x_k)} \{0.8x_k - 0.1u_k + f_{k+1}(x_{k+1})\} \\ f_4(x_4) = 0 \end{cases}$$

当 $k=3$ 时，有

$$\begin{aligned} f_3(x_3) &= \max_{u_3 \in D_3(x_3)} \{0.8x_3 - 0.1u_3 + f_4(x_4)\} \\ &= \max_{0 \leqslant u_3 \leqslant x_3} \{0.8x_3 - 0.1u_3\} \end{aligned}$$

所以有：$u_3^* = 0, f_3(x_3) = 0.8x_3$。

当 $k=2$ 时，有

$$\begin{aligned} f_2(x_2) &= \max_{u_2 \in D_2(x_2)} (0.8x_2 - 0.1u_2 + f_3(x_3)\} \\ &= \max_{u_2 \in D_2(x_2)} \{0.8x_2 - 0.1u_2 + 0.8x_3\} \\ &= \max_{0 \leqslant u_2 \leqslant x_2} \{0.8x_2 - 0.1u_2 + 0.8(0.6x_2 + 0.3u_2)\} \\ &= \max_{0 \leqslant u_2 \leqslant x_2} \{1.28x_2 + 0.14u_2\} \end{aligned}$$

所以有：$u_2^* = x_2, f_2(x_2) = 1.42x_2$。

当 $k=1$ 时,有

$$\begin{aligned} f_1(x_1) &= \max_{u_1 \in D_1(x_1)} \{0.8x_1 - 0.1u_1 + f_2(x_2)\} \\ &= \max_{0 \leq u_1 \leq x_1} \{0.8x_1 - 0.1u_1 + 1.42(0.6x_1 + 0.3u_1)\} \\ &= \max_{0 \leq u_1 \leq x_1} \{1.652x_1 + 0.326u_1\} \end{aligned}$$

所以有:$u_1^* = x_1, f_1(x_1) = 1.978x_1$。

由假设可知,战斗开始前共有武器 100 座,即 $x_1 = 100$,故得到如下最优武器分配方案:

第一阶段战斗开始时,$u_1^* = x_1 = 100$,全部 100 座武器分给第一分队,经过第一阶段战斗,剩余武器 $x_2 = 0.3u_1 + 0.6x_1 = 0.9x_1 = 90$ 座;

第二阶段战斗开始时,$u_2^* = x_2 = 90$,剩余 90 座武器仍分给第一分队,经过第二阶段战斗,剩余武器 $x_3 = 0.3u_2 + 0.6x_2 = 0.9x_2 = 81$ 座;

第三阶段战斗开始时,$u_3^* = 0$,剩余 81 座武器全部分给第二分队。

按上述分配方案可使三个阶段作战武器效率总和达到最大,其最大值 $f_1(x_1) = 197.8$,相应的最优策略为 $P^* = \{u_1^*, u_2^*, u_3^*\} = \{100, 90, 0\}$。

2.5 智能优化

传统的最优化问题在求解时往往面临困难,特别是在大规模的优化问题中,搜索最优解的时间复杂度很高,例如旅行商问题,如果有 3 个城市,互相之间都有往返的飞机,而且起始城市是任意的,则有 3! =6 种访问每个城市的次序。如果有 4 个城市,则有 4! =24 种次序。即使用计算机来计算,这种急剧增长的可能性的数目也远远超过计算资源的处理能力,对此,算法复杂性专家史蒂芬·库克评论:“如果有 100 个城市,需要求出 100! 条路线的费用,没有哪一台计算机能够胜任这一任务。打个比方,让太阳系中所有的电子以它旋转的频率来计算,就算太阳烧尽了也算不完。”为了解决这个问题,以及传统搜索可能寻找到的是局部极值点的问题,本节介绍智能优化方法。

2.5.1 进化计算优化方法

进化计算是模拟生物进化过程(生物进化是一种优化过程)而发展起来的一类通用的问题求解方法,采用群体搜索技术以及优胜劣汰的自然选择来指导学习和确定搜索方向,具有自组织、自适应和自学习等特点,已广泛应用于科学、工程、经济学和社会学等领域,并取得了很好的效果。

进化计算包括遗传算法(Genetic Algorithms,GA)、进化规划(Evolutionary Programming,EP)、进化策略(Evolution Strategies,ES)和遗传程序设计(Genetic Programming,GP)。它们具有共同的本质,分别强调自然进化中的不同方面,遗传算法强调染色体的操作,进化策略强调个体级的行为变化,而进化规划则强调种群级上的行为变化,遗传程序设计基本思想与遗传算法类似,遗传算法主要用于优化问题,遗传程序设计则主要用于机器学习问题。以下以遗传算法为例,说明进化计算方法求解最优化问题的过程。

遗传算法的基本思想是模仿自然进化过程,通过对群体中具有某种结构形式的个体处理进行遗传操作,从而生成新的群体,逐渐逼近最优解。在求解问题的过程中,保持一个个体的种群,每个个体表示问题的一个可能解,个体适应环境的程度用一个适应度函数判断,用于度量该个体作为问题解的好坏程度,而度量值称为该个体的适应度值,根据适应度值选择个体,进行复制、交叉、变异,产生出代表新的解集的群体,这些个体与种群中原来的个体竞争,形成下一代种群。这个过程将导致种群像自然进化一样,后代种群比前代更加适应环境,如此往复,逐代演化产生出越来越好的近似解。

遗传算法的步骤如图 2.10 所示。

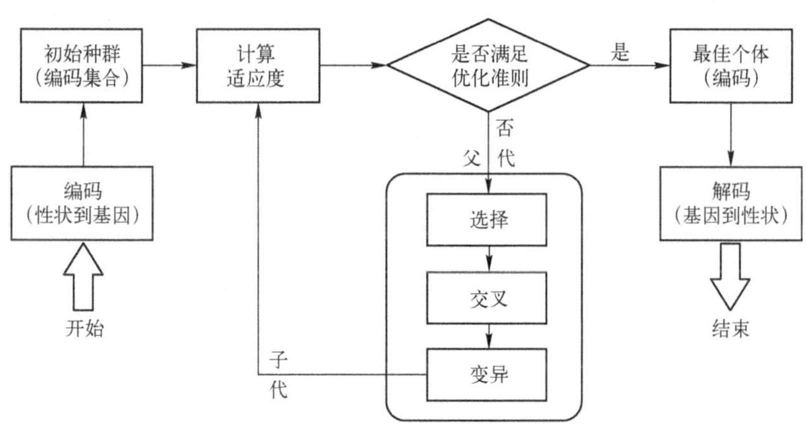

图 2.10 遗传算法的步骤

主要包括以下几个步骤:

(1) 编码:将问题的候选解用染色体来表示,实现从解空间向编码空间的映射过程。遗传算法不直接处理解空间的决策变量,而是将其转换成由基因按一定结构组成的染色体,该转换过程即为编码过程(图 2.11)。编码方法有很多,如二进制编码、实数向量编码、整数排列编码、通用数据结构编码等,它决定了个体的染色体排列形式以及个体的解码方法,也影响到交叉算子、变异算子等遗传算子的运算方法。

(2) 种群初始化:产生代表问题可能潜在解集的一个初始种群(编码集合)。种群规模设定可以从以下方面考虑:从群体多样性方面考虑,群体越大越好,避免陷入局部最优。群体规模太小,会使遗传算法的搜索空间分布范围有限,因而搜索有可能停止在未成熟阶段,引起未成熟收敛现象。从计算效率方面考虑,群体规模应小。群体越大,其适应度评估次数增加,计算量增加。应该针对不同的实际问题,确定不同的种群规模。可以证明在二进制编码的前提下,若个体长度为 L,则种群规模的最优值为 $2^{L/2}$。

产生初始种群的方法通常有两种:一种是完全随机的方法产生的,它适合于对问题的解无任何先验知识的情况;另一种是根据某些先验知识转变为必须满足的一组要求,然后在满足这些要求的解中再随机地选取样本。

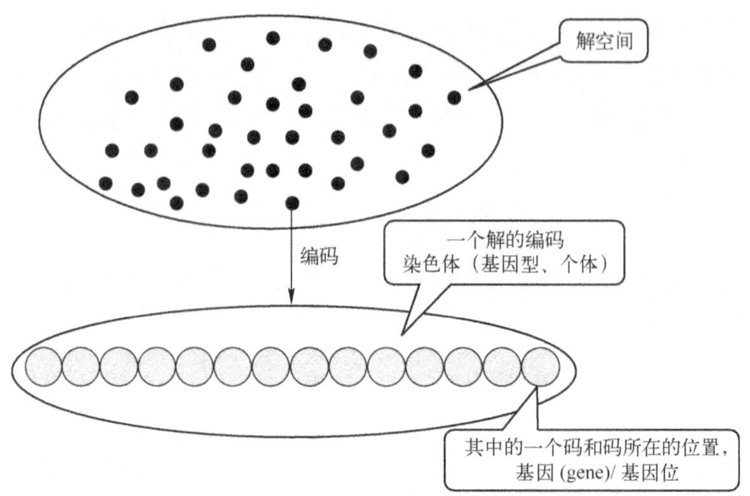

图 2.11　编码过程

(3) 计算个体适应度：利用适应度函数计算各个个体的适应度大小。适应度函数(Fitness Function)的选取直接影响到遗传算法的收敛速度以及能否找到最优解，因为在进化搜索中基本不利用外部信息，仅以适应度函数为依据，利用种群每个个体的适应度来指导搜索。在实际问题中，适应度函数与问题的目标函数是不完全一致的，如有的问题的目标函数是求最小值，而有的问题的目标函数是求最大值。

(4) 进化计算：通过选择、交叉、变异，产生出代表新的解集的群体。

① 选择(selection)：根据个体适应度大小，按照优胜劣汰的原则，淘汰不合理的个体。

② 交叉(crossover)：编码的交叉重组，类似于染色体的交叉重组。

③ 变异(mutation)：编码按小概率扰动产生的变化，类似于基因的突变。

(5) 解码：末代种群中的最优个体经过解码实现从编码空间向解空间的映射，可以作为问题的近似最优解。

例 2.18　利用遗传算法求解如下最优化问题：

$$\max \quad f(x_1,x_2)=21.5+x_1\cdot\sin(4\pi x_1)+x_2\cdot\sin(20\pi x_2)$$
$$\text{s.t.} \quad -3.0\leqslant x_1\leqslant 12.1$$
$$4.1\leqslant x_2\leqslant 5.8$$

解　(1) 采用二进制编码方法进行个体编码(见图 2.12)，二进制编码称为基因型，对应实数值称为表现型。

编码过程(表现型到基因型)如下：

设变量 x_j 的取值范围为 $[a_j,b_j]$，所需转换精度为小数点后面 t 位，则该变量转换为二进制编码所需位数 m_j 可由式 $2^{m_j-1}<(b_j-a_j)\times 10^t\leqslant 2^{m_j}-1$ 求得。

本例中，设精度要求为小数点后 $t=4$ 位，则变量 x_1 和 x_2 所需位数分别为

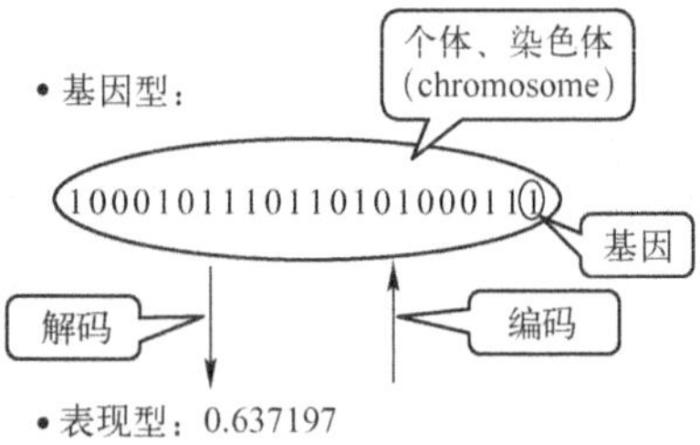

• 基因型：
个体、染色体 (chromosome)
1000101110110101000110
基因
解码
编码
• 表现型：0.637197

图 2.12　二进制编码和解码示意图

$$x_1:(12.1-(-3.0))\times 10{,}000=151{,}000,\ 2^{17}<151{,}000\leqslant 2^{18},\ m_1=18\text{bit}$$

x_2:(5.8 − 4.1) × 10,000 = 17,000, $2^{14} < 17,000 \leqslant 2^{15}$, $m_2 = 15$bit

总的位数为 $m = m_1 + m_2 = 18 + 15 = 33$(bit),图 2.13 为一个二进制编码的例子。

|←——33bit——→|

v_j: 000001010100101001 101111011111110

|←—18bit—→| |←—15bit—→|

x_1 x_2

图 2.13 二进制编码的例子

(2)种群初始化。随机生成包含 N 个染色体的编码集合 v_k, $k = 1, 2, \cdots, N$。

$$v_1 = [000001010100101001101111011111110] = [x_1 \quad x_2]$$
$$v_2 = [001110101110011000000010101001000] = [x_1 \quad x_2]$$
$$v_3 = [111000111000001000010101001000110] = [x_1 \quad x_2]$$
$$v_4 = [100110110100101101000000010111001] = [x_1 \quad x_2]$$
$$v_5 = [000010111101100010001110001101000] = [x_1 \quad x_2]$$
$$v_6 = [111110101011011000000010110011001] = [x_1 \quad x_2]$$
$$v_7 = [110100010011111000100110011101101] = [x_1 \quad x_2]$$
$$v_8 = [001011010100001100010110011001100] = [x_1 \quad x_2]$$
$$v_9 = [111110001011101100011101000111101] = [x_1 \quad x_2]$$
$$v_{10} = [111101001110101010000010101101010] = [x_1 \quad x_2]$$

(3)对每个染色体 v_k, $k = 1, 2, \cdots, N$ 计算适应度值 eval(v_k)。

① 二进制编码转换为实数值(基因型到表现型)。

由二进制编码转换为实数值可由下式得到:

$$x_j = a_j + \text{decimal}(\text{substring}_j) \times \frac{b_j - a_j}{2^{m_j} - 1}$$

其中的 decimal 表示对应的十进制数。例如,图 2.13 二进制编码对应的十进制数如表 2.11 所列。

表 2.11 二进制编码与十进制数的对应表

二进制编码及其十进制数	二进制编码	十 进 制 数
x_1	000001010100101001	5417
x_2	101111011111110	24318

由此得到二进制编码转换的实数值:

$$x_1 = -3.0 + 5417 \times \frac{12.1 - (-3.0)}{2^{18} - 1} = -2.687069;$$

$$x_2 = 4.1 + 24318 \times \frac{5.8 - 4.1}{2^{15} - 1} = 5.361653$$

上述 10 个染色体对应的实数值如下:

$$v_1 = [000001010100101001101111011111110] = [x_1 \quad x_2] = [-2.687069 \quad 5.361653]$$
$$v_2 = [001110101110011000000010101001000] = [x_1 \quad x_2] = [0.474101 \quad 4.170144]$$
$$v_3 = [111000111000001000010101001000110] = [x_1 \quad x_2] = [10.419457 \quad 4.661461]$$

$v_4 = [100110110100101101000000010111001] = [x_1 \quad x_2] = [6.159951 \quad 4.109598]$

$v_5 = [000010111101100010001110001101000] = [x_1 \quad x_2] = [-2.301286 \quad 4.477282]$

$v_6 = [111110101011011000000010110011001] = [x_1 \quad x_2] = [11.788084 \quad 4.174346]$

$v_7 = [110100010011111000100110011101101] = [x_1 \quad x_2] = [9.342067 \quad 5.121702]$

$v_8 = [001011010100001100010110011001100] = [x_1 \quad x_2] = [-0.330256 \quad 4.694977]$

$v_9 = [111110001011101100011101000111101] = [x_1 \quad x_2] = [11.671267 \quad 4.873501]$

$v_{10} = [111101001110101010000010101101010] = [x_1 \quad x_2] = [11.446273 \quad 4.171908]$

② 计算目标函数$f(x_k)$,$k=1,2,\cdots,N$,并转换成相应的适应度值,对于最大化问题,适应度值等于目标函数值,即

$$\text{eval}(v_k) = f(x_1, x_2, \cdots, x_n), k = 1, 2, \cdots, N$$

本例中,

$$f(x_1, x_2) = 2.15 + x_1 \cdot \sin(4\pi x_1) + x2 \cdot \sin(20\pi x_2)$$

因此,上述 10 个染色体的适应度值为

$$\text{eval}(v_1) = f(-2.687069, 5.361653) = 19.805119$$
$$\text{eval}(v_2) = f(0.474101, 4.170144) = 17.370896$$
$$\text{eval}(v_3) = f(10.419457, 4.661461) = 9.590546$$
$$\text{eval}(v_4) = f(6.159951, 4.109598) = 29.406122$$
$$\text{eval}(v_5) = f(-2.301286, 4.477282) = 15.686091$$
$$\text{eval}(v_6) = f(11.788084, 4.174346) = 11.900541$$
$$\text{eval}(v_7) = f(9.342067, 5.121702) = 17.958717$$
$$\text{eval}(v_8) = f(-0.330256, 4.694977) = 19.763190$$
$$\text{eval}(v_9) = f(11.671267, 4.873501) = 26.401669$$
$$\text{eval}(v_{10}) = f(11.446273, 4.171908) = 10.252480$$

显然,v_4最大,v_3最小,表明第 4 个染色体的适应度值最大,第 3 个最小。

(4) 进化计算:包括选择、交叉、变异等进化过程。

① 选择。选择方法主要有轮盘赌选择(Roulette Wheel Selection)、确定性选择(Deterministic Sampling)和混合选择(Mixed Sampling)法。

轮盘赌选择:根据适应度来设计个体被选择的概率。轮盘赌选择是遗传算法中使用最多的选择策略之一。它是根据个体适应度值来设计个体被选择的概率,适应度值越大则被选择的概率越大。具体做法是将一个轮盘分成 N 个扇形,每个扇形面积与它所表示的染色体的适应度值成正比。设想一个指针,转动轮盘,当轮盘停止后指针所指向的染色体被选择。

确定性选择:从父代和子代个体中选择最优的个体。其包括截断选择(Truncation selection)和精英选择(Elitist selection)。

截断选择:包括$(\mu+\lambda)$选择和(μ,λ)选择,假设μ 个父代,λ 个子代,前者是从$\mu+\lambda$ 个父代和子代中选择最好的μ 个;(μ,λ)是从 λ 个子代中选择最好的μ 个。

这几种选择机制中,$(\mu+\lambda)$选择机制具有最强的选择压力。$(\mu+\lambda)$选择允许μ 个父代个体及其产生的 λ 个后代个体共同竞争,选择μ 个高适应值个体进入下一代。仿真结果表明,当在整个种群中进行随机交叉操作时,用$(\mu+\lambda)$选择能产生最快的局部收敛速度,局部收敛时,种群的平均适应值等于最优个体的适应值,这表明,整个种群中的个体

适应值全部一样,种群多样性损失殆尽。

混合选择:同时具有随机性和确定性。其包括竞赛选择(Tournament selection)、规模为2的竞赛选择(Binary tournament selection)和随机竞赛选择(Stochastic tournament selection)。

轮盘赌选择步骤如下:

计算种群总的适应度值;

$$F = \sum_{k=1}^{N} \text{eval}(v_k)$$

本例中,

$$F = \sum_{k=1}^{10} \text{eval}(v_k) = 178.135372$$

计算选择每一个染色体 v_k的概率:

$$p_k = \frac{\text{eval}(v_k)}{F}, k = 1,2,\cdots,N$$

本例中,

$$p_1 = 0.111180, p_2 = 0.097515, p_3 = 0.053839, p_4 = 0.165077,$$
$$p_5 = 0.088057, p_6 = 0.066806, p_7 = 0.100815, p_8 = 0.110945,$$
$$p_9 = 0.148211, p_{10} = 0.057554$$

计算选择每一个染色体 v_k的概率:

$$q_k = \sum_{j=1}^{k} p_j, k = 1,2,\cdots,N$$

$$q_1 = 0.111180, q_2 = 0.208695, q_3 = 0.262534, q_4 = 0.427611,$$
$$q_5 = 0.515668, q_6 = 0.582475, q_7 = 0.683290, q_8 = 0.794234,$$
$$q_9 = 0.942446, q_{10} = 1.000000$$

生成[0,1]区间上的随机数 r;

0.301431,0.322062,0.766503,0.881893,0.350871,

0.583392,0.177618,0.343242,0.032685,0.197577

如果 $r \leqslant q_1$,选择第一个染色体 v_1;如果 $q_{k-1} < r \leqslant q_k$,则选择第 k 个染色体 $v_k(2 \leqslant k \leqslant N)$。

本例中10个随机数分别对应选择如下染色体:

v'_1 = [100110110100101101000000010111001] (v_4)

v'_2 = [100110110100101101000000010111001] (v_4)

v'_3 = [001011010100001100010110011001100] (v_8)

v'_4 = [111110001011101100011101000111101] (v_9)

v'_5 = [100110110100101101000000010111001] (v_4)

v'_6 = [110100010011111000100110011101101] (v_7)

v'_7 = [001110101110011000000010101001000] (v_2)

v'_8 = [100110110100101101000000010111001] (v_4)

v'_9 = [000001010100101001101111011111110] (v_1)

v'_{10} = [001110101110011000000010101001000] (v_2)

② 交叉。交叉方法有很多,此处采用单点交叉法(one - cut point method),即随机选

择一个点，交换两个父代的右边部分得到子代。例如，下面两个染色体在第 17 个基因处交换右边部分后得到两个新的子代：

$$v_1 = [100110110100101101000000010111001]$$

$$v_2 = [001110101110011000000010101001000]$$

$$c_1 = [100110110100101100000010101001000]$$

$$c_2 = [001110101110011001000000010111001]$$

③ 变异。根据变异率改变一个或多个基因。例如，假设选择染色体 v_1 的第 16 个基因开始进行变异，部分基因进行 0、1 变换，则变异前后的染色体分别为

$$v_1 = [100110110100101101000000010111001]$$

$$c_1 = [100110110100101000000010101001000]$$

得到下一代：

$$v_1' = [100110110100101101000000010111001],$$
$$f(6.159951, 4.109598) = 29.406122$$

$$v_2' = [100110110100101101000000010111001],$$
$$f(6.159951, 4.109598) = 29.406122$$

$$v_3' = [001011010100001100010110011001100],$$
$$f(-0.330256, 4.694977) = 19.763190$$

$$v_4' = [111110001011101100011101000111101],$$
$$f(11.907206, 4.873501) = 5.702781$$

$$v_5' = [100110110100101101000000010111001],$$
$$f(8.024130, 4.170248) = 19.91025$$

$$v_6' = [110100010011111000100110011101101],$$
$$f(9.34067, 5.121702) = 17.958717$$

$$v_7' = [100110110100101101000000010111001],$$
$$f(6.159951, 4.109598) = 29.406122$$

$$v_8' = [100110110100101101000000010111001],$$
$$f(6.159951, 4.109598) = 29.406122$$

$$v_9' = [000001010100101001101111011111110],$$
$$f(-2.687069, 5.361653) = 19.805199$$

$$v_{10}' = [001110101110011000000010101001000],$$
$$f(0.474101, 4.170248) = 17.370896$$

最终结果：计算机测试运行结果为经过 1000 代后结束，在第 884 代得到最优染色体。

$$\max \quad f(x_1, x_2) = 21.5 + x_1 \cdot \sin(4\pi x_1) + x_2 \cdot \sin(20\pi x_2)$$

$$\text{s.t.} \quad -3.0 \leqslant x_1 \leqslant 12.1$$
$$4.1 \leqslant x_2 \leqslant 5.8$$

$$\text{eval}(v^*) = f(11.622766, 5.624329)$$
$$= 38.737524$$

$$x_1^* = 11.622766$$

$$x_2^* = 5.624329$$

$$f(x_1^*, x_2^*) = 38.737524$$

一个常用做法是将到当代为止进化的最好个体单独存储起来,最终将此过程中发现的最好个体作为问题的最优解。

与传统搜索方法相比,遗传算法求解最优解具有如下优势:

(1) 遗传算法同时进行解空间的多点搜索。传统优化算法从解空间的一个初始点开始单点搜索(point - to - point),渐进收敛,容易陷入局部极值点;遗传算法则是从许多点开始群体搜索(并行操作),可以有效防止搜索过程收敛于局部最优解。且在搜索过程中引入遗传运算,使群体不断进化,从而能够以较大的概率找到整体最优解。此外遗传算法具有并行计算的特点,可通过大规模并行计算来提高计算速度,更适合大规模复杂问题的优化。

(2) 遗传算法以决策变量的编码作为运算对象。传统的优化算法往往直接利用决策变量的实际值本身进行优化计算;遗传算法则不是直接以决策变量的值,而是对决策变量的编码进行操作,这样提供的参数信息量大,可以很方便地引入和应用遗传操作算子,优化效果好,计算简单,功能强。

(3) 遗传算法直接以目标函数值作为搜索信息。传统的优化算法往往根据目标函数的梯度来确定下一步搜索的方向(如牛顿法和共轭梯度法),因此它不仅需要目标函数值,还需要目标函数的导数等其他信息,即目标函数连续光滑及可微信息;遗传算法则是通过目标函数来计算适应值,而不需要其他推导和附加信息,对于待寻优的函数基本无限制,对问题的依赖性小,因而应用范围较广。

(4) 遗传算法的寻优规则是由概率决定的,而非确定性的。传统搜索法中的随机搜索法,如模拟退火、禁忌搜索法以一定的概率改变搜索方向;遗传算法则属于一种自适应概率搜索技术,其选择、交叉、变异等运算都是以一种概率的方式来进行的,从而增加了其搜索过程的灵活性,在解空间进行高效启发式搜索,而非盲目地穷举或完全随机搜索。实践和理论都已证明了在一定条件下遗传算法总是以概率 1 收敛于问题的最优解。

2.5.2 群智能优化方法

群体智能(Swarm Intelligence)是指具有简单智能的个体通过相互协作和组织表现出群体智能行为的特性,具有天然的分布式和自组织特征。它在没有集中控制且不提供全局模型的前提下表现出了明显的优势。对于一个由众多简单个体组成的群体,若其个体具有能通过彼此间的简单合作来完成一个整体任务的能力,则称该群体具有“群体智能”。群体智能中的“群体”指的是一组相互之间通过改变局部环境信息可以进行直接或间接通信的主体,这些主体能够合作进行分布式问题的求解。群体智能中的“个体”仅具有较为简单的能力,这种能力可用某一简单的功能函数来表示“简单合作”能力,就是指个体只能与其邻近的个体进行某种简单的通信和协同动作或通过环境间接与其他个体通信的能力。

在自然界中,有的生物依靠其个体的智慧得以生存,有的生物却能依靠群体的力量获得优势。在这些群体生物中,单个个体没有很高的智能,但个体之间可以分工合作、相互协调,完成复杂的任务,表现出比较高的智能。它们具有高度的自组织、自适应性,并表现出非线性、涌现的系统特征。在现实世界中,人脑具有的智能行为正是由大量简单的神经元有机组织和协调而构成的群体智能行为。群居性生物系统具有的强大的觅食、打扫巢穴等功能正是群体协作的结果。

群体智能的主要特点包括：

（1）灵活性，群体可以适应随时变化的系统或网络环境。

（2）分布性和稳健性，控制是分布式的，没有中心或者统一的控制，因而它更能够适应当前网络环境下的工作状态，并且具有较强的鲁棒性，即使个体失败，整个群体仍然具有完成任务的能力，不会出现由于某一个或者某几个个体的故障而影响整个问题的求解。

（3）简单性，群体中每个个体的能力或遵循的行为规则非常简单，个体的执行时间比较短，并且实现也比较简单。

（4）自组织性，群体表现出来的复杂行为是通过简单个体的交互过程突现出来的智能（Emergent Intelligence），因此群体具有自组织性，活动既不受中央控制，也不受局部监管。

（5）可扩充性，可以仅仅通过个体之间的间接通信进行合作，系统具有很好的可扩充性，因为系统个体的增加而引起的通信开销的增加很小。

目前群智能研究中的蚁群优化算法（Ant Colony Optimization，ACO）和粒子群优化算法（Particle Swarm Optimization，PSO）在求解实际问题时应用最为广泛。目前其应用领域已扩展到多目标优化、数据分类、数据聚类、模式识别、信号处理、机器人控制、决策支持、系统辨识等方面。以下以蚁群优化算法为例，说明群智能优化方法求解最优化问题的过程。

蚁群优化算法的基本原理如下：生物学家通过长期观察发现，蚁群行为有一个令人感兴趣的特性，即蚁群在觅食的时候总是可以找到从蚁穴通向食物的最短路径。事实上，当蚂蚁寻觅食物时，会在其所经路径上释放一种挥发性的化学物质，称作信息素（Pheromone）。信息素可以沉积在路径上，并随着时间流逝而逐步挥发。当蚂蚁在选择路径的时候，它们倾向于沿着信息素气味较浓的路径前进。一旦找到食物，蚂蚁在返回蚁穴的途中进一步释放信息素。因此，信息素可以引导后继蚂蚁快捷有效地找到食物。试验表明，正是这种沿着信息素寻路的特性使得蚁群能够找到蚁穴通向食物的最短路径。当蚁穴和食物之间存在较多条路径时，整个蚁群可以通过搜索各个个体蚂蚁留下的信息素痕迹来找到往返于蚁穴和食物之间的最短路径。M. Dorigo 等学者较早提出用蚂蚁算法解决旅行商（TSP）问题，通过模拟蚂蚁的搜索行为及信息素通信方式来实现。

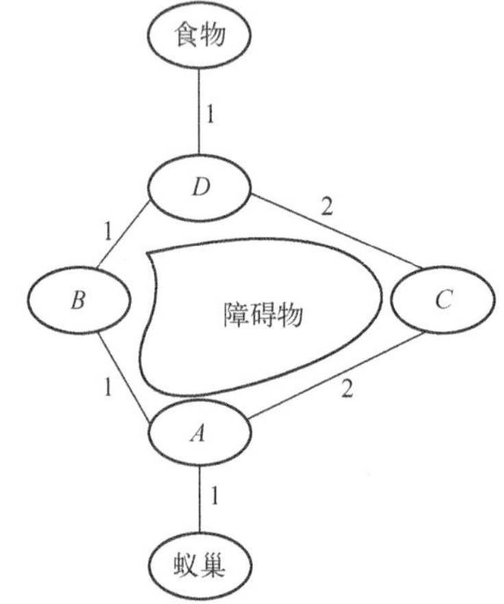

图 2.14　蚂蚁群体的路径搜索原理和机制

图 2.14 用一个形象化的图示来说明蚂蚁群体的路径搜索原理和机制。假定障碍物的周围有两条道路可从蚂蚁的巢穴到达食物源，长度分别为 4 和 6，蚂蚁在单位时间内可移动一个单位长度的距离，开始时所有道路上都未留有任何信息素。

假设初始 $t=0$ 时刻，20 只蚂蚁从巢穴出发移动到 A，以相同概率选择左侧或右侧道路，10 只走左侧，10 只走右侧。

在 $t=4$ 时刻,第一组到达食物源的蚂蚁将折回,此时第二组蚂蚁到达 CD 中点处。

在 $t=5$ 时刻,两组蚂蚁将在 D 点相遇,此时 BD 上的信息素与 CD 上的相同,因为各有 10 只蚂蚁选择了相应的道路,从而各有 5 只返回的蚂蚁分别选择 BD 和 CD,第二组蚂蚁继续向食物方向移动。

在 $t=8$ 时刻,前 5 只蚂蚁将返回巢穴,此时在 AC 中点处、CD 中点处以及 B 点上各有 5 只蚂蚁。

在 $t=9$ 时刻,前 5 只蚂蚁又回到 A 并且再次面对往左还是往右的选择。这时,AB 上的轨迹数是 20,AC 上是 15,因此将有较多数的蚂蚁选择往左,从而增强了该路线的信息素。随着该过程的继续,两条道路上的信息素数量差距将越来越大,直至绝大多数蚂蚁都选择了最短路线。正是由于一条道路比另一条道路短,因此,在相同的时间区间内,短的路线会有更多的机会被选择。

作为与遗传算法同属一类的通用型随机优化方法,蚁群算法不需要任何先验知识,最初只是随机地选择搜索路径,随着对解空间的"了解",搜索变得有规律,并逐渐逼近直至最终达到全局最优解。蚁群算法对搜索空间的"了解"机制主要包括三个方面:

(1) 蚂蚁的记忆。一只蚂蚁搜索过的路径在下次搜索时就不会再被选择,由此在蚁群算法中建立禁忌列表来进行模拟。

(2) 蚂蚁利用信息素进行相互通信。蚂蚁在所选择的路径上会释放一种称为信息素的物质,当同伴进行路径选择时,会根据路径上的信息素进行选择,这样信息素就成为蚂蚁之间进行通信的媒介。

(3) 蚂蚁的集群活动。通过一只蚂蚁的运动很难到达食物源,但整个蚁群进行搜索就完全不同。当某些路径上通过的蚂蚁越来越多时,在路径上留下的信息素数量也越来越多,导致信息素强度增大,蚂蚁选择该路径的概率随之增加。模拟这种现象即可利用群体智能建立路径选择机制,使蚁群算法的搜索向最优解推进。蚁群算法所利用的搜索机制呈现出一种正反馈的特征,因此,可将蚁群算法模型理解成增强型学习系统。

典型的蚁群优化算法包括原始蚂蚁系统(Ant System,AS)及其两个成功的变种算法:最大最小蚂蚁系统(Max - Min Ant System,MMAS)和蚁群系统(Ant Colony System,ACS)。为了便于对这 3 种算法进行比较,下面以旅行商问题为具体实例进行阐述。

设 m 表示蚁群中蚂蚁的数量,$d_{ij}(i,j=1,2,\cdots,n)$ 表示城市 i 和城市 j 之间的距离,$\tau_{ij}(t)$ 表示 t 时刻在城市 i、j 连线上残留的信息素含量,$\text{ant}_k(k=1,2,\cdots,m)$ 表示蚁群中的第 k 只蚂蚁。初始时刻,各条路径上信息素含量相等,设 $\tau_{ij}(0)=\tau_0$(τ_0为一个很小的常数)。

一、Ant System

Ant System 是最早在文献中出现的蚁群优化算法。该算法的主要特征是:在每一次迭代结束后,所有蚂蚁将根据当前自己环游情况(如经过的环游路径的长度)对路径上的信息素进行更新。ant_k在运动过程中,根据城市间的距离和各条路径上的信息素含量决定转移方向,并且路径不允许重复经过。在 t 时刻 ant_k 由城市 i 转移到城市 j 的概率 $p_{ij}^k(t)$ 由下式决定:

$$p_{ij}^k(t)=\begin{cases}\dfrac{[\tau_{ij}(t)]^\alpha\cdot[\eta_{ij}]^\beta}{\sum\limits_{x\notin \text{mbu}_k}[\tau_{ix}(t)]^\alpha\cdot[\eta_{ix}]^\beta}, & j\notin \text{tabu}_k\\ 0, & j\in \text{tabu}_k\end{cases} \tag{3.1}$$

式中：η_{ij}在 TSP 问题中为从城市 i 转移到城市 j 的启发信息，一般取 $\eta_{ij}=1/d_{ij}$；参数 α 表示在路径 i,j 上残留信息素的重要程度；参数 β 表示启发信息的重要程度；此外，蚁群优化算法采用禁忌表 tabu_k来记录 ant_k已走过的城市，即下一步不允许选择的城市。

经过 n 个时刻，所有蚂蚁都完成了一次环游。对于 ant_k，其禁忌表 tabu_k已满，此时应将 tabu_k清空，并将 ant_k当前所在城市置入 tabu_k，准备下一次环游。

在进行下一次环游之前，计算每一只蚂蚁所走过的路径长度，并保存最短路径 $L_{k\min}$（$L_{k\min}=\min L_k, k=1,2,\cdots,m$）。此时，信息素的更新过程被引发。信息素更新时，首先所有路径上信息素量都按照一个统一的比例减少，以模拟信息素的挥发；之后蚁群中的每只蚂蚁都按照一个和它在该次环游中所求得解的质量（如经过路径总长度）有关的函数释放相应份量的信息素到相应路径上。

用参数 ρ 表示信息素挥发系数，蚁群每完成一次环游，各路径上的信息素含量应根据下式作调整：

$$\tau_{ij}(t+n)=(1-\rho)\cdot\tau_{ij}(t)+\sum_{k-1}^{m}\Delta\tau_{ij}^{k} \tag{3.2}$$

$$\Delta\tau_{ij}^{k}=\begin{cases}\dfrac{Q}{L_k},\text{当 ant}_k\text{ 在时刻 } t \text{ 和 } t+1 \text{ 之间经过 } ij \text{ 时}\\ 0,\text{其他}\end{cases}$$

式中：$\Delta\tau_{ij}^{k}$表示 ant_k在本次环游中留在路径 i,j 上的信息素含量；Q 为常数；L_k表示 ant_k在本次环游中所走过的路径的长度。之后，蚁群进入下一轮环游。当环游次数达到设定值 NC 时算法结束，最短路径为 $L_{\min}=\min L_{\min l}, l=1,2,\cdots,NC$）。

二、Max - Min Ant System

Max - Min Ant System 是由 Stützle T 等人于 2000 年提出的。它是在对 AS 算法进行重要改进的基础上形成的，其主要特征是：在每一次迭代结束后，仅最优蚂蚁对其所经过的最优路径进行信息素更新，其他蚂蚁不参与更新，且每条链路上的信息素具有严格的取值范围（上下界），从而让每条路径都有被选中的机会（虽然被选中机会可能很小），以降低算法出现停滞的可能性。设信息素挥发系数为 ρ，所有蚂蚁完成一次环游后，最优路径上的信息素更新规则如下：

$$\tau_{ij}(t+n)=[(1-\rho)\cdot\tau_{ij}(t)+\Delta\tau_{ij}^{\text{best}}]_{\tau_{\min}}^{\tau_{\max}} \tag{3.3}$$

式中：$\tau_{\max}$和 $\tau_{\min}$分别表示链路上信息素取值的上下界，表达式可定义为

$$[x]_b^a=\begin{cases}a,\text{若 } x>a\\ b,\text{若 } x<b\\ x,\text{其他}\end{cases}$$

$$\Delta\tau_{ij}^{\text{best}}=\begin{cases}\dfrac{1}{L_{\text{best}}},\text{若链路}(i,j)\text{在最优路径上}\\ 0,\text{其他}\end{cases}$$

式中：L_{best}为最优蚂蚁所经过的最优路径长度。链路上信息素取值的上下界 $\tau_{\max}$和 $\tau_{\min}$通常根据经验获取，且根据待解决问题的不同来人工设定。

三、Ant Colony System

Ant Colony System 是 AS 算法又一成功的后继算法，其主要特征体现为：蚁群除了每

次迭代后对信息素进行全局更新外，蚂蚁在每次选择下一跳节点时，还具有对局部链路进行信息素局部更新的功能。与 AS 相比，它引入了三个主要的改进。

首先，ACS 使用了与 AS 不同的转移规则，被称为伪随机比例规则。设 t 时刻 ant_k 在节点 i 上；q_0 为初始时设定的参数，在 0 ~ 1 之间；q 为一个随机数且在 0 ~ 1 之间。在 t 时刻 ant_k 由城市 i 转移到城市 j 的概率 $p_{ij}^k(t)$ 按照如下规则确定：

① 若 $q \leqslant q_0$：当 $j = \arg\max\limits_{x \in \text{tabu}_k} \{\tau_{ix}(t) \cdot \eta_{ix}^{\beta}\}$ 时，$p_{ij}^k(t) = 1$； (3.4)

② 若 $q > q_0$：$p_{ij}^k(k)$ 由式(3.1)确定。

引入伪随机比例规则有两个目的：当 $q \leqslant q_0$ 的时候，它企图扩展已有知识，选择由启发信息和信息素浓度共同决定的最好项所确定的城市；当 $q > q_0$ 的时候，它如 AS 算法一样执行有控制的探索，引导算法趋向收敛。简言之，该规则略微增强了搜索的多样性，以避免过早地陷于搜索停滞。

其次，在每次环游之后，采用离线信息素更新，而不是单个个体蚂蚁执行信息素的更新。ACS 只对全局最优路径的信息素进行更新。信息素更新时，首先按一定比例 ρ 挥发信息素，然后按照一个关于最优路径的质量（如路径总长度 L_{best}）的函数释放新的信息素到路径上。如下式所示：

$$\tau_{ij}(t+n) = (1-\rho) \cdot \tau_{ij}(t) + \rho \cdot \Delta\tau_i^{\text{best}} \tag{3.5}$$

在 ACS 中，信息素挥发仅发生在全局最优路径上。

再次，在每次环游的过程中，由各个个体蚂蚁执行单步的在线信息素局部更新来鼓励新解的产生。当在 t 时刻 ant_k 经过路径 i,j 时，它按以下规则更新路径上的信息素：

$$\tau_{ij}(t+1) = (1-\varphi) \cdot \tau_{ij}(t) + \varphi \cdot \tau_0 \tag{3.6}$$

式中：φ 为设定的信息素次衰减参数且 φ 属于(0,1]。

可以看出，单步在线信息素局部更新既包括信息素的挥发也包括信息素的增加。但是由于增加的信息素份量很少（事实上，τ_0 为路径初始信息素浓度，在 ACS 中为一很小的常数，可看作路径信息素浓度下限），因此在线信息素更新的应用使得蚂蚁经过的路径上的信息素浓度略微减少。由此，降低该路径对后继蚂蚁的吸引力，避免所有蚂蚁都选择相同路径。

习　题

1. 总共只有 1200 发火箭弹的两个火箭发射组，A 组和 B 组每分钟各能发射 30 发和 40 发火箭弹；平均每组每发各能覆盖敌阵面积分别为 1.2m^2 和 0.8m^2；战斗上要求两组同时发射，且时间分别不能超过 20min 和 35min。为了对敌阵达到尽可能大的覆盖，问 A、B 组各应该发射多长时间？

2. 现有 A，B，C 三种兵器，数量分别为 32，42，48 具。甲种战斗车若配备 A 兵器 2 具，B 兵器 2 具，C 兵器 4 具，其最大杀伤力可达 95 个单位；乙种战斗车若配备 A 兵器 2 具，B 兵器 3 具，C 兵器 2 具，其最大杀伤力可达 76 个单位。试问应如何决定甲、乙战斗车的数量使总的杀伤威力达到最大？

3. 三个基地 A1、A2、A3 分别储备某种导弹 13、12、10 枚，准备打击目标 B1、B2、B3、

B4。据分析，摧毁这些目标所需导弹数量分别为6、6、15、8枚。由各基地摧毁各目标每枚导弹所需费用见表2.12，试写出使费用最省的导弹分配模型，并求出最优方案。

表2.12　导弹摧毁目标费用表

费　用	B1	B2	B3	B4	储量
A1	13	10	5	3	13
A2	2	4	5	9	12
A3	16	12	1	2	10
需量	6	6	15	8	

4. 在反空袭作战中，为了抗击敌有护航战斗机掩护的机群，可以使用两种不同类型的歼击机进行截击。每架歼击机都装备有空—空导弹、火箭弹和机关炮三种武器，其数量如表2.13所列。

表2.13　歼击机装备武器数量表

武器数量 机型 / 武器类型	1	2
机关炮	200	50
火箭弹	4	20
空—空导弹	2	4

根据敌机群的情况，歼击机为完成战斗任务至少需要使用40枚空—空导弹，100枚火箭弹和1000发炮弹。由于对方抗击，会使歼击机造成损伤，歼击机执行任务也有各种消耗，把有关消耗综合成战斗消耗，第一种歼击机的平均战斗消耗为每架2个单位，第二种歼击机为每架5个单位。

试研究：应派出两种歼击机各多少架，才能在保证完成战斗任务的条件下，使总的战斗消耗最小。

5. 某部增训预备队员，要替补四项工作：甲台长，乙报务员，丙侦察机操纵手，丁干扰机操纵手。现有三种培训方法，各种培训方法培训的战士能胜任的工作和所需经费如表2.14所列。上级要求，经培训后在我作战部队减员 m 个人的情况下，能从预备队得到及时补充。问如何制订培训计划，才能在保证完成任务的情况下，所需经费最少。

表2.14　各种培训方法培训人员胜任工作及经费

能否胜任工作	甲	乙	丙	丁	经费/(元/人)
培训方法1	能	能	能	否	C1
培训方法2	否	能	能	能	C2
培训方法3	能	能	否	能	C3

6. 以色列使用新式“梅卡瓦”坦克装备部队，要求每个排装载炮弹不少于380发，搭乘步兵不少于30人。已知该坦克通常有两种用法：①装60发炮弹，同时搭乘10名士兵；②只装200发炮弹。试问每排至少装备多少辆坦克，怎样使用才能满足要求？

7. 假设 5 个火力单位对 5 个目标射击的毁伤效果(面积)如表 2.15 所列,如果任意指定火力单位 1 射击敌目标 1,火力单位 2 射击敌目标 2……,依此类推分配火力攻击目标。那么毁伤敌目标总面积为 $8+7+3+8+4=30(\text{hm}^2)$。但这组分配不是最优的,试给出对敌毁伤最大的方案,并且求出对敌最大毁伤面积。

表 2.15　火力单位对目标毁伤效果

毁伤面积	目标 1	目标 2	目标 3	目标 4	目标 5
火力单位 1	8	4	3	8	9
火力单位 2	4	7	5	4	7
火力单位 3	6	8	3	5	9
火力单位 4	2	6	9	8	5
火力单位 5	9	4	2	2	4

8. 某航空兵部队接到命令,摧毁敌人的坦克生产基地,该基地有四个不同的生产点,生产方式为流水作业。此次任务分配到 200000 升汽油,每架飞机需要的汽油除足够往返之外,还要有 400 升备用。该部队拥有的飞机种类、数量和耗油量如表 2.16 所列,机场到各生产点的距离及估计命中率如表 2.17 所列。设到每个生产点轰炸的飞机数不超过 30 架。要取得最大的成功,应如何分配轰炸任务,请给出相应的数学模型。

表 2.16　飞机种类、数量及耗油量

飞机类型	每升油飞行千米数	架　数
1. 重型	0.5	48
2. 中型	0.75	32

表 2.17　机场到各生产点距离及估计命中率

敌生产点	到机场距离/km	命中率	
		重型	中型
1	450	0.10	0.08
2	480	0.20	0.16
3	540	0.15	0.12
4	600	0.25	0.20

第3章　随机性决策理论与方法

本章首先介绍随机性决策问题的描述，包括决策问题的基本要素，随机决策问题的决策表、决策矩阵和决策树表示方法，随机决策问题的分类，如确定型决策、风险型决策和不确定型决策；之后介绍几种不确定型决策方法，包括不确定型决策的等可能性准则、悲观准则、乐观准则、折中准则、后悔值极小化极大准则；最后介绍几种风险型决策方法，包括最大可能性准则、期望值准则、均值－方差准则、不完全信息情况下的决策准则、贝叶斯准则。

3.1　随机决策问题描述

在现代高技术作战条件下，由于军队机动能力、远程打击能力的提高以及新作战方式方法的出现，使得战场情况变化更为急剧，用于反应的时间更加短暂。在这种情况下，军事领域中的很多决策活动都具有一定程度的不确定性。从范围上看，有决策方案结果的不确定性、约束条件的不确定性、技术参数的不确定性；从性质上看，有概率意义下的不确定性和区间意义下的不确定性，概率意义下的不确定性包括主观概率意义下的不确定性（也称可能性）和客观概率意义下的不确定性（也称随机性）。它们的区别在于，前者是指人们对可能发生事件的概率的一个主观估计，被估计的对象具有不能重复出现的偶然性；后者是指人们利用已有的历史数据对未来可能发生事件概率分布的一个客观估计，被估计的对象一般具有可重复出现的偶然性。随机性和可能性在决策分析中统称为风险性。区间意义下的不确定性一般是指人们不能给出可能发生事件的概率分布，只能对有关量取值的区间给出一个估计。

在随机性决策问题中，决策者采取任何行动的结果不仅仅由行动本身而且由大量外部不确定因素决定，这些外部因素是决策者无法控制的。我们假设，若决策者知道实际上出现的是哪一种自然状态，即知道外部因素的真实值，他就可以确定采取任何一种行动的后果；同时假设，虽然决策者并不知道自然界的真实状态，但他知道哪些状态可能出现。随机决策分析研究的就是决策者在面临较为复杂且不确定的决策环境时，在保持自身判断及偏好一致的条件下，应如何进行决策活动的理论和方法。其目的在于提供一种适于解决包括主观因素在内的复杂决策问题的方法，从而辅助决策，而不是代替决策者进行决策。

3.1.1　决策问题的基本要素

决策问题具有以下几个基本要素：

（1）决策目标（G）：实施决策方案后希望达到的结果。

（2）状态空间（Θ）：系统所有可能的自然状态（简称状态）或客观条件，用来描述决策者所面临的所有外部因素。

为了简单起见，假设只有有限种互不相容的可能的状态，并记为 $\Theta=\{\theta_1,\theta_2,\cdots,\theta_n\}$，假设这些状态出现的概率为 $P=\{P(\theta_1),P(\theta_2),\cdots,P(\theta_n)\}$，这些状态是不以人的意志为转移的。

（3）决策空间（A）：指所有备选方案的集合。

假设决策者可能采取有限种行动方案(下文简称行动或方案),记作 $A=\{a_1,a_2,\cdots,a_m\}$。

(4) 决策效益(O):通过预测估算出的系统在不同自然状态下的益损值。

决策者在决策空间选定一种行动方案 a_i,在真实状态为 θ_j 时,其后果可能是产生一定效益,也可能是造成一定的损失,这一得失大小可以用 o_{ij} 来表示,称为益损值(效益值或风险值),它是 a_i、θ_j 的函数,记作 $o_{ij}=F(a_i,\theta_j)$,$i=1,2,\cdots,m$,$j=1,2,\cdots,n$。

决策问题就是按照某种准则,选定一种行动方案,使行动的效益值最大或使损失值最小。

3.1.2 决策问题的表示

在上述定义下,决策问题 $D=\{G,\Theta,P,A,O\}$ 可以用如下矩阵法表示。

设方案向量为:$\boldsymbol{A}=(a_1,a_2,\cdots,a_m)^{\mathrm{T}}$;状态向量为:$\boldsymbol{\Theta}=(\theta_1,\theta_2,\cdots,\theta_n)^{\mathrm{T}}$;状态概率向量为:$\boldsymbol{P}=(P(\theta_1),P(\theta_2),\cdots,P(\theta_n))^{\mathrm{T}}$;益损矩阵:

$$\boldsymbol{O}=\begin{bmatrix} o_{11} & o_{12} & \cdots & o_{1n} \\ o_{21} & o_{22} & \cdots & o_{2n} \\ \cdots & \cdots & \cdots & \cdots \\ o_{m1} & o_{m2} & \cdots & o_{mn} \end{bmatrix}。$$

也可用如表 3.1 所列的表格表示,这种表格称为决策表。

表 3.1 决策表的一般形式

状态 方案	θ_1 $P(\theta_1)$	θ_2 $P(\theta_2)$	$\cdots$	θ_j $P(\theta_j)$	$\cdots$	θ_n $P(\theta_n)$
a_1	o_{11}	o_{12}	$\cdots$	o_{1j}	$\cdots$	o_{1n}
a_2	o_{21}	o_{22}	$\cdots$	o_{2j}	$\cdots$	o_{2n}
$\cdots$	$\cdots$	$\cdots$	$\cdots$	$\cdots$	$\cdots$	$\cdots$
a_i	o_{i1}	o_{i2}	$\cdots$	o_{ij}	$\cdots$	o_{in}
$\cdots$	$\cdots$	$\cdots$	$\cdots$	$\cdots$	$\cdots$	$\cdots$
a_m	o_{m1}	o_{m2}	$\cdots$	o_{mj}	$\cdots$	o_{mn}

表 3.1 中的符号 o_{ij},$i=1,2,\cdots,m$,$j=1,2,\cdots,n$ 是所有方案在所有可能的自然状态下的所有可能后果的完全描述,它可能是数字,但通常不是。这里假设无论决策问题的后果 o_{ij} 是什么形式,都可以用实值效用函数 u(或价值函数 v)来评价。这时决策规则将如表 3.2 所列(在使用价值函数时用 v_{ij} 取代 u_{ij})。

表 3.2 以效用表示后果价值的决策表

状态 方案	θ_1 $P(\theta_1)$	θ_2 $P(\theta_2)$	$\cdots$	θ_j $P(\theta_j)$	$\cdots$	θ_n $P(\theta_n)$
a_1	u_{11}	u_{12}	$\cdots$	u_{1j}	$\cdots$	u_{1n}
a_2	u_{21}	u_{22}	$\cdots$	u_{2j}	$\cdots$	u_{2n}
$\cdots$	$\cdots$	$\cdots$	$\cdots$	$\cdots$	$\cdots$	$\cdots$
a_i	u_{i1}	u_{i2}	$\cdots$	u_{ij}	$\cdots$	u_{in}
$\cdots$	$\cdots$	$\cdots$	$\cdots$	$\cdots$	$\cdots$	$\cdots$
a_m	u_{m1}	u_{m2}	$\cdots$	u_{mj}	$\cdots$	u_{mn}

决策问题的后果常常用损失描述，用损失描述后果的决策表称为损失矩阵。在统计决策理论中，决策表通常采用转置的损失矩阵，如表 3.3 所列，其中的损失 l_{ji}是表 3.2 中效用 u_{ij}的负值，即 $l_{ji} = -u_{ij}$。

表 3.3 转置的损失矩阵

状态 \ 方案		a_1	a_2	…	a_i	…	a_m
θ_1	$P(\theta_1)$	l_{11}	l_{12}	…	l_{1i}	…	l_{1m}
θ_2	$P(\theta_2)$	l_{21}	l_{22}	…	l_{2i}	…	l_{2m}
…		…	…	…	…	…	…
θ_j	$P(\theta_j)$	l_{j1}	l_{j2}	…	l_{ji}	…	l_{jm}
…		…	…	…	…	…	…
θ_n	$P(\theta_n)$	l_{n1}	l_{n2}	…	l_{ni}	…	l_{nm}

上述决策矩阵和决策表形式只适用于表示没有观察值的决策问题，有观察值的决策问题采用决策树法为宜。如图 3.1 所示，决策树法将决策问题的自然状态、状态出现的概率、行动方案、益损值预测结果等用一个树状图表示出来，并利用该图反映决策者进行思考、预测、决策的全过程，既直观，又使问题条理清楚。

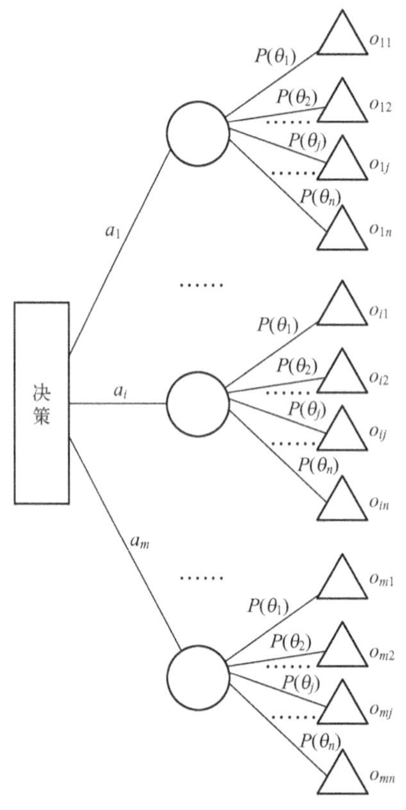

图 3.1 决策树

决策树的画法如下：

□——表示决策节点，从它引出的分支称为方案分支，分支数反映可供选择的方案数；

○——表示方案节点，其上方的数字表示该方案的效益期望值，从它引出的分支称为概率分支，每个分支上写明自然状态及其出现的概率；

△——表示结果节点，它旁边的数字是每一方案在相应状态下的益损值。

3.1.3 决策问题的分类

根据决策者对自然状况的掌握情况可以将随机决策问题分为确定型决策、不确定型决策和风险型决策三种类型。

一、确定型决策问题

确定型决策问题的特点是决策者在进行方案选择之前了解真实的自然状态，即确定了某种状态 $P(\theta_i)=1$，并确切地知道各种行动的后果。在该情况下，从多个备选方案中，选择一个最有利的方案（根据在此条件下 m 个策略的益损值取最大或最小选优）。

确定型决策问题具备如下条件：

(1) 决策者希望达到一个明确的目标（效益最大或损失最小）；

(2) 只存在一个确定的状态；

(3) 存在两个或两个以上可供选择的行动方案；

(4) 不同行动方案在各种状态下的益损值可以计算出来。

确定型决策看起来似乎很简单，但实际问题往往很复杂。一是可供选择的方案很多，有时甚至为无限多，益损值往往不易算出；二是有时求益损值的最大最小值常常也不是很容易，有时还要借助于最优化方法求解。

二、不确定型决策问题

不确定型决策问题是指决策者只知道有哪些自然状态可能出现，但无法以任何方式量化这种不确定性，即只能给出各种可能状态 $\theta_1,\theta_2,\cdots,\theta_n$ 的列表，而对各种状态出现的可能性的大小一无所知，也就是说各种自然状态出现的概率无法估计。

不确定型决策问题具备如下条件：

(1) 决策者希望达到一个明确的目标（效益最大或损失最小）；

(2) 存在两个或者两个以上的不以决策者主观意志为转移的状态，决策者不能确定哪种状态会出现，也无法预知各种状态出现的概率大小；

(3) 存在两个或两个以上可供选择的行动方案；

(4) 不同行动方案在不同状态下的益损值可以计算出来。

三、风险型决策

风险型决策是指决策者无法确知未来的真实自然状态，但他能够给出各种可能出现的自然状态 $\theta_1,\theta_2,\cdots,\theta_n$，以及各种状态出现的概率 $P(\theta_1),P(\theta_2),\cdots,P(\theta_n)$。这种不确定性决定了在选择单个最优行动方案时总会有风险。

风险型决策一般具备以下条件：

(1) 决策者希望达到一个明确的目标（效益最大或损失最小）；

(2) 存在两个或者两个以上的不以决策者主观意志为转移的状态，决策者不能确定

哪种状态会出现,但是知道各种状态出现的概率大小;

(3) 存在两个或者两个以上可供选择的行动方案;

(4) 不同行动方案在不同状态下的益损值可以计算出来。

无论是不确定型问题还是风险型问题,都需要根据某种准则来选择决策方案,使结果最优(或满意),这种准则称为决策准则,亦即决策方法、策略。常用的不确定型决策准则包括等可能性准则、悲观准则、乐观准则、折中准则、后悔值极小化极大准则等;常用的风险型决策准则包括最大可能性准则、期望值准则、均值-方差准则、不完全信息情况下的决策准则、贝叶斯准则等。每种方法各有一定的适用场合,同一决策问题可采用多种方法来解决,由于决策准则的不同,可能得到的结果也不同。因此,在实际应用中,可采用不同方法分别计算,然后综合分析,以减小决策的风险。

以下讨论不确定型决策问题和风险型决策问题的决策准则,确定型决策问题可视为风险型决策问题的特例。

3.2 不确定型决策准则

本节给出几种严格不确定性情况下的决策准则。严格不确定性的含义是指决策问题可能出现的状态已知,但对各种自然状态发生的概率(可能性)一无所知。下面介绍的这些准则并不能产生特别令人满意的决策,只是舍此别无良策。

3.2.1 等可能性准则

等可能性准则也称为等概率准则。Laplace 于 1825 年在《无充分理由原则》一文中指出:对真实的自然状态一无所知"等价于"所有自然状态具有相同的概率。因此可以根据各方案在不同状态下的均值进行决策,例如平均损失 $\sum_{j=1}^{n}\frac{1}{n}l_{ji}$ 极小,即选择 a_k 使

$$\sum_{j=1}^{n}\left(\frac{1}{n}\times l_{jk}\right)=\min_{i=1}^{m}\left\{\sum_{j=1}^{n}\left(\frac{1}{n}\times l_{ji}\right)\right\}$$

例 3.1 侦察机在海上搜索,假设有 4 种搜索方案 a_1、a_2、a_3 和 a_4,可能出现的气象条件有 3 种:θ_1(能见度大于 35km)、θ_2(能见度在 10~35km)和 θ_3(能见度小于 10km)。可以估计出各个搜索方案在各种气象条件下搜索目标的发现概率,如表 3.4 所列。试用等可能性准则确定搜索方案使搜索目标的发现概率最大。

表 3.4 侦察机搜索目标的发现概率

搜索方案	气象条件		
	θ_1	θ_2	θ_3
a_1	0.9	0.4	0.1
a_2	0.7	0.5	0.4
a_3	0.8	0.7	0.2
a_4	0.5	0.5	0.5

解 根据题设可知,有 3 种气象条件(即状态)θ_1、θ_2 和 θ_3,求得各个搜索方案 a_i($i=1,2,3,4$)发现概率的平均值分别为

$$E(a_1)=(0.9+0.4+0.1)\times\frac{1}{3}=0.46$$

$$E(a_2)=(0.7+0.5+0.4)\times\frac{1}{3}=0.53$$

$$E(a_3)=(0.8+0.7+0.2)\times\frac{1}{3}=0.57$$

$$E(a_4)=(0.5+0.5+0.5)\times\frac{1}{3}=0.5$$

易于看出

$$\max\{0.46,0.53,0.57,0.5\}=0.57$$

从而可知，a_3 是最优搜索方案。

3.2.2 悲观准则

悲观准则是 Wald 于 1950 年提出的，其思路是考察采取行动方案 $a_i(i=1,2,\cdots,m)$ 时可能出现的最坏后果，即最大的损失 s_i：

$$s_i=\max_{j=1}^{n} l(\theta_j,a_i)$$

决策者应选择行动 a_k 使最大的损失 s_i 尽可能小，即选择 a_k 使

$$s_k=\min_{i=1}^{m}\{s_i\}=\min_{i=1}^{m}\max_{j=1}^{n}\{l_{ji}\} \tag{3.1}$$

由式(3.1)可见该准则也称为(使损失)极小化极大准则。

当决策表中的元素是效用值 u_{ij} 或价值函数 v_{ij} 时，悲观准则是使各方案的最小效用(价值)最大化，即极大化极小效用，即选择 a_k 使

$$s'_k=\max_{i=1}^{m}\{s'_i\}=\max_{i=1}^{m}\min_{j=1}^{n}\{u_{ij}\}$$

采用该原则者极端保守，是悲观主义者，总是假设最糟的情况会发生并且被自己遇上。

例 3.2 试用悲观准则确定例 3.1 中的搜索方案使搜索目标的发现概率最大。

解 根据表 3.4，可计算得到各个搜索方案 $a_i\{i=1,2,3,4\}$ 搜索目标的最小发现概率分别为

$$\min\{0.9,0.4,0.1\}=0.1,\min\{0.7,0.5,0.4\}=0.4,$$
$$\min\{0.8,0.7,0.2\}=0.2,\min\{0.5,0.5,0.5\}=0.5$$

如表 3.5 所列。

表 3.5 悲观准则确定的最优搜索方案

搜索方案	气象条件			最小发现概率
	θ_1	θ_2	θ_3	
a_1	0.9	0.4	0.1	0.1
a_2	0.7	0.5	0.4	0.4
a_3	0.8	0.7	0.2	0.2
a_4	0.5	0.5	0.5	0.5

从表3.5中易于看出

$$\max\{0.1,0.4,0.2,0.5\}=0.5$$

根据悲观准则可知，a_4 为最优搜索方案，相应的最大发现概率为0.5。

3.2.3 乐观准则

乐观准则与悲观准则正相反，它只考虑行动方案中各种可能的后果中最好的（即损失最小的）后果，即最小的损失 o_i：

$$o_i=\min_{j=1}^{n}\{l_{ji}\}$$

决策者选择行动 a_k 使最小的损失 o_i 尽可能小，即选择 a_k 使

$$o_k=\min_{i=1}^{m}\{o_i\}=\min_{i=1}^{m}\min_{j=1}^{n}\{l_{ji}\} \tag{3.2}$$

由式(3.2)可见，乐观准则也称（使损失）极小化极小准则。这种准则的实质是在损失矩阵中找出损失最小的元素 l_{hk}，决策者选择 l_{hk} 所对应的行动 a_k。

当决策表中的元素是效用值 u_{ij} 或价值函数 v_{ij} 时，乐观准则是使各行动的最大效用（价值）最大化，称为（使效用值）极大化极大准则，即选择 a_k 使

$$o'_k=\max_{i=1}^{m}\{o'_i\}=\max_{i=1}^{m}\max_{j=1}^{n}\{u_{ij}\}$$

例3.3 在例3.1中，试用乐观准则确定搜索方案使搜索目标的发现概率最大。

解 根据表3.4，可计算得到各个搜索方案 $a_i\{i=1,2,3,4\}$ 搜索目标的最大发现概率分别为

$$\max\{0.9,0.4,0.1\}=0.9,\max\{0.7,0.5,0.4\}=0.7$$

$$\max\{0.8,0.7,0.2\}=0.8,\max\{0.5,0.5,0.5\}=0.5$$

如表3.6所列。

表3.6 乐观准则确定的最优搜索方案

搜索方案	气象条件			最大发现概率
	θ_1	θ_2	θ_3	
a_1	0.9	0.4	0.1	0.9
a_2	0.7	0.5	0.4	0.7
a_3	0.8	0.7	0.2	0.8
a_4	0.5	0.5	0.5	0.5

易于看出

$$\max\{0.9,0.8,0.7,0.5\}=0.9$$

根据乐观准则可知，搜索方案 a_1 可使搜索目标的发现概率最大，称为最优搜索方案，其相应的最大发现概率为0.9。

3.2.4 折中准则

乐观准则与悲观准则是两种极端情况的决策准则，在现实生活中很少有人像悲观准则那么悲观，也很少有人像乐观准则那么乐观，大多数决策介于这两者之间。因此提出一

种折中:决策者应根据这两种准则的加权平均值来排列行动的优劣次序。为此,把 α 与 $1-\alpha$ 看作权重,对乐观准则与悲观准则获得的决策结果做加权平均,从而得到作战行动方案 $a_i(i=1,2,\cdots,m)$ 的加权平均值为

$$f_i(\alpha)=\alpha\cdot\max_{1\leqslant j\leqslant n}\{f_{ij}\}+(1-\alpha)\cdot\min_{1\leqslant j\leqslant n}\{f_{ij}\} \tag{3.3}$$

式中:$\alpha\in[0,1]$ 为折中系数,用来反映偏向乐观的程度。

对不同的决策者可以选择不同的折中系数 α。当 $\alpha=1$ 时,表示决策者敢于冒险;当 $\alpha=0$ 时,表示决策者不敢冒险即保守;当 $\alpha=1/2$ 时,表示决策者保持中立态度。于是,所有方案中加权平均值 $f_i(\alpha)(i=1,2,\cdots,m)$ 最大的方案即为最优方案。

例 3.4 试用折中准则确定例 3.1 中的搜索方案使搜索目标的发现概率最大。

解 选取折中系数 $\alpha=0.8$,可得各个搜索方案 $a_i(i=1,2,3,4)$ 的加权平均值分别为

$$f_1(0.8)=0.8\times0.9+(1-0.8)\times0.1=0.74$$

$$f_2(0.8)=0.8\times0.7+(1-0.8)\times0.4=0.64$$

$$f_3(0.8)=0.8\times0.8+(1-0.8)\times0.2=0.68$$

$$f_4(0.8)=0.8\times0.5+(1-0.8)\times0.5=0.5$$

如表 3.7 所列。

表 3.7 折中准则确定的最优搜索方案

搜索方案	气象条件			加权平均值
	θ_1	θ_2	θ_3	
a_1	0.9	0.4	0.1	0.74
a_2	0.7	0.5	0.4	0.64
a_3	0.8	0.7	0.2	0.68
a_4	0.5	0.5	0.5	0.5

从表 3.7 中易于看出

$$\max\{0.74,0.64,0.68,0.5\}=0.74$$

根据折中准则可知,在折中系数取为 0.8 的情况下,a_1 是最优搜索方案。

类似地,可对折中系数 α 选取其他值的情况进行计算、求解。

3.2.5 后悔值极小化极大

Savage 认为,真实的自然状态是决策者所无法控制的,在用损失矩阵 $(l_{ji})_{n\times m}$ 来作决策时,决策者会把采用一种行动 a_i 在某一自然状态 θ_j 下的结果与同样的自然状态下采用不同的行动的结果 $l_{ji},i=1,2,\cdots,m$ 加以比较。因此 Savage 定义了一个后果的后悔值 r_{ji},它采取的是行动 a_i 状态 θ_j 时的损失 l_{ji} 与状态为 θ_j 时采用不同行动的最佳结果(最小损失)$\min\limits_{i=1}^{m}\{l_{ji}\}$ 之差,即

$$r_{ji}=l_{ji}-\min_{i=1}^{m}\{l_{ji}\} \tag{3.4}$$

Savage 认为,应该用由 r_{ji} 构成的后悔值表 $(r_{ji})_{n\times m}$ 取代由 l_{ji} 构成的决策表,再用 Wald 的悲观准则来求解。他提出每种行动的优劣用最大后悔值 p_i 作为指标来衡量:

$$p_i = \max_{j=1}^{n} \{ r_{ji} \}$$

p_i 即采取行动 a_i 时的最大后悔值，然后再选择使 p_i 极小化的行动。也就是说，选择 a_k 使

$$p_k = \min_{i=1}^{m} \{ p_i \} = \min_{i=1}^{m} \{ \max_{j=1}^{n} \{ r_{ji} \} \} \tag{3.5}$$

例 3.5 试用后悔值准则确定例 3.1 中的搜索方案使搜索目标的发现概率最大。

解 首先，求得各种气象条件 $\theta_j(j=1,2,3)$ 下的最大发现概率分别为

$$\max\{0.9,0.7,0.8,0.5\} = 0.9$$

$$\max\{0.4,0.5,0.7,0.5\} = 0.7$$

$$\max\{0.1,0.4,0.2,0.5\} = 0.5$$

然后，计算所有搜索方案在各种气象条件下的后悔值，如表 3.8 所列。

表 3.8 搜索方案的后悔值

搜索方案	气象条件			最大后悔值
	θ_1	θ_2	θ_3	
a_1	0	0.3	0.4	0.4
a_2	0.2	0.2	0.1	0.2
a_3	0.1	0	0.3	0.3
a_4	0.4	0.2	0	0.4

最后，根据表 3.8，可得各个搜索方案 $a_i(i=1,2,3,4)$ 的最大后悔值分别为

$$\max\{0,0.3,0.4\} = 0.4, \max\{0.2,0.2,0.1\} = 0.2$$

$$\max\{0.1,0,0.3\} = 0.3, \max\{0.4,0.2,0\} = 0.4$$

易于看出

$$\min\{0.4,0.2,0.3,0.4\} = 0.2$$

根据后悔值准则可知，a_2 是最优搜索方案。

从上述例子可以看出，由于采用的决策准则不同，所得的决策结果也不完全相同。在实际决策过程中，要根据决策的不同情况选取不同的决策准则，以便获得满意的决策结果。上面介绍的 5 种决策准则都可以用来求解不确定型问题，单独地看，这些准则都合理而实用，但是，有些问题用不同的准则求解会导致不同的选择，因此这 5 种准则不可能都是指导作决策的完美准则。

例 3.6 为了对上述准则进行比较，Milnor 给出了一个有 4 种状态 4 种行动方案的决策问题的例子。设决策问题的损失矩阵 $(l_{ji})_{n\times m}$ 如表 3.9 所列。

表 3.9 决策问题的损失矩阵

状态 \ 方案	a_1	a_2	a_3	a_4	$\min_i\{l_{ji}\}$
θ_1	2	3	4	3	2
θ_2	2	3	0	1	0
θ_3	4	3	4	4	3

（续）

状态＼方案	a_1	a_2	a_3	a_4	$\min_i\{l_{ji}\}$
θ_4	3	3	4	4	3
o_i	2	3	0	1	
s_i	4	3	4	4	
$\alpha o_i+(1-\alpha)s_i$	$4-2\alpha$	3	$4-4\alpha$	$4-3\alpha$	
$\sum_{j=1}^{n}\left(\frac{1}{n}\times l_{jk}\right)$	2.75	3	3	3	

用乐观准则求解时，各行动最小损失 o_i 分别是各列中的最小值2、3、0 和 1，把它们列入表 3.9 中。其中最小的损失对应于行动 a_3，即决策者应选择行动方案 a_3。

用悲观准则求解时，各行动最大损失 s_i 分别是各列中的最大值 4、3、4 和 4，把它们列入表 3.9 中。其中最小的损失对应于行动 a_2，即决策者应选择行动方案 a_2。

用折中准则求解时，计算 $\alpha o_i+(1-\alpha)s_i$ 并列入表 3.9 中。当 $\alpha\leqslant 0.25$ 时 a_2 最优；$\alpha\geqslant 0.25$ 时 a_3 最优。

用 Laplace 的等概率准则求解时，计算 $\sum_{j=1}^{n}\left(\frac{1}{n}\times l_{jk}\right)$ 的值如表 3.9 最后一行，显然，a_1 的损失最小，决策者应该选择行动 a_1。

用 Savage 的后悔值极小化极大准则求解时，首先在原始的损失矩阵最右侧添加一列 $\min_i\{l_{ji}\}$，得后悔值矩阵如表 3.10 所列。

表 3.10　后悔值矩阵 r_{ji}

状态＼方案	a_1	a_2	a_3	a_4
θ_1	0	1	2	1
θ_2	2	3	0	1
θ_3	1	0	1	1
θ_4	0	0	1	1
p_i	2	3	2	1

各行动的最大后悔值 p_i 列入表 3.10 最下面一行，其中行动 a_4 的最大后悔值最小，所以根据 Savage 的后悔值极小化极大准则，决策人应选择 a_4。

同样一个问题，采用 Laplace 准则时应选择行动 a_1；根据悲观准则，应选 a_2；由折中准则，$\lambda\leqslant 0.25$ 时应选 a_2，$\lambda\geqslant 0.25$ 时应选 a_3；用后悔值极小化极大准则应选择 a_4。因此，采用不同的准则有可能选择不同的行动。

前面介绍的 5 种决策准则，只要不把它们放在一起，选用每一种准则的理由都相当有说服力。然而这些有说服力的方法又会导致完全不同的选择，因此它们之间一定存在某种矛盾；至少这 5 种准则看来并不是同样好。

3.3 风险型决策准则

风险型决策问题的特点：决策者虽然无法确知将来的真实自然状态，但他不仅能给出各种可能出现的自然状态 $\theta_1,\theta_2,\cdots,\theta_n$，还可以给出各种状态出现的可能性，即通过设定各种状态的（主观）概率 $P(\theta_1),P(\theta_2),\cdots,P(\theta_n)$ 来量化不确定性。风险型决策问题是所有决策问题中最重要的一类，它的求解方法也是决策理论中最核心的内容。可以说决策理论，尤其是早期的统计决策理论，是围绕风险型决策问题的求解而发展起来的。

3.3.1 最大可能性准则

最大可能性准则以行动方案 a_i 的各种可能的后果中出现的可能性最大的后果，作为评价 a_i 优劣的数值指标 v_i。

对后果为效用的决策表，最大可能性准则是：$P(\theta_t)=\max\limits_{j=1}^{n}P(\theta_j)$，$v_i=u_{it}=u(a_i,\theta_t)$，则应该选 a_k 使

$$v_k=\max_{i=1}^{m}v_i=\max_{i=1}^{m}u_{it} \tag{3.6}$$

对后果为损失的决策表，则有 $P(\theta_t)=\max\limits_{j=1}^{n}P(\theta_j)$，$v_i=l_{ti}=l(\theta_t,a_i)$，应该选 a_k 使

$$v_k=\min_{i=1}^{m}v_i=\min_{i=1}^{m}l_{ti} \tag{3.7}$$

例 3.7 决策问题的损失矩阵如表 3.11 所列，试用最大可能性准则进行决策。

表 3.11 决策问题的损失矩阵

θ_j	$P(\theta_j)$	a_1	a_2	a_3
θ_1	0.2	7	6.5	6
θ_2	0.5	3	4	5
θ_3	0.3	4	1	0

根据最大可能性准则，$P(\theta_2)=\max\limits_{j=1}^{n}P(\theta_j)$，即 $P(\theta_2)$ 概率最大，对应这种状态的各方案 $a_i,i=1,2,3$ 的指标 v_i 分别为 3,4,5，其中 v_1 的值最小，所以决策者应该选行动方案 a_1。

由于这种准则只考察出现概率最大的状态 θ_t 时各行动的损失，因此该准则过于片面。在本例中，采取行动 $a_i,i=1,2,3$ 的损失的均值分别是 4.1，3.6 和 3.7，以 a_1 为最差；在除了 θ_2 以外的状态下 a_1 的损失都大于 a_2 和 a_3。所以从总体上考察，选择 a_1 并不明智。在自然状态数较多、各种状态出现的可能性 $P(\theta_j)$ 相差不大时，这种方法尤其不合理。

例 3.8 登陆点选择问题。假设在某次登陆作战中有 3 个登陆点 A_1、A_2 和 A_3 可供选择；在登陆时刻出现涨潮、正常和退潮的可能性（或概率）分别为 0.2、0.3 和 0.5。根据统计资料可得各种潮汐条件下在各个登陆点成功登陆的可能性如表 3.12 所列。试用最大可能性准则确定登陆点使其成功登陆的可能性最大。

解 利用最大可能性准则可知,出现退潮的可能性最大。在此潮汐条件下,在登陆点A_2成功登陆的可能性最大。因此,选择A_2作为登陆点可使成功登陆的可能性达到最大值1。

表3.12 登陆点选择问题的成功概率

各潮汐条件出现的可能性 / 登陆点	涨潮	正常	退潮
	0.2	0.3	0.5
A_1	0.65	0.65	0.65
A_2	0.35	0.35	1
A_3	0.2	0.55	0.8

3.3.2 期望值准则

期望值准则以后果的期望效用(或者期望损失)作为评价行动优劣的数值指标。具体来说,当以效用表示后果时,应该用期望效用$E_i(u_{ij})$作为评价行动a_i优劣的数值指标,即

$$v_i = E_i(u_{ij}) = \sum_{j=1}^{n} u_{ij}P(\theta_j)$$

决策者应该选择行动a_k,使期望效用极大,即

$$E_k = \max_{i=1}^{m}\{v_i\} = \max_{i=1}^{m}\{E_i(u_{ij})\} = \max_{i=1}^{m}\left\{\sum_{j=1}^{n} u_{ij}P(\theta_j)\right\}$$

当以损失表示后果时,则用期望损失$E_i(l_{ji})$评价a_i的优劣,即

$$v_i = E_i(l_{ji}) = \sum_{j=1}^{n} l_{ji}P(\theta_j)$$

决策者应该选择行动a_k,使期望损失极小,即

$$E_k = \min_{i=1}^{m}\{v_i\} = \min_{i=1}^{m}\{E_i(l_{ji})\} = \min_{i=1}^{m}\left\{\sum_{j=1}^{n} l_{ji}P(\theta_j)\right\}$$

例3.9 试用期望值准则确定例3.8中的登陆点使其成功登陆的可能性最大。

解 可算得在登陆点$A_i, i=1,2,3$成功登陆的期望值分别为

$$E(A_1) = 0.65\times0.2+0.65\times0.3+0.65\times0.5=0.65$$

$$E(A_2) = 0.35\times0.2+0.35\times0.3+1\times0.5=0.675$$

$$E(A_3) = 0.2\times0.2+0.55\times0.3+0.8\times0.5=0.605$$

显然,在登陆点A_2成功登陆的期望值最大。因此,应选择A_2作为登陆点。

为便于直观分析决策过程,期望值准则也可采用决策树形式描述。决策树仍然按照最大期望效益值或最小期望损失值准则进行决策。只是把决策问题用决策树画出来,之后从右向左计算每个方案的期望益损值,并标在方案节点的上方,最后比较各方案的期望益损值进行决策。

例3.10 侦察机在海上搜索,假设有4种搜索方案a_1、a_2、a_3和a_4,可能出现的气象条件有3种:θ_1(能见度大于35km)、θ_2(能见度在10~35km)和θ_3(能见度小于10km)。各个搜索方案在各种气象条件下搜索目标的发现概率如表3.13所列。

表 3.13 侦察机搜索目标发现概率

方案＼状态	海况 θ_1	海况 θ_2	海况 θ_3
	$P(\theta_1)=0.4$	$P(\theta_2)=0.5$	$P(\theta_3)=0.1$
a_1	0.9	0.4	0.1
a_2	0.7	0.5	0.4
a_3	0.8	0.7	0.2
a_4	0.5	0.5	0.5

按照最大期望效益值进行决策,各方案对敌舰队期望发现概率值分别为 0.57,0.57,0.69,0.5。最大期望概率值对应方案为 a_3,故选取方案 a_3。

该例子的决策树如图 3.2 所示。

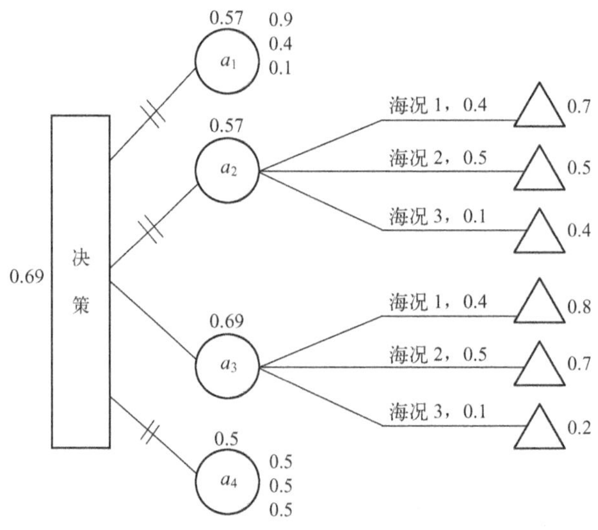

图 3.2 决策树

其中为简化,方案 1、4 的状态分支没有列出,与方案 2、3 状态分支类似。求出各方案的最大期望效益值标于方案节点上方,并据此进行决策。显然对敌舰队最大期望发现概率值为 0.69,故选取方案 a_3。

以上的例子只包括一次决策,称为单级决策。有些决策问题包括两次以上的决策,称为多级决策。此时采用决策树更为方便。下面给出一个多级决策的例子。

例 3.11 某师指挥员要定下是否单独组织反冲击的决心。如命令二梯队团组织反冲击,可能损失 200 人,反冲击有 60% 的可能性会成功。如果反冲击成功,则第二步有两种打法。一是原地待援,巩固阵地,成功概率有 50%,如果成功,可能损失 180 人;如果不成功,可能损失 330 人。二是继续进攻,成功概率有 80%,如果成功,可能损失 280 人;如果不成功,可能损失 430 人。

如果第二步成功则敌人损失 700 人;如果不成功,敌人仅损失 100 人。

假设以敌我损失人数之差作为评价准则,问是否应当组织反冲击?若组织反冲击,则成功后是否应继续进攻?

解 根据问题描述做出如图 3.3 所示的多级决策树。

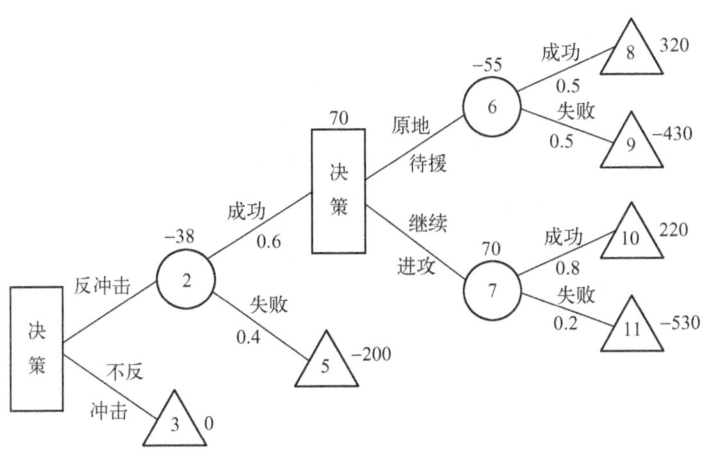

图 3.3　多级决策树

其中结果节点上的效益值如下给出：

节点 8：反冲击成功且原地待援成功，敌我损失人数之差为 700 - 180 - 200 = 320（人）；

节点 9：反冲击成功且原地待援失败，敌我损失人数之差为 100 - 330 - 200 = -430（人）；

节点 10：反冲击成功且继续进攻成功，敌我损失人数之差为 700 - 280 - 200 = 220（人）；

节点 11：反冲击成功且继续进攻失败，敌我损失人数之差为 100 - 430 - 200 = -530（人）。

计算各个方案节点上的期望效益值：

节点 7：反冲击成功且原地待援情况下，平均敌我损失人数之差为 320 × 0.5 - 430 × 0.5 = -55（人）；

节点 6：反冲击成功且继续进攻情况下，平均敌我损失人数之差 220 × 0.8 - 530 × 0.2 = 70（人）；

比较节点 6、7 的期望效益，显然如果反冲击成功的话，第二步应选择继续进攻。

节点 2：如果反冲击，则平均敌我损失人数之差为 70 × 0.6 - 200 × 0.4 = -38（人）；

节点 3：不反冲击，平均敌我损失人数之差为 0；

故选择不组织反冲击。

3.3.3　均值 - 方差准则

期望值准则用后果的均值即期望损失 $E_i(l)$ 作为评价行动 a_i 优劣的数值指标。只根据后果均值的大小做决策，显然忽略了风险因素；为了兼顾风险，可以采用均值 - 方差准则（E - V 准则）。

设自然状态 θ_j 的概率分布为 $P(\theta_j)$，行动 $a_i, i = 1, 2, \cdots, m$ 的期望损失为

$$E_i(l_{ji}) = \sum_{j=1}^{n} l_{ji} P(\theta_j)$$

方差为

$$\sigma_i^2 = \sum_{j=1}^{n} (l_{ji} - E_i(l_{ji}))^2 P(\theta_j)$$

若行动 a_k 的损失的均值和方差均不大于 a_i：$E_k(l_{jk}) \leqslant E_i(l_{ji})$ 且 $\sigma_k^2 \leqslant \sigma_i^2$ 至少有一个严格不等式成立（即不包括 =），则 a_k 优于 a_i。

通常不一定存在这样的 a_k,此时可以用评价函数 $f(E,V)$ 的值来判断。常见的评价函数有 $f_i(E,V)=E_i+\alpha\sigma$,$f_i(E,V)=E_i+\alpha\sigma^2$,$f_i(E,V)=E_i+\alpha(E_i^2+\sigma^2)$,$f_i(E,V)$ 的值越小,行动 a_i 越优。在上述三个评价函数中,α 反映了决策者的风险态度:$\alpha>0$ 时决策者是风险厌恶的;$\alpha=0$ 决策者是风险中立的;$\alpha<0$ 时决策者是风险追求的。

例 3.12 决策问题的损失矩阵如表 3.14 所列,试用均值-方差准则进行决策。

表 3.14 决策问题的损失矩阵

θ_j	$P(\theta_j)$	a_1	a_2	a_3
θ_1	0.2	7	6.5	6
θ_2	0.5	3	4	5
θ_3	0.3	4	1	0

解 各行动的 E-V 值如表 3.15 所列。

表 3.15 各行动的 E-V 值

方案 / 均值方差	a_1	a_2	a_3
E_i	4.1	3.6	3.7
σ_i^2	2.29	3.79	6.01

其中不存在符合 E-V 准则的优势行动。取 $\alpha=0$ 时,$f_1(E,V)=4.1$,$f_2(E,V)=3.6$,$f_3(E,V)=3.7$,其中 $f_2(E,V)$ 的值最小,所以决策者应该选行动方案 a_2。

3.3.4 不完全信息情况下的决策准则

上述给出的三种求解风险型决策问题的决策准则都是以自然状态的主观概率 $P(\theta_j)$ 为基础的,这也正是风险型决策问题与不确定型决策问题的区别所在。但是在实际求解决策问题时,决策者会发现自然状态的概率虽然不像不确定型问题那样一无所知,却也很难准确设定主观概率,这时可以采取以下准则。

一、期望值准则与悲观准则的线性组合

Hodges 提出,在状态概率分布的估计不可靠时,可采用下式作为评价行动 a_i 优劣的数值指标:

$$v_i = \lambda E_i + (1-\lambda)s_i = \lambda \sum_{j=1}^{n} l_{ji}P(\theta_j) + (1-\lambda)\max_{j=1}^{n}\{l_{ji}\}$$

式中:$\lambda(0\leqslant\lambda\leqslant1)$ 为所估计的状态概率分布的可靠系数。v_i 越小,行动 a_i 越优。

该准则实际上是期望值准则($v_i=E_i$)与不确定型决策问题的悲观准则($v_i=s_i$)的线性组合,对自然状态 θ_j 估计可靠的部分作为风险型问题采用期望值准则(λE_i)估计,不可靠的部分作为不确定型问题用悲观准则($v_i=(1-\lambda)s_i$)求解。

二、优势原则

例 3.13 设某个决策问题的损失矩阵如表 3.16 所列。注意该表与典型的风险型决策问题的损失矩阵的区别:由于决策者不能给出准确的主观概率,表中没有 $P(\theta_j)$ 那一列。其中任何两个行动之间都不存在按状态优于关系。以下用优势原则进行决策。

表 3.16 决策问题的损失矩阵

状态＼方案	a_1	a_2	a_3
θ_1	1	4	5
θ_2	7	5	1

解 显然,根据期望值准则,当且仅当

$$1\times P(\theta_1)+7\times P(\theta_2)\leqslant 4\times P(\theta_1)+5\times P(\theta_2)$$

且

$$1\times P(\theta_1)+7\times P(\theta_2)\leqslant 5\times P(\theta_1)+1\times P(\theta_2)$$

同时成立时,表 3.16 中的 a_1 是决策者的最优选择。

由于只有两种自然状态,所以 $P(\theta_2)=1-P(\theta_1)$,代入上两式中,可以解得 $P(\theta_1)\geqslant 0.6$。也就是说,即使决策者无法准确设定状态的概率,只要能够判定第一种自然状态发生的可能性 $P(\theta_1)$ 不小于 0.6,则 a_1 就是最优选择。

类似地,a_3 是决策者的最优选择,当且仅当

$$5\times P(\theta_1)+1\times P(\theta_2)\leqslant 1\times P(\theta_1)+7\times P(\theta_2)$$

且

$$5\times P(\theta_1)+1\times P(\theta_2)\leqslant 4\times P(\theta_1)+5\times P(\theta_2)$$

同时成立。求得 $P(\theta_1)\leqslant 0.6$,即决策者若能判定第一种自然状态发生的可能性小于等于 0.6,则 a_3 就是最优选择。

要使 a_2 是决策者的最优选择,当且仅当

$$4\times P(\theta_1)+5\times P(\theta_2)\leqslant 1\times P(\theta_1)+7\times P(\theta_2)$$

且

$$4\times P(\theta_1)+5\times P(\theta_2)\leqslant 5\times P(\theta_1)+1\times P(\theta_2)$$

同时成立。由于不存在同时满足上两个不等式的 $P(\theta_1)$,所以无论决策者关于自然状态的主观判断如何,a_2 都不可能是最优选择。像 a_2 这种对任何主观概率分布都不可能是最优选择的行动称作强劣的,或称为被强优超。

以上介绍的优势原则是用于后果的损失(效用)确知而主观概率无法设定的情况。而有些决策问题概率分布已知,但是效用函数难以设定,这种情况下的决策规则另外讨论。

三、随机策略

判断如表 3.16 所列决策矩阵中的行动 a_2 是劣解的另一种方法是采用随机策略。所谓随机策略,就是方案集 A 上的一个概率分布 ρ,以概率 p_i 采取行动 $a_i,i=1,2,\cdots,m$。如果决策者以 0.5 的概率选 a_1,0.5 的概率选 a_3,这样的随机策略记作 $\rho=\{0.5,a_1;0,a_2;0.5,a_3\}$。在真实的自然状态为 θ_1 时,采用随机策略 ρ 的期望损失为 $0.5\times 1+0.5\times 5=3$,小于行动 a_2 的损失;真实的自然状态为 θ_2 时,采用随机策略 ρ 的期望损失为 $0.5\times 7+0.5\times 1=4$,也小于行动 a_2 的损失。因此无论自然状态是什么,随机策略 $\rho=\{0.5,a_1;0,a_2;0.5,a_3\}$ 的期望损失均严格小于 a_2,因此选择 a_2 是不可取的。

一般地,状态为 θ_j 采取随机策略 ρ 的期望损失为 $\sum_{i=1}^{m} p_i l(\theta_j, a_i)$ 。

我们称行动 $a_k \in A$ 为因随机策略 ρ 而强劣,当且仅当 $\forall j$ 有

$$\sum_{i=1}^{m} p_i l(\theta_j, a_i) < l(\theta_j, a_k)$$

若上式为 $\sum_{i=1}^{m} p_i l(\theta_j, a_i) \leqslant l(\theta_j, a_k)$,且至少存在某个状态使严格不等式成立,则称 $a_k \in A$ 因随机策略 ρ 而弱劣。

只要 $a_k \in A$ 因随机策略 ρ 而弱(强)劣,a_k 就是劣的选择,可以从行动集中删除 a_k。

3.3.5 贝叶斯准则

求解随机性决策问题的基础是设定自然状态的概率分布和后果的损失函数(或效用函数)。设定比较准确的状态的概率分布是很困难的事。一般情况下,决策分析的结果往往对状态的概率分布比较敏感,即自然状态概率分布的小的变化会显著地改变分析结果,因此要提高决策分析的精度就必须设法提高状态概率分布的估计精度。显然,仅仅依靠决策者的经验做主观的估计,所设定的自然状态的先验分布的精度不可能有很大的改进,因此需要通过随机试验去收集有关自然状态的信息,以便改进所设定的自然状态概率分布的准确性,从而改善决策分析的质量。上面所说的随机试验是广义的,它包括了获取有关信息的一切可能的手段,只要这些信息有助于提高状态概率分布的准确性。在决策分析中,如何设计随机试验去获取有效信息,如何利用新的信息改进状态概率分布,是非常实际而又重要的环节。利用新的信息,或者说通过信息处理修正原有的观点,是人类最重要的智力活动之一。

实际生产生活中的决策问题,决策者经常无法掌握充分的信息,所以需要通过调查、试验等途径去获得更多、更确切的信息,以便更准确地把握各状态发生的概率,降低决策的风险。贝叶斯分析是决策分析的最重要的方法,而贝叶斯定理可以利用随机试验中获得的新信息去修正自然状态的先验分布,得到更接近实际状态、更准确的后验概率分布,这对于提高贝叶斯分析的精度具有重要的实际价值。

设有两组事件 $A = A_1, A_2, \cdots A_m, B = B_1, B_2, \cdots, B_n$,它们为因果关系,即事件 $A_i(i = 1, 2, \cdots, m)$ 为观察到的结果,事件 $B_j(j = 1, 2, \cdots, n)$ 为其发生的原因。那么由条件概率公式,在事件 A_i 发生的条件下,某一影响因素 B_j 发生的概率为

$$P(B_j | A_i) = \frac{P(B_j) \cdot P(A_i | B_j)}{P(A_i)}$$

又由全概率公式得

$$P(A_i) = \sum_{j=1}^{n} P(B_j) \cdot P(A_i | B_j)$$

所以

$$P(B_j | A_i) = \frac{P(B_j) \cdot P(A_i | B_j)}{\sum_{j=1}^{n} P(B_j) \cdot P(A_i | B_j)} \tag{3.8}$$

式(3.8)称为贝叶斯公式。

如果已知 $P(B_j)$ 和 $P(A_i \mid B_j)$，则可根据贝叶斯公式计算出后验概率 $P(B_j \mid A_i)$，它是在先验概率 $P(B_j)$ 的基础上，通过追加信息 $P(A_i \mid B_j)$ 得到的，所以，它比先验概率 $P(B_j)$ 更为准确。

贝叶斯准则的思想是以风险型决策中状态的后验概率代替先验概率进行决策，具体步骤如图 3.4 所示：

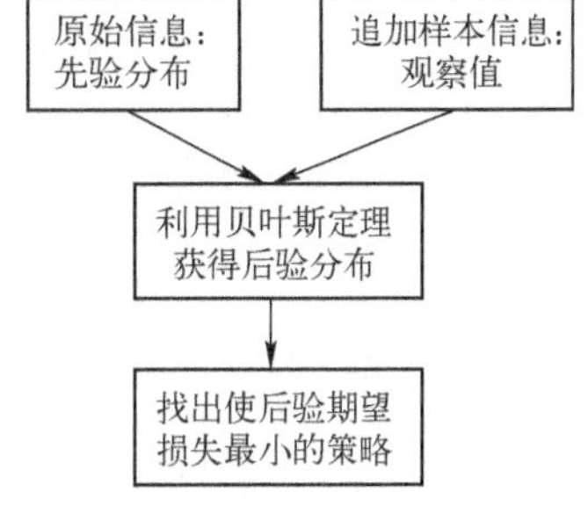

图 3.4　贝叶斯准则的简单流程

(1) 先由过去的经验或专家估计获得将发生事件的先验概率 $P(B_j)$。

(2) 根据调查或试验得到条件概率 $P(A_i \mid B_j)$。

(3) 利用式(3.8)计算出各事件的后验概率 $P(B_j \mid A_i)$。

(4) 利用贝叶斯公式计算出后验概率后，运用后验概率进行决策分析。

(5) 决策准则为后验期望损失极小化或期望效用极大化。

例 3.14　某采油计划，如果钻井后成功出油则可收益 1000 万元，钻井失败无油则损失 400 万元。估计钻井成功的机会为 30%，若事先做一次地质测量，需花费 60 万元，但地质测量也有误差。根据历史资料，当实际情况为有油时，地质测量结果有油的概率为 75%，无油的概率为 25%；当实际情况为无油时，地质测量结果无油的概率为 60%，有油的概率为 40%。根据这些数据，确定是否应当钻井？

解　在此例中，钻井后有两种状态：成功和失败。钻井成功的收益很高，但风险也很大(70%)，在这种情况下，决策者一般不会冒很大的风险去选择收益较大的方案。决策者可以通过获得新资料的途径(做地质测量)来减小决策的风险。地质测量的结果也有两种状态：有油和无油。准确的概率与以往的经验有关系。可见，这类决策问题涉及到两组状态，并且它们的发生概率互为影响。贝叶斯决策法是解决此类问题的一种有效方法。

假设事件 A = (地质试验有油，地质试验无油)，事件 B = (实际有油，实际无油)。

(1) 确定先验概率 $P(B_j)$。

实际有油：$P(B_1) = 0.3$；

实际无油：$P(B_2) = 0.7$。

(2) 确定条件概率 $P(A_i \mid B_j)$。

实际有油，试验有油：$P(A_1 \mid B_1) = 0.75$；

实际有油，试验无油：$P(A_2 \mid B_1) = 0.25$；

实际无油，试验有油：$P(A_1 \mid B_2) = 0.4$；

实际无油，试验无油：$P(A_2 \mid B_2) = 0.6$。

(3) 计算事件 A 的全概率 $P(A_i)$。

试验有油：

$$P(A_j) = P(B_1) \cdot P(A_1 \mid B_1) + P(B_2) \cdot P(A_1 \mid B_2) = 0.3 \times 0.75 + 0.7 \times 0.4 = 0.505$$

试验无油：

$$P(A_2) = P(B_1) \cdot P(A_2 \mid B_1) + P(B_2) \cdot P(A_2 \mid B_2) = 0.3 \times 0.25 + 0.7 \times 0.6 = 0.495$$

(4) 计算后验概率 $P(B_j \mid A_i)$。

试验有油，实际有油：

$$P(B_1 \mid A_1) = \frac{P(B_1) \cdot P(A_1 \mid B_1)}{P(A_1)} = \frac{0.3 \times 0.75}{0.505} = 0.446$$

试验有油，实际无油：

$$P(B_2 \mid A_1) = \frac{P(B_2) \cdot P(A_1 \mid B_2)}{P(A_1)} = \frac{0.7 \times 0.4}{0.505} = 0.554$$

试验无油，实际有油：

$$P(B_1 \mid A_2) = \frac{P(B_1) \cdot P(A_2 \mid B_1)}{P(A_2)} = \frac{0.3 \times 0.25}{0.495} = 0.152$$

试验无油，实际无油：

$$P(B_2 \mid A_2) = \frac{P(B_2) \cdot P(A_2 \mid B_2)}{P(A_2)} = \frac{0.7 \times 0.6}{0.495} = 0.848$$

(5) 进行二级决策，首先确定是否做地质试验，状态有两种（试验有油，试验无油）；然后确定是否进行钻井，状态有两种（实际有油，实际无油）。根据题目中给出和前面计算的数据，画出决策树（如图3.5所示），并计算各状态节点和决策点的益损期望值。

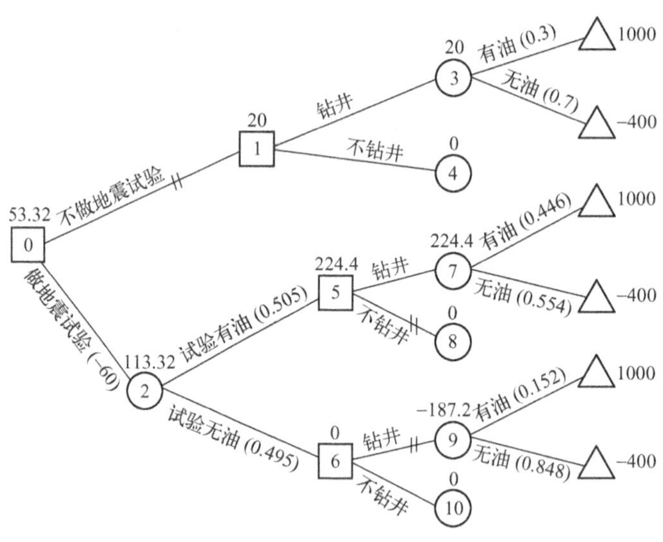

图3.5 决策树

状态节点7：[1000×0.446+(-400)×0.554]=224.4万元。

决策点5：max{224.4,0}=224.4万元。

状态节点9：[1000×0.152+(-400)×0.848]=-187.2万元。

决策点6：max{-187.2,0}=0万元。

状态节点2：(224.4×0.505+0×0.495)=113.32万元。

状态节点3：[1000×0.3+(-400)×0.7]万元=20万元。

决策点1：max{20,0}=20万元。

决策点0：max{20,113.32,-60}=53.32万元。

经过剪枝得到最优方案为：做地质试验；若试验有油，则钻井，若试验无油，则不钻井。

常用的风险型决策技术有期望值决策法、决策树分析法、矩阵决策法、Bayes（贝叶斯）决策法、效用分析决策法等。每种方法各有一定的适用场合，同一决策问题可应用多种方法来解决,由于随机性或决策准则的不同,可能得到的结果也不同。因此,在实际应用中,可应用不同方法分别计算,然后综合分析,以减小决策的风险。

习　题

1. 考虑团指挥员定下战斗决心的问题。假定有两个作战方案 A 和 B。顺利情况的概率为 0.7,意外情况的概率为 0.3。方案 A 在顺利情况下可推进 8km,而意外情况下将后退 3 km;方案 B 在顺利情况下可推进 5km,而意外情况下将原地不动。试用最大可能性准则、期望值准则分别辅助团指挥员进行决策。

2. 设 A_1、A_2、A_3、A_4 表示指挥员可能采取的行动方案,θ_1、θ_2、θ_3 表示行动时可能发生的情况,在不同情况下实施不同方案取得的作战效益如表 3.17 所列,分别按照悲观准则、乐观准则、后悔值准则进行决策。

表 3.17　指挥员采取各种方案的作战效益表

情况 方案	θ_1	θ_2	θ_3
A_1	9	4	3
A_2	7	5	5
A_3	8	6	2
A_4	4	7	1

3. 以下为某决策问题的代价矩阵,分别按照等可能性准则、悲观准则、乐观准则、后悔值准则进行决策(表 3.18)。

表 3.18　决策问题的代价矩阵

状态 方案	θ_1	θ_2	θ_3
A_1	3	4	2
A_2	7	5	4
A_3	8	7	2
A_4	5	5	5

4. 设某一决策问题的决策收益表如表 3.19 所列,依据后悔值准则就此问题进行决策。

表 3.19　决策问题的决策收益表

方　案	状　态			
	S_1	S_2	S_3	S_4
A_1	4	5	6	7
A_2	2	4	6	9
A_3	5	7	3	5
A_4	3	5	6	8
A_5	3	5	5	5

5. 为了生产某种产品,设计了两个建厂方案:一是建大厂,二是建小厂。建大厂要投资300万元,建小厂要投资160万元,两者使用期均为10年。根据市场预测前三年销路好的概率为0.7,如果前三年销路好,则后七年销路好的概率为0.9,如果前三年销路不好,则后七年销路肯定不好。各方案在各状态下年度效益值如表3.20所列。

(1) 在这种情况下,建大厂和建小厂哪个方案好?

(2) 先建小厂,若销路好,则三年以后再考虑扩建。扩建需要投资140万元,扩建后可使用7年,每年的效益值与大厂相同。试做出最优决策。

表3.20 投资建厂方案年度效益表

状态 / 年度效益 / 方案	销 路 好	销 路 不 好
建大厂	100	-20
建小厂	40	10

6. 我海洋科考船对某海域内可能含有石油的海底进行考察。该海域根据可能出油的数量可划分为四类:θ_1(出油50万桶)、θ_2(出油20万桶)、θ_3(出油5万桶)和θ_4(无油)。根据过去勘探经验,该海域对应四种类型的可能性分别为10%,15%,25%,50%。对该海域的石油开采可供选择的方案有三种:a_1(自行钻井)、a_2(无条件出租)和a_3(有条件出租)。对该海域进行石油开发可能的利润收益如表3.21所列。

表3.21 石油开发收益表

千元	θ_1	θ_2	θ_3	θ_4
	$P(\theta_1)=0.1$	$P(\theta_2)=0.15$	$P(\theta_3)=0.25$	$P(\theta_4)=0.5$
a_1	650	200	-25	-75
a_2	45	45	45	45
a_3	250	100	0	0

在先验知识的基础上,假设在方案选择前进行一次试验,以进一步弄清该海域的地质构造。已知试验的费用12000元,试验可能的结果是:I1(地质构造很好)、I2(较好)、I3(一般)和较差(I4)。根据经验,地质构造与油井出油量关系如表3.22所列。问:

(1) 是否需要进行试验?

(2) 如何根据试验结果进行决策?

表3.22 地质构造与油井出油量关系表

$P(I_l \mid \theta_j)$	I_1	I_2	I_3	I_4
θ_1	0.58	0.33	0.09	0
θ_2	0.56	0.19	0.125	0.125
θ_3	0.46	0.25	0.125	0.165
θ_4	0.19	0.27	0.31	0.23

第4章 多准则决策理论与方法

本章介绍解决军事应用中最常见的多准则决策问题的理论与方法，首先概要介绍多准则决策问题，包括多准则决策问题的特点、分类，多准则决策问题的数学描述；之后介绍几种多属性决策问题属性值的预处理方法，包括线性变换、标准 0 - 1 变换（极差变换）、向量规范化、最优值为给定区间时的变换，以及选优法、满意值法、逻辑和法三种方案筛选方法；接着介绍确定权值的两种常用方法，即最小二乘法、特征向量法；最后介绍多属性决策的 TOPSIS 法以及三种加权和法，即一般加权和法、字典序法、层次分析法。

4.1 多准则决策问题的数学描述

在军事指挥决策中，决策的依据往往是多方面的，对决心方案的评价往往需要考虑多方面的要求，按多个目标或多项准则进行综合衡量。例如定下对海攻击作战方案决心，既要给敌以最大杀伤，还要自己损失最少；作战飞机的设计，要使攻击能力增强，则负载的武器弹药量就应该大，从而飞机的机动性能就会降低，要使机动性能增强，则负载就不能过重，攻击能力就会降低。事实上，实际的决策问题很少只需要考虑单个准则的情况。这就需要解决多准则决策问题（也称为多目标决策问题或多属性决策问题）。

多准则决策问题具有如下特点：

（1）决策问题的目标多于一个；

（2）各目标间具有不可公度性，即各目标没有统一的衡量标准或度量单位，因而相互间难以进行比较；

（3）各目标间具有矛盾性，即一个目标值的改进，会导致其他目标值的下降。因此，决策者必须要考虑如何在这些目标间进行折中，从而达到一个满意解（注意，不是最优解）。

由于这些特点，不能把多个目标简单地归并为单个目标，因此不能用求解单目标决策问题的方法求解多目标决策问题。而且正是由于决策准则的多目标性带来方案间的冲突，因此才有必要应用各种决策辅助方法进行科学有效的决策。第3章介绍的随机性决策问题是指单目标决策问题。多目标决策和单目标决策的根本区别在于目标函数的数量不同，由此带来多目标决策问题在问题陈述、解的概念和求解方法上的不同。

按照决策问题中备选方案的数量，可以将多准则决策问题分为多目标决策和多属性决策两种类型。多属性决策问题中，决策变量是离散型的，备选方案数量为有限个，因此，有些文献也称为有限方案多目标决策问题。多属性决策问题求解的核心，是对各备选方案进行评价后排定各方案的优劣次序，再从中择优。另一类是多目标决策问题，这一类决策问题中的决策变量是连续型的，即备选方案数有无限多个，因此，有些文献也称为无限方案多目标决策问题。求解这类问题的关键是向量优化，即数学规划问题。

无论是多属性决策问题还是多目标决策问题，都可通称多准则决策问题。群决策问题也可以归入多准则决策问题之中。多准则决策问题也可以像单目标决策问题那样，按广义的自然状态分类，一类是确定型多准则决策问题，另一类是非确定型多准则决策问题，由于求解手段的限制，现有的求解方法最多只涉及风险型多准则决策问题，本书只涉及确定型多准则决策问题。

例如，以下为一个多目标决策问题的数学描述的例子：

目标函数：

$$\max y_1 = f_1(x_1, x_2, \cdots, x_n)$$
$$\min y_2 = f_2(x_1, x_2, \cdots, x_n)$$
$$\max y_3 = f_3(x_1, x_2, \cdots, x_n)$$

约束条件：

$$\begin{cases} a_{11}x_1 + a_{12}x_2 + \cdots + a_{1n}x_n \leqslant b_1 \\ a_{21}x_1 + a_{22}x_2 + \cdots + a_{2n}x_n \geqslant b_2 \\ \qquad \cdots\cdots \\ a_{m1}x_1 + a_{m2}x_2 + \cdots + a_{mn}x_n = b_m \end{cases}$$

该多目标决策问题描述为数学规划形式，其中三个决策目标分别求最大或求最小。约束条件有大于、等于、小于等形式。

在实际作战应用中，多属性决策问题占多数，因此下面着重介绍多属性决策问题。它的数学描述如下：

（1）方案集：假设决策备选方案集为 $A = \{A_1, A_2, \cdots, A_m\}$，其中 $A_i, i = 1, 2, \cdots, m$ 表示方案。

（2）属性集（目标集）：评价决策方案的属性集为 $f = \{f_1, f_2, \cdots, f_n\}$，属性 f_j 常常也称为目标。

（3）设第 i 个方案 A_i 的第 j 个属性值为 $x_{ij} = f_j(A_i)$，则各方案的属性值可列成如下决策矩阵

$$\boldsymbol{X} = \{x_{ij}\} = \begin{bmatrix} x_{11} & x_{12} & \cdots & x_{1n} \\ x_{21} & x_{22} & \cdots & x_{2n} \\ \cdots & \cdots & \cdots & \cdots \\ x_{m1} & x_{m2} & \cdots & x_{mn} \end{bmatrix}$$

或如表 4.1 所列的决策表（也称为属性值表）。

表 4.1　决策表

方案 \ 属性	f_1	f_2	…	f_n
A_1	x_{11}	x_{12}	…	x_{1n}
A_2	x_{21}	x_{22}	…	x_{2n}
		…		
A_m	x_{m1}	x_{m2}	…	x_{mn}

例 4.1 某飞机采购问题的决策表如表 4.2 所列。

表 4.2 某飞机采购问题的决策表

属性 方案	最大速度 /Ma	航程 /n mile	最大荷载/磅 (1 磅 = 0.45359kg)	购买价格 /百万美元	可靠性 (高－中－低)	机动性 (高－中－低)
A_1	2	1500	20000	5.5	中	很高
A_2	2.5	2700	18000	6.5	低	中
A_3	1.8	2000	21000	4.5	高	高
A_4	2.2	1800	20000	5.0	中	中

多准则决策问题解的概念：多准则决策的任务是选取 A，使属性向量的各分量取得最优值，此时的解称为最优解。但是由于各属性分量通常没有共同的量纲，而且相互之间可能产生冲突，有利于属性 i 的方案可能不利于属性 j，因而多属性决策不一定能够得到最优决策解。此时可以求选好解（又称满意解）。

多准则决策中属性值有的可能越大越好，有的可能越小越好，即相对于最优解的这些属性值有的取最大，有的取最小。为了说明解的概念，假设所有属性值越大越好，则可得到以下几个解的概念。

（1）最优解。问题的最优解 A^* 是指对所有的 $i=1,2,\cdots,m$；$j=1,2,\cdots,n$，都有 $f_j(A^*)\geqslant f_j(A_i)$。

（2）非劣解（又称有效解）。问题的非劣解 A^* 是指不存在另外一个 A_i，$i=1,2,\cdots,m$，使得：

① 对于所有的 $j=1,2,\cdots,n$，都有 $f_j(A_i)\geqslant f_j(A^*)$；

② 至少存在一个 A_i，$i=1,2,\cdots,m$，使得 $f_j(A_i)\neq f_j(A^*)$。该条件是为了防止当问题有两个非劣解（准则相同）时，将其中一个错判为不是非劣解而设的。

（3）劣解。问题的劣解 A_i 是指存在某个 A^*，使得对于所有的 $i=1,2,\cdots,n$，都有 $f_j(A_i)\leqslant f_j(A^*)$。其中，$A^*$ 为最优解或某个非劣解。显然劣解是通过比较可直接舍弃的方案。

（4）选好解（又称满意解）。选好解是非劣解中按某一属性来说较好的解。

例 4.2 某决策问题有两个属性 x_1 和 x_2，其属性值越大越好。假设有 5 个解，即有 5 个决策方案，判断该决策问题有无劣解、非劣解。

解 问题的解对应于 x_1，x_2 坐标平面上的点，如图 4.1 所示。可见，方案 1 和方案 2 在属性值上互有高低，是等价的；类似地，方案 3、4 在满意程度上是等价的；但是方案 1、2 和 4 的所有属性值都低于方案 5 的属性值，所以是劣解，可以直接舍弃。方案 3 和 5 在满意程度上是等价的，为非劣解。

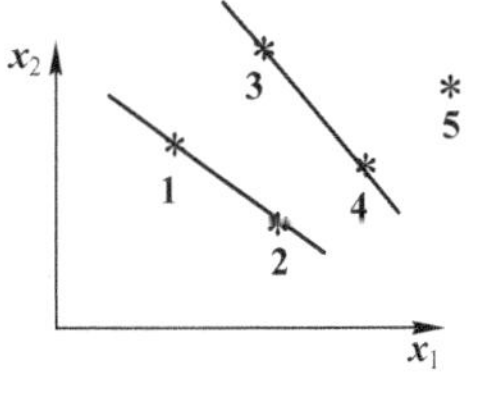

图 4.1 两属性决策问题解的概念

从上面的例子可以看出，处理多属性决策问题时，先要寻求最优解；如果没有最优解，就设法找出非劣解，然后再从非劣解中找出一个按某一属性来说较好的解，这个解就称为选好解。

在处理多属性决策问题的过程中，从备选方案中找出非劣方案的工作属于“辨优”，通常由分析人员完成，而从非劣解中找出选好解要用“权衡”的方法，由决策者和分析人员交换意见，最终按决策者的偏好确定。军事指挥决策过程时间紧迫，决策者无暇与分析人员进行持续对话，所以采用先验偏好信息的方法比较适用。为了获取先验偏好信息，分析人员在分析前需进行大量调查研究并和决策者对话，例如，通过问答测算决策者的效用函数，利用专家调查法确定目标相对重要性等。

4.2 多准则决策问题的预处理

在具体求解多属性决策问题之前，先要进行求解的前期准备工作，包括决策问题的描述、相关信息的采集（即形成决策矩阵）、决策数据的预处理和方案的初选（或称为筛选）。本节介绍决策数据的预处理和方案的初选过程。

4.2.1 数据预处理

数据的预处理又称属性值的规范化，主要有如下四个作用。

首先是定性属性值的量化。在多属性决策表中，有些属性是由专家或评估人员给出的定性评价，如高—中—低、优良中差，在进行多属性决策前首先要进行定性指标的量化。定性指标的量化常常采用九级标度法，即采用 1 ~9 之间的数值。

其次是属性值的去量纲化。多目标决策与评估的困难之一是各属性间的不可公度性，即属性值表中的每一列具有不同的单位（量纲）；即使对同一属性，采用不同的计量单位，表中的数值也有所不同。因此在用各种多属性决策方法进行分析评价时，需要排除量纲的选用对决策或评估结果的影响，这就是去量纲化，仅用数值的大小来反映属性值的优劣。

再次是属性值的归一化。原属性值表中不同指标的属性值的数值大小差别很大，有的数量级是千、万，而有的是个位数或小数。为了直观，更为了便于采用各种多属性决策与评估方法进行评价，需要把属性值表中的数值归一化，即将表中数据变换到[0,1]区间上。

最后是区间型属性值的处理。有些指标的属性值越大越好，如武器攻击能力、舰艇机动能力等，称作效益型指标；有些指标的值越小越好，如通信延迟时间、目标跟踪误差等，称作成本型指标；另有一些指标的属性值既非效益型又非成本型，属于区间型属性值，例如生师比，一个指导教师指导 4 ~6 名研究生既可保证教师满工作量，也能使导师有充分的科研时间和研究生的指导时间；生师比值过高，学生的培养质量就难以保证；比值过低，教师的工作量不饱满。这几类属性放在同一个表中不便于直接从数值大小判断方案的优劣，因此有时需要对决策表中的数据进行预处理，使表中所有属性下性能越优的方案变换后的属性值越大。

此外，还可在数据预处理时用非线性变换或其他办法，来解决或部分解决某些目标的达到程度与属性值之间的非线性关系，以及目标间的不完全补偿性。在大部分情况下，数据预处理的本质是要给出某个指标的属性值在决策者评价方案优劣时的实际价值。常用的数据预处理方法有以下几种。

一、线性比例变换法

原始的决策矩阵为 $\boldsymbol{X}=\{x_{ij}\}$，变换后的决策矩阵记为 $\boldsymbol{Z}=\{z_{ij}\}$，$i=1,2,\cdots,m$，$j=1,2,\cdots,n$；设 $x_j^{\max}$ 是决策矩阵第 j 列中的最大值，即 $x_j^{\max}=\max\limits_{1\leqslant i\leqslant m}(x_{ij})$；$x_j^{\min}$ 是决策矩阵第 j 列中的最小值。若 j 为效益型属性，则

$$z_{ij}=x_{ij}/x_j^{\max} \tag{4.1}$$

采用式(4.1)进行数据预处理时，经过变换的最差属性值不一定为0，最佳属性值为1。

若 j 为成本型属性，可以令

$$z_{ij}=1-x_{ij}/x_j^{\max} \tag{4.2}$$

经式(4.2)变换后的最佳属性值不一定为1，最差为0。成本型属性也可变换为

$$z_{ij}'=x_j^{\min}/x_{ij} \tag{4.3}$$

用式(4.3)变换后的属性值最差不一定为0，最佳为1，且是非线性变换。

例4.3 表4.2中某飞机采购问题的决策表经九级标度法定性指标量化后的决策表如表4.3所列。进一步经线性变换后所得的决策表如表4.4所列。

表4.3 经定性指标量化后的飞机采购问题的决策表

属性 方案	最大速度 /Ma	航程 /n mile	最大荷载 /磅	购买价格 /百万美元	可靠性 /高-中-低	机动性 /高-中-低
A_1	2	1500	20000	5.5	5(中)	9(很高)
A_2	2.5	2700	18000	6.5	3(低)	5(中)
A_3	1.8	2000	21000	4.5	7(高)	7(高)
A_4	2.2	1800	20000	5.0	5(中)	5(中)

表4.4 经线性变换后的飞机采购问题的决策表

属性 方案	最大速度 /Ma	航程 /n mile	最大荷载 /磅	购买价格 /百万美元	可靠性 /高-中-低	机动性 /高-中-低
A_1	0.8	0.5555	0.9524	0.82	0.7143	1.0
A_2	1.0	1.0	0.8571	0.6923	0.4286	0.5555
A_3	0.72	0.7407	1.0	1.0	1.0	0.7778
A_4	0.88	0.6667	0.952	0.7143	0.7143	0.5555

二、标准0-1变换法(也称为极差变换法)

线性变换后的属性 j 的最优值为1，则最差值一般不为0；若最差值为0，最优值就往往不为1。为了使每个属性变换后的最优值为1且最差值为0，可以进行标准0-1变换。对效益型属性 j，令

$$z_{ij}=\frac{x_{ij}-x_j^{\min}}{x_j^{\max}-x_j^{\min}} \tag{4.4}$$

j 为成本型属性时，令

$$z_{ij}=\frac{x_j^{\max}-x_{ij}}{x_j^{\max}-x_j^{\min}} \tag{4.5}$$

如表4.3所列的属性值表经标准0－1变换后所得的属性值表见表4.5。其中每一属性最佳值为1，最差值为0，而且这种变换是线性的。

表4.5　经标准0－1变换后的飞机采购问题的决策表

属性 方案	最大速度 /Ma	航程 /n mile	最大荷载 /磅	购买价格 /百万美元	可靠性 /高—中—低	机动性 /高—中—低
A_1	0.2857	0.0	0.9474	0.5	0.5	1.0
A_2	1.0	1.0	0.8421	0.0	0.0	0.0
A_3	0.0	0.4167	1.0	1.0	1.0	0.5
A_4	0.5714	0.25	0.0	0.75	0.5	0.0

三、向量规范化

无论成本型属性还是效益型属性，向量规范化可如下进行变换：

$$z_{ij} = x_{ij} \Big/ \sqrt{\sum_{i=1}^{m} x_{ij}^2}$$

$$\text{或}\ z_{ij} = x_{ij} \Big/ \sum_{i=1}^{m} x_{ij} \tag{4.6}$$

这种变换也是线性的，但是它与前面介绍的几种变换不同，从变换后属性值的大小上无法分辨属性值的优劣。它的最大特点是，规范化后，各方案的同一属性值的平方和为1或同一属性值的和为1，因此常用于计算各方案与某种虚拟方案（如理想点或负理想点）的欧氏距离的场合。表4.6(a)(b)为经两种向量规范化方法变换后的决策表。

表4.6(a)　经向量规范化后的飞机采购问题的决策表

属性 方案	最大速度 /Ma	航程 /n mile	最大荷载 /磅	购买价格 /百万美元	可靠性 /高—中—低	机动性 /高—中—低
A_1	0.4671	0.3662	0.5849	0.5069	0.4811	0.6708
A_2	0.5839	0.6591	0.5265	0.5990	0.2887	0.3727
A_3	0.4204	0.4882	0.6142	0.4147	0.6736	0.5217
A_4	0.5139	0.4394	0.0585	0.4608	0.4811	0.3727

表4.6(b)　经向量规范化后的飞机采购问题的决策表

属性 方案	最大速度 /Ma	航程 /n mile	最大荷载 /磅	购买价格 /百万美元	可靠性 /高—中—低	机动性 /高—中—低
A_1	0.2353	0.1875	0.3279	0.2558	0.25	0.3462
A_2	0.2941	0.3375	0.2951	0.3023	0.15	0.1923
A_3	0.2118	0.25	0.3443	0.2093	0.35	0.2692
A_4	0.2588	0.225	0.0328	0.2326	0.25	0.1923

四、区间型属性值变换

前面提到，有些属性既非效益型又非成本型，如生师比。显然这种属性不能采用前面介绍的两种方法处理。

设给定的最优属性区间为$[x_j^0, x_j^*]$，x_j' 为无法容忍下限，x_j'' 为无法容忍上限，则变换后的属性值 z_{ij} 与原属性值 x_{ij} 之间的关系如式(4.7)，函数图形为梯形，如图 4.2 所示，当属性值最优区间的上下限相等时，最优区间退化为一个点，函数图像退化为三角形。

$$z_{ij}=\begin{cases}1-(x_j^0-x_{ij})/(x_j^0-x_j'), & x_j'<x_{ij}<x_j^0\\ 1, & x_j^0\leqslant x_{ij}\leqslant x_j^*\\ 1-(x_{ij}-x_j^*)/(x_j''-x_j^*), & x_j^*<x_{ij}<x_j''\\ 0, & \text{其他}\end{cases} \tag{4.7}$$

例如，设研究生院的生师比最佳区间为[5,6]，$x_j'=2$，$x_j''=12$，则函数图像如图 4.3 所示。表 4.7 为某研究生院生师比属性值及其预处理后的属性值。

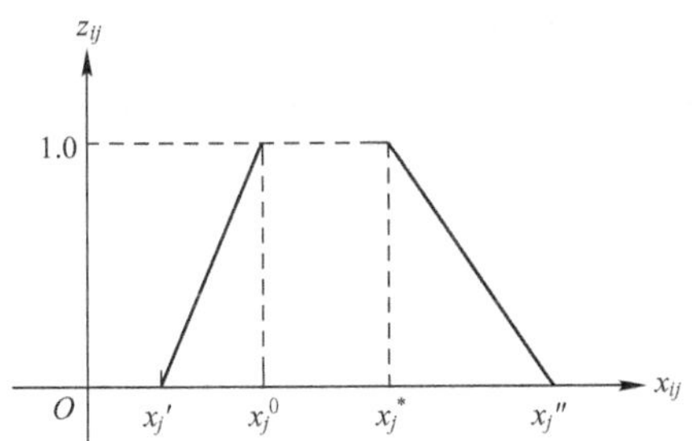

图 4.2 最优属性为区间时的数据处理

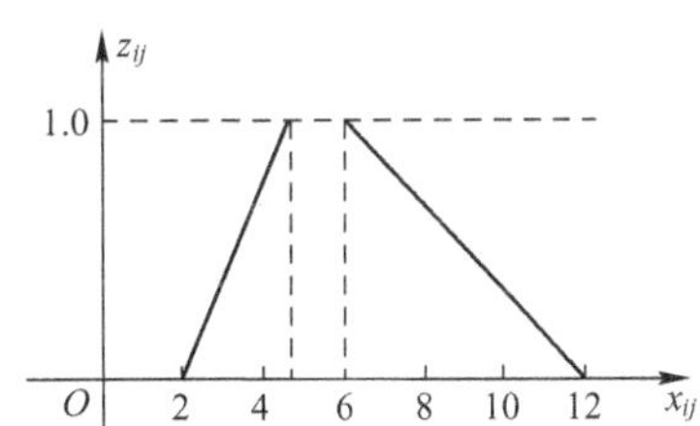

图 4.3 最优属性为区间时的数据处理

表 4.7 最优值为给定区间时的变换

序号 \ 属性值	生师比 x_j	处理后 z_j
1	5	1.0000
2	7	0.8333
3	10	0.3333
4	4	0.6666
5	2	0.0000

4.2.2 方案筛选

当方案集 A 中方案的数量太多时，在使用多属性决策或评价方法进行正式评价之前应当尽可能筛除一些性能较差的方案，以减少评价的工作量。常用的方案预筛选方法有如下三种。

一、选优法

选优法又称优势法，是利用非劣解的概念(也即优势原则)淘汰一批劣解：若方案集 $A=\{A_1,A_2,\cdots,A_m\}$ 中方案 A_i 与方案 A_k 相比时，方案 A_i 至少有一个属性值严格优于方案 A_k，而且方案 A_i 的其余所有属性值均不劣于方案 A_k，则称方案 A_i 比方案 A_k 占优势，或称方案 A_k 与方案 A_i 相比处于劣势；处于劣势的方案 A_k 可以从方案集 A 中删除。在从大批方案中选取少量方案时，可以先用选优法淘汰掉全部劣解。

用 $A_i >_{(j)} A_k$ 表示根据属性 f_j，方案 A_i 严格优于方案 A_k；$A_i \geqslant_{(j)} A_k$ 表示根据属性 f_j，方案 A_i 不劣于方案 A_k；$J=\{1,2,\cdots,n\}$ 为属性序号集。选优法可以用符号表述如下：

$A_i, A_j \in A$，若 $A_i \geqslant_{(j)} A_k$，$\forall j \in J$，且 $\exists j \in J$，使 $A_i >_{(j)} A_k$，则可删除 A_k

在用选优法淘汰劣解时，不必在各目标或属性之间进行权衡，不用对各方案的属性值进行预处理，也不必考虑各属性的权重。

二、满意值法

满意值法又称逻辑乘法（即与门）。不失一般性，设各属性均为效益型。这种方法对每个属性都提供一个能够被接受的最低值，称为切除值，记作 $f_j^0 (j=1,2,\cdots,n)$，只有当方案 A_i 的各属性值 x_{ij} 均不低于相应的切除值时，即 $x_{ij} \geqslant f_j^0, j=1,2,\cdots,n$ 均满足时，方案 A_i 才被保留；只要有一个属性值 $x_{ik} < f_j^0$，方案 A_i 就被删除。

使用该法的关键在于切除值的确定，切除值太高，可能被淘汰的方案太多；切除值太低，又会保留太多的方案。这种方法的主要缺点是属性之间完全不能补偿，一个方案的某个属性值只要稍稍低于切除值，其他属性值再好，它也会被删除。

三、逻辑和法

逻辑和法（disjunctive）意为"或门"，这种方法与满意值法的思路正好相反，它为每个属性规定一个阈值 $f_j^* (j=1,2,\cdots,n)$，方案 A_i 只要有某一个属性的值 x_{ij} 优于阈值 f_j^*，即 $x_{ij} \geqslant f_j^*, j=1,2,\cdots,n$，方案 A_i 就被保留。显然这种方法不利于各属性都不错但没有特长的方案，但是可以用来保留某个方面特别出色的方案。逻辑和法往往作为满意值法的补充，两者结合使用。例如，先用满意值法删除一批方案，在被删除的方案中再用逻辑和法挑选出若干方案参加综合评价。

上面介绍的这些方法可以用于初始方案的预选，但是都不能用于方案排序，因为它们都无法量化方案的优先程度。以下介绍的多属性决策方法可以对各方案进行排序，从而便于决策者优选满意解。

4.3 多属性权值的确定

多属性决策问题的特点，也是求解的难点在于目标间的矛盾性和各目标的属性值不可公度，求解多属性决策问题时需要解决这两个难点。其中不可公度性可通过属性矩阵的规范化得到部分解决，但这些规范化方法无法反映目标的重要性。为解决各目标之间的矛盾性需要引入权（weight）这一概念。权是目标重要性的度量，即衡量目标重要性的手段，它反映以下几重因素：①决策者对目标的重视程度；②各目标属性值的差异程度；③各目标属性值的可靠程度。权应当综合反映三种因素的作用，而且利用权，可以通过各种方法将多目标决策问题转化为单目标决策问题来求解。

4.3.1 构建比较判断矩阵

在目标较多时，决策者往往难以直接确定每个目标的权重。因此，通常的做法首先由决策者对目标的重要性进行成对比较（两两目标比较），设有 n 个目标，则需比较 $C_n^2 = \frac{1}{2}n(n-1)$

次。把第 i 个目标对第 j 个目标的相对重要性记为 σ_{ij}，$\sigma_{ij} \approx w_i/w_j$，表示目标 i 的权 w_i 和目标 j 的权值 w_j 之比的近似值，n 个目标成对比较的结果为矩阵 $\boldsymbol{A}$。

$$\boldsymbol{A} = \begin{pmatrix} a_{11} & a_{12} & \cdots & a_{1n} \\ a_{21} & a_{22} & \cdots & a_{2n} \\ \vdots & \vdots & & \vdots \\ a_{n1} & a_{n2} & \cdots & a_{nn} \end{pmatrix} \approx \begin{pmatrix} w_1/w_1 & w_1/w_2 & \cdots & w_1/w_n \\ w_2/w_1 & w_2/w_2 & \cdots & w_2/w_n \\ \vdots & \vdots & & \vdots \\ w_n/w_1 & w_n/w_2 & \cdots & w_n/w_n \end{pmatrix} \tag{4.8}$$

为了便于比较第 i 个目标相对第 j 个目标的重要性，即给出 a_{ij} 的值，Saaty 于 1980 年根据人们的认知习惯和判断能力给出了属性间相对重要性等级表，见表 4.8，利用该表取 a_{ij} 的值，方法虽然粗略，但有一定的实用价值。

表 4.8　目标重要性判断矩阵 $\boldsymbol{A}$ 中元素的取值

标度 a_{ij}	定　义
1	i 目标与 j 目标同等重要
3	i 目标比 j 目标略微重要
5	i 目标比 j 目标重要
7	i 目标比 j 目标明显重要
9	i 目标比 j 目标绝对重要
2,4,6,8	以上两判断之间的中间状态对应的标度值

该比较判断矩阵 $\boldsymbol{A}$ 具有如下性质：① $a_{ij} > 0$；② $a_{ij} = 1/a_{ji}$，$i,j = 1,2,\cdots,n$；③ $a_{ii} = 1$。我们称 $\boldsymbol{A}$ 为正互反矩阵。

4.3.2　特征向量法权值确定

设各目标的权值向量为 $\boldsymbol{w} = [w_1 \quad w_2 \quad \cdots \quad w_n]^{\mathrm{T}}$，则由式(4.8)得

$$\boldsymbol{Aw} \approx \begin{pmatrix} w_1/w_1 & w_1/w_2 & \cdots & w_1/w_n \\ w_2/w_1 & w_2/w_2 & \cdots & w_2/w_n \\ \vdots & \vdots & & \vdots \\ w_n/w_1 & w_n/w_2 & \cdots & w_n/w_n \end{pmatrix} \begin{bmatrix} w_1 \\ w_2 \\ \vdots \\ w_n \end{bmatrix} \approx n \begin{bmatrix} w_1 \\ w_2 \\ \vdots \\ w_n \end{bmatrix}$$

即

$$(\boldsymbol{A} - n\boldsymbol{I})\boldsymbol{w} \approx 0$$

式中：$\boldsymbol{I}$ 是单位矩阵，如果目标重要性判断矩阵 $\boldsymbol{A}$ 中的值估计准确，上式严格等于 0（n 维零向量），$\boldsymbol{Aw} = n\boldsymbol{w}$，矩阵 $\boldsymbol{A}$ 的最大特征值 $\lambda_{\max} = n$；如果 $\boldsymbol{A}$ 的估计不够准确，则 $\boldsymbol{A}$ 中元素小的摄动意味着特征值的小的摄动，从而有

$$\boldsymbol{Aw} = \lambda_{\max}\boldsymbol{w} \tag{4.9}$$

由式(4.9)可以求得特征向量即权向量 $\boldsymbol{w} = [w_1, w_2, \cdots w_n]^{\mathrm{T}}$，这种方法称为特征向量法。

但是，利用式(4.9)需要解 n 次方程，当 $n \geq 3$ 时计算比较麻烦，可以利用 Saaty 给出的下面两种近似方法计算特征根 $\lambda_{\max}$ 和特征向量 $\boldsymbol{w}$。这种近似算法的精度相当高，误差

在10^{-3}数量级。

一、和法

$\boldsymbol{A}$ 中每一列元素归一化并按行相加：

$$w_i^* = \sum_{j=1}^{n}, \left(\frac{a_{ij}}{\sum_{k=1}^{n} a_{kj}}\right), \quad i = 1,2,\cdots,n \tag{4.10}$$

归一化后得到权重：

$$w_i = w_i^* / \sum_{i=1}^{n} w_i^*, i = 1,2,\cdots,n \tag{4.11}$$

$\boldsymbol{A}$ 中每列元素求和：

$$s_j = \sum_{i=1}^{n} a_{ij}, j = 1,2,\cdots,n \tag{4.12}$$

计算 $\lambda_{\max}$的值：

$$\lambda_{\max} = \sum_{i=1}^{n} w_i s_i \tag{4.13}$$

二、方根法

$\boldsymbol{A}$ 中每行元素连乘并开 n 次方：

$$w_i^* = \sqrt[n]{\prod_{j=1}^{n} a_{ij}}, i = 1,2,\cdots,n \tag{4.14}$$

归一化后得到权重：

$$w_i = w_i^* / \sum_{i=1}^{n} w_i^*, i = 1,2,\cdots,n \tag{4.15}$$

$\boldsymbol{A}$ 中每列元素求和：

$$s_j = \sum_{i=1}^{n} a_{ij}, j = 1,2,\cdots,n \tag{4.16}$$

计算 $\lambda_{\max}$的值：

$$\lambda_{\max} = \sum_{i=1}^{n} w_i s_i \tag{4.17}$$

4.3.3 一致性检验

上述由两两比较得到的比较判断矩阵 $\boldsymbol{A}$ 是根据决策者的主观判断得到的，这种比较可能不准确，也可能不一致。例如，决策者虽然认为第一个目标的重要性是第二个目标重要性的 3 倍，第二个目标的重要性是第三个目标的 2 倍，但他并不一定认为第一个目标的重要性是第三个目标的 6 倍。也就是说矩阵 $\boldsymbol{A}$ 的元素不一定具有传递性，即未必有 $a_{ij} \cdot a_{jk} = a_{ik}, i,j,k = 1,2,\cdots,n$，这将导致特征值及特征向量也有偏差。

若决策者能够准确估计，则 $a_{ij} \cdot a_{jk} = a_{ik}, i,j,k = 1,2,\cdots,n$ 成立，称 $\boldsymbol{A}$ 为一致性矩阵。一致性矩阵的含义是：假设 a_1 与 a_2 之比为 1:2，a_1 与 a_3 之比为 4:1，那么 a_2 与 a_3 之比应为 8:1 而不是 7:1，才能说明成对比较是一致的，但是 n 个因素要作$\frac{n(n-1)}{2}$次成对比较，全部一致的要求太苛刻了，因此不必过于强求这种一致性。但是若出现 a_1 比 a_2 强，a_2 比

a_3 强，而 a_3 又比 a_1 强这样的判断是违反常识的，因此又要求比较判断大体上的一致性。所以需要进行一致性检验。

可以证明 n 阶矩阵 $\boldsymbol{A}$ 的最大特征根 $\lambda_{max} \geqslant n$，而当 $\lambda_{max}=n$ 时 $\boldsymbol{A}$ 是一致性矩阵，这意味着矩阵 $\boldsymbol{A}$ 是一致性矩阵的充要条件是 $\boldsymbol{A}$ 的最大特征值 $\lambda_{max}=n$，λ_{max} 比 n 越大，$\boldsymbol{A}$ 的不一致性程度就越严重，用特征向量作为权向量引起的偏差也就越大。因而可以用 $\lambda_{max}-n$ 数值的大小来衡量 $\boldsymbol{A}$ 的不一致程度。由此定义一致性指标

$$CI=\frac{\lambda_{max}-n}{n-1} \tag{4.18}$$

$CI=0$ 时，$\boldsymbol{A}$ 为一致性矩阵；CI 越大 $\boldsymbol{A}$ 的不一致程度越严重。

一般说来，成对比较的因素越多，保持所有成对比较的一致性就越困难，即 CI 的值与阶数 n 有关，因此单纯用 CI 定义一致性的满意程度是不严格的，不足以给出一个与 n 无关的关于 $\boldsymbol{A}$ 的不一致程度的度量。为了确定 $\boldsymbol{A}$ 的不一致程度的容许范围，需要找出衡量 $\boldsymbol{A}$ 的一致性指标 CI 的标准，故引入随机一致性指标 RI，数值如表 4.9 所列。

表 4.9　n 阶矩阵的随机指标 RI 和相应的临界特征值

n	2	3	4	5	6	7	8	9	10
RI	0	0.58	0.90	1.12	1.24	1.32	1.41	1.45	1.49
λ'_{max}		3.116	4.27	5.45	6.62	7.79	8.99	10.16	11.34

表 4.9 中 $n=1,2$ 时，$RI=0$，因为 1，2 阶的正互反阵总是一致阵。对于 $m \geqslant 3$ 的成对比较矩阵 $\boldsymbol{A}$，定义一致性比率 CR，当

$$CR=\frac{CI}{RI}, <0.1 \tag{4.19}$$

时可认为 $\boldsymbol{A}$ 中 $a_{ij}(i,j=1,2,\cdots,n)$ 的估计基本一致，这时用特征向量法求得的 $\boldsymbol{w}$ 可以作为 n 个目标的权。否则必须重新进行成对比较，对 $\boldsymbol{A}$ 加以调整，直到具有满意的一致性为止。由 $CR=0.1$ 和表 4.9 中的 RI 值，用式(4.18)和式(4.19)可以求得与 n 相应的临界特征值：

$$\lambda'_{max}=CI\cdot(n-1)+n=CR\cdot RI(n-1)+n=0.1\cdot RI\cdot(n-1)+n \tag{4.20}$$

由式(4.20)算得的 λ'_{max} 见表 4.9 最后一行。一旦从矩阵 $\boldsymbol{A}$ 求得的最大特征值 $\lambda_{max}>\lambda'_{max}$，说明决策者所给出的矩阵 $\boldsymbol{A}$ 中各元素的 a_{ij} 一致性太差，不能通过一致性检验，需要决策者仔细斟酌，调整矩阵 $\boldsymbol{A}$ 中元素 a_{ij} 的值后重新计算 λ_{max}，直到 $\lambda_{max}<\lambda'_{max}$ 为止。

4.4　多属性决策的加权和法

4.4.1　一般加权和法

利用 4.3 节介绍的方法确定多属性权值后，可以利用加权和法求解多属性决策问题，即求取各方案的优劣次序，基本步骤如下：

(1) 属性表规范化，得 $z_{ij}, i=1,2,\cdots,m, j=1,2,\cdots,n$；

(2) 确定各指标的权系数 $w_j, j=1,2,\cdots,n$；

（3）令

$$C_i = \sum_{j=1}^{n} w_j z_{ij} \tag{4.21}$$

根据指标 C_i 的大小排出方案 $A_i(i=1,2,\cdots,m)$ 的优劣。

例 4.4 用加权和法求解如表 4.10 所列的决策表，设决策者设定的各属性权重分别为 0.2，0.3，0.4，0.1，则可得各属性的处理结果及加权和 $C_i = \sum_{j=1}^{n} w_j z_{ij}$，如表 4.11 最后一列所列。

表 4.10 决策表

属性值 序号	$z_1(y_1)$	$z_2(y_2)$	$z_3(y_3)$	$z_4(y_4)$
1	0.0357	1.0000	1.0000	0.0000
2	0.0714	0.8333	0.8000	0.5319
3	0.2143	0.3333	0.2520	0.3617
4	0.1071	0.6666	0.6000	0.1702
5	1.0000	0.0000	0.0568	0.7447

表 4.11 加权和法的求解结果

属性值 序号	$z_1(y_1)$	$z_2(y_2)$	$z_3(y_3)$	$z_4(y_4)$	C_i
1	0.0357	1.0000	1.0000	0.0000	0.7071
2	0.0714	0.8333	0.8000	0.5319	0.6375
3	0.2143	0.3333	0.2520	0.3617	0.2797
4	0.1071	0.6666	0.6000	0.1702	0.4784
5	1.0000	0.0000	0.0568	0.7447	0.2972

由表 4.11 可知，方案集 X 中各方案的排序为 $x_1 > x_2 > x_4 > x_5 > x_3$。而方案 x_5 之所以比 x_3 优，是因为方案 x_5 的属性 1 远比方案 x_3 的优。

例 4.5 假设有 6 批目标 P1 ~ P6 对舰艇编队进行空袭，空袭目标属性见表 4.12，对这些空中目标对舰艇编队的威胁程度进行评估排序。

表 4.12 空袭目标属性表

目　标	P1	P2	P3	P4	P5	P6
类　型	空地导弹	轰炸机	武装直升机	战术导弹	轰炸机	武装直升机
速度/(m/s)	1200	420	100	2000	480	80
相对方位角/(°)	30	130	45	3	18	9
距离/km	200	290	120	300	200	100
高度/km	180	100	120	40	90	130

（1）目标类型威胁量化值。对于目标类型威胁定性属性采用如表 4.13 所列的 9 级量化理论进行量化。

表 4.13　不同目标类型威胁程度

目标类型	量化值	威胁程度
不明机、假目标、诱饵	1	极小
	2	非常小
小型机、直升机、侦察机	3	较小
	4	小
歼轰机、指挥机	5	中
巡航导弹、隐身飞机、大轰炸机	6	大
	7	较大
空地导弹、反辐射导弹	8	非常大
战术弹道导弹(TBM)	9	极大

假设众多来袭目标可以分为 M 个，第 M 个目标的类型威胁程度记为 y_{m1}，$m=1,2,\cdots,M$。y_{m1} 的取值范围为 1～9，得其属性矩阵为$(y_{11},y_{21},\cdots,y_{M1})$，利用式

$$Z_{m1}=y_{m1}/y_{m1\max}\quad(m=1,2,\cdots,M)$$

进行归一化处理得到其决策矩阵。

(2) 目标速度、高度、距离威胁量化值。假设第 m 个目标的速度为 y_{m2}，高度为 y_{m3}，距离为 $y_{m4}(m=1,2,\cdots,M)$，y_{m2}、y_{m3}、y_{m4} 的取值由雷达实测得到，所有目标属性矩阵分别为$(y_{12},y_{22},\cdots,y_{M2})$、$(y_{13},y_{23},\cdots,y_{M3})$、$(y_{14},y_{24},\cdots,y_{M4})$，分别利用

$$Z_{m2}=y_{m2}/y_{m2\max}\quad(m=1,2,\cdots,M)$$

$$Z_{m3}=1-\frac{y_{m3}}{y_{m3\max}}\quad(m=1,2,\cdots,M)$$

$$Z_{m4}=y_{m4}/y_{m4\max}\quad(m=1,2,\cdots,M)$$

进行归一化处理得到其决策矩阵。

(3) 目标相对方位角威胁量化值。假设第 m 个目标的相对方位角为 y_{m5}，这里规定

$$y_{m5}=\begin{cases}9, & 0°\leqslant\beta\leqslant5°\\ 8, & 5°<\beta\leqslant10°\\ 7, & 10°<\beta\leqslant40°\\ 6, & 40°<\beta\leqslant60°\\ 5, & 60°<\beta\leqslant80°\\ 4, & 80°<\beta\leqslant90°\\ 3, & 90°<\beta\leqslant120°\\ 2, & 120°<\beta\leqslant150°\\ 1, & 150°<\beta\leqslant180°\end{cases}$$

得其属性矩阵为$(y_{15},y_{25},\cdots,y_{M5})$，利用式

$$Z_{m5}=y_{m5}/y_{m5\max}\quad(m=1,2,\cdots,M)$$

进行归一化处理得到其决策矩阵。

经过上述步骤，对表 4.13 中属性数据进行归一化处理得表 4.14。

表 4.14　属性数据归一化值

目　标	P1	P2	P3	P4	P5	P6
类型	0.89	0.57	0.33	1	0.57	0.33
速度	0.6	0.21	0.05	1	0.24	0.04
相对方位角	0.72	0.22	0.67	1	0.79	0.89
距离	0.5	0.34	0.83	0.3	0.5	1
高度	0.22	0.4	0.3	1	0.44	0.31

确定各属性权值

$$\boldsymbol{A}=\begin{pmatrix} 1.0000 & 4.0000 & 5.0000 & 9.0000 & 8.0000 \\ 0.2500 & 1.0000 & 4.0000 & 5.0000 & 5.0000 \\ 0.2000 & 0.2500 & 1.0000 & 0.3333 & 1.0000 \\ 0.1111 & 0.2000 & 3.0000 & 1.0000 & 2.0000 \\ 0.1250 & 0.2000 & 1.0000 & 0.5000 & 1.0000 \end{pmatrix}$$

得 $\boldsymbol{\lambda}_{\max}=5.3757$，满足一致性要求。可得权重为

$$(0.9014 \quad 0.3903 \quad 0.0928 \quad 0.1413 \quad 0.0809)$$

对决策矩阵进行加权求和得

$$1.192, 0.697, 0.521, 1.508, 0.787, 0.562$$

所以 P4 > P1 > P5 > P2 > P6 > P3。

采用多属性决策方法进行目标威胁程度估计并排序，考虑了影响威胁程度的各种因素，所得的排序结果解决了目标威胁程度估计问题，为目标分配决策提供了依据。

加权和法由于其简单、明了、直观，是人们最常使用的多属性决策方法。采用加权和法的关键在于确定指标体系并设定各最低层指标的权系数，有了指标体系就可以设法利用统计数据或专家打分给出属性值表；有了权系数，具体的计算和排序就十分简单了。正因为此，以往的各种实际评估过程中总是把相当大的精力和时间用在确定指标体系和设定权上。

加权和法常常被人们不适当地使用，这是因为许多人并不清楚使用加权和法意味着承认如下假设：

（1）指标体系为树状结构，即每个下级指标只与一个上级指标相关联；

（2）每个属性的边际价值是线性的（优劣与属性值大小成比例），每两个属性都是相互价值独立的；

（3）属性间的完全可补偿性：一个方案的某属性无论多差都可用其他属性来补偿。

事实上，这些假设往往都不成立。首先，指标体系通常是网状的，即至少有一个下级指标同时与两个或两个以上的上级指标相关联，也就是说某个属性可同时反映两个上级目标达到的程度；其次，属性的边际价值的线性常常是局部的，甚至有最优值为给定区间或点的情况存在，属性间的价值独立性条件也极难满足，至少是极难验证其满足；至于属性间的可补偿性通常只是部分的、有条件的。因此，使用加权和法要十分小心。不过，对网状指标体系，可以用层次分析法中的权重设定和网状指标的权重递推法设定最低层权重；当属性的边际价值函数为非线性时可以用适当的数学方法进行数据预处理；属性间的

不完全补偿性也可通过适当处理，例如用逻辑乘法预先删除具有不可补偿属性的方案等。只要认识到加权和法本身存在的种种局限性并采取相应的补救措施，则加权和法仍不失为一种简明而有效的多属性评价方法。

4.4.2 字典序法

字典序法是在 $w_1 \gg w_2 \gg \cdots \gg w_n$ 时的加权和法，即某个目标值特别重要，它与重要性处于第二位的目标相比重要得多；重要性处于第二位的目标又比重要性处于第三位的目标重要得多……实质上，字典序法是单目标决策，首先只根据最重要目标的属性值的优劣来判断方案集 X 中各方案的优劣；只有当两个或多个方案的最重要目标的属性值相同时，再比较它们的第二重要的目标的属性值；如此继续，直到排定所有方案的优劣次序为止。

这种决策方法虽然看起来并无道理，但是它与实际生活中某些人的决策方式很接近，因为有些人倾向于在最重要的目标得到满足之后再去考虑重要性较差的目标。显然，这种方法不适于重大问题的决策。

4.4.3 层次分析法

层次分析法(Analytic Hierarchy Process，AHP)是由美国著名运筹学家 T. L. Saaty 等人于 20 世纪 70 年代中期提出的，它是一种定性、定量分析相结合的多属性决策分析方法，能够将决策者的经验判断给予量化，特别适合于目标结构复杂且缺乏必要数据的情况。

AHP 解决多属性决策问题的基本思想是首先找到评价决策方案的准则(属性)，并建立起一个递阶层次结构，然后通过两两比较判断的方式确定每一层次的各要素之间相对于上层某要素的相对重要性，给出相应的比较标度，构造比较判断矩阵。然后在递阶层次结构内进行合成以得到各要素相对于顶层总目标的重要性总排序。最后根据排序结果进行决策。一般可分为 4 个基本步骤：①建立递阶层次结构模型；②构造比较判断矩阵；③层次单排序及其一致性检验；④层次总排序及其一致性检验。AHP 的整个过程本质上体现了人的决策思维的基本特征，即分解、判断和综合。下面对每一步骤进行分析和说明。

一、建立递阶层次结构模型

首先把系统中需要考虑的各因素或问题按其属性分为若干个组。每一组作为一个层次，同一层次的元素作为准则对下一层次的某些因素起支配作用，这种由上而下的支配关系构造了一个递阶层次结构，这种递阶层次结构通常可划分为三个层次：

(1) 目标层：表示解决问题的目标或理想结果。

(2) 准则层：表示为实现预定目标所涉及的中间环节，它可以由衡量目标能否实现的评价准则及子准则组成。

(3) 方案层：表示为实现目标可供选择的各项方案或措施。

图 4.4 给出一种递阶层次结构模型，其准则层分为两个层次。

二、构造比较判断矩阵

建立递阶层次结构以后，上下层次之间因素的隶属关系就被确定了。以某一层次的因素 C_k 作为准则，度量下一层次各个因素之间的重要性权重。由决策者利用表 4.8 构造矩阵 $\boldsymbol{A}$。设 a_{ij} 为因素 A_i 与因素 A_j 相对于准则 C_k 的重要性之比，则 n 个被比较的因素构成

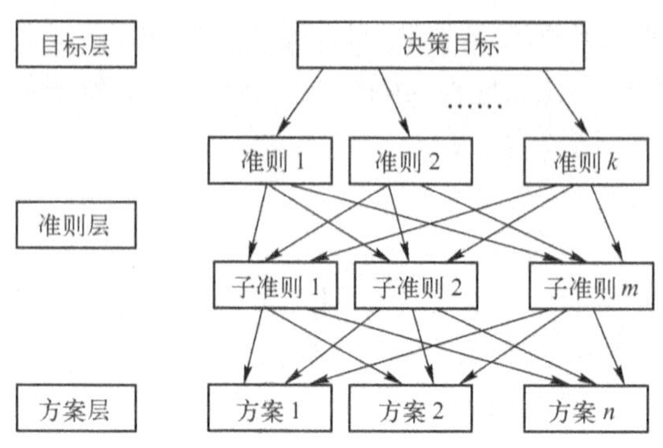

图 4.4 递阶层次结构模型

了一个两两成对比较判断矩阵 $\boldsymbol{A}=(a_{ij})_{n\times n}$。

三、求出层次单排序的权值向量，并进行一致性检验

1. 计算层次单排序的权值向量

用特征向量法求 $\lambda_{\max}$ 和 $\boldsymbol{w}$。即利用 $\boldsymbol{A}\boldsymbol{w}=\lambda_{\max}\boldsymbol{w}$ 求得矩阵 $\boldsymbol{A}$ 的最大特征值和特征向量，分别表示 $\lambda_{\max}$ 以及权向量 $\boldsymbol{w}=[w_1,w_2,\cdots,w_n]^{\mathrm{T}}$。

2. 矩阵 $\boldsymbol{A}$ 的一致性检验

若最大特征值 $\lambda_{\max}$ 大于表 4.9 中给出的同阶矩阵相应的 $\lambda'_{\max}$ 时不能通过一致性检验，应该重新估计矩阵 $\boldsymbol{A}$，直到 $\lambda_{\max}<\lambda'_{\max}$ 通过一致性检验时，求得的 $\boldsymbol{w}$ 有效。

四、层次总排序及其一致性检验

AHP 最终要计算出最低层中各方案对于最高层（总目标）的相对重要性的排序权值，这个过程即为层次总排序。为了得到递阶层次结构中每层次中所有因素相对于总目标的排序权重向量，需把前一步计算的结果进行适当组合，以计算出总排序的相对权重向量，并进行层次（某一层）和结构（整个递阶层次结构）的一致性检验。在此，要由上而下逐层进行，最终得出最低层次因素即决策方案优先顺序的相对权重和整个递阶层次模型的判断一致性。

1. 组合权重计算

设第 k 层所有因素为 $A_1,A_2,\cdots,A_m$，该层相对于总目标的组合排序权值向量为 $\boldsymbol{a}^{(k)}=(a_1^{(k)},\cdots,a_m^{(k)})^{\mathrm{T}}$，第 $k+1$ 层所有因素为 $B_1,B_2,\cdots,B_n$，它们对于 $A_j,j=1,2,\cdots,m$ 的层次单排序权值向量为 $(W_{1j},\cdots,W_{nj})^{\mathrm{T}}$，记第 $k+1$ 层所有因素相对于第 k 层所有因素的相对权值矩阵为 $\boldsymbol{W}^{(k+1)}=(W_{ij})_{n\times m}^{(k+1)}$（当第 $k+1$ 层某因素与第 k 层某因素无关时，其相应的权值为零），则第 $k+1$ 层相对于总目标的组合排序权值向量为

$$\boldsymbol{a}^{(k+1)}=\boldsymbol{W}^{(k+1)}\boldsymbol{a}^{(k)} \tag{4.22}$$

或

$$\boldsymbol{a}^{(k+1)}=\boldsymbol{W}^{(k+1)}\boldsymbol{W}^{(k)}\cdots\boldsymbol{W}^{(3)}\boldsymbol{a}^{(2)} \tag{4.23}$$

式中：$\boldsymbol{a}^{(2)}$ 为第 2 层因素相对于总目标的组合排序权值向量，$1\leqslant k\leqslant h-1$，$h$ 为层数。

于是最低层（第 h 层）对最高层的组合排序权值向量为

$$\boldsymbol{a}^{(h)}=\boldsymbol{W}^{(h)}\boldsymbol{W}^{(h-1)}\cdots\boldsymbol{W}^{(3)}\boldsymbol{a}^{(2)} \tag{4.24}$$

2. 组合判断的一致性检验

设第 k 层一致性指标为 $CI_1^{(k)},\cdots,CI_m^{(k)}$，$m$ 是第 $k-1$ 层因素的数目，随机一致性指标

为 $RI_1^{(k)},\cdots,RI_m^{(k)}$，定义

$$CI^{(k)}=(CI_1^{(k)},\cdots,CI_m^{(k)})\boldsymbol{a}^{(k-1)} \tag{4.25}$$

$$RI^{(k)}=(RI_1^{(k)},\cdots,RI_m^{(k)})\boldsymbol{a}^{(k-1)} \tag{4.26}$$

则第 k 层对第 1 层的组合一致性比率为

$$CR^{(k)}=CR^{(k-1)}+\frac{CI^{(k)}}{RI^{(k)}},k=3,4,\cdots,h \tag{4.27}$$

最后，当最低层对最高层的组合一致性比率 $CR^{(h)}<0.1$ 时，认为整个层次结构的比较判断通过一致性检验。

AHP 的最终结果是得到各决策方案相对于总目标的优先顺序权重，并可给出这一组合权重所依据的整个递阶层次结构所有判断的总的一致性指标，据此做出决策分析。

例 4.6 层次分析法在 C^3I 系统总体方案选优中的应用。假设我们对某指挥控制系统设计了三个总体方案，并要从中找出较优的方案，选择这些方案的准则即决策目标有两类：一类是表示系统性能好坏的目标，称为性能目标；另一类是表示系统实现可能性的目标，称为实现目标。性能目标和实现目标对于方案选优同等重要，它们分别体现了系统性能优劣和实现的难易程度。其中性能目标包括六个：功能、可用性、可靠性、生存能力、可扩充性、设备利用情况；实现目标有四个：价格、进度、技术难易、设备进口还是国产。

解 利用层次分析法进行 C^3I 系统总体方案选优的步骤如下：

(1) 确定系统的层次结构。

根据上述情况与要求，可建立如图 4.5 所示的系统层次结构。

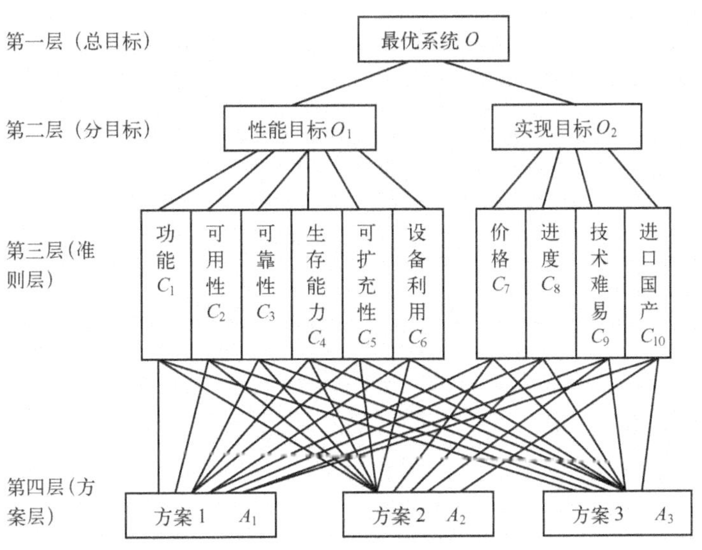

图 4.5 系统层次结构

(2) 构造比较判断矩阵。

假设性能目标和实现目标在三种方案中的评价结果如表 4.15 及表 4.16 所列。

表 4.15 性能目标在三种方案中的评价结果

性能目标 \ 方案	方案 1	方案 2	方案 3
功能	能满足功能要求	能满足功能要求	能满足功能要求
可用性	能满足使用要求	能满足使用要求	能满足使用要求
可靠性/h	MTBF = 460	MTBF = 350	MTBF = 270
生存能力	平均不瘫痪间隔时间 5 年	平均不瘫痪间隔时间 5 年	平均不瘫痪间隔时间 2.5 年
可扩充性	扩充很方便	扩充比较方便	扩充不方便
设备利用	不完全合理	合理	合理

表 4.16 实现目标在三种方案中的评价结果

实现目标 \ 方案	方案 1	方案 2	方案 3
价格/万元	1000	880	780
进度/年	3.5	3	4.5
技术难易	关键设备有技术难点	无特殊技术难点	技术较复杂
进口/国产	多数设备靠进口	关键设备靠进口	设备国产化

根据表 4.15、表 4.16，以第三层（准则层）的要素为依据，对第四层（方案层）要素建立如表 4.17 至表 4.26 所列的一组判断矩阵。

表 4.17 功能准则相对方案层的判断矩阵

C_1（功能）	A_1	A_2	A_3	W_i
A_1	1	1	1	1/3
A_2	1	1	1	1/3
A_3	1	1	1	1/3

$CI = 0, CI/CR = 0 < 0.1$。

表 4.18 可用性准则相对方案层的判断矩阵

C_2（可用性）	A_1	A_2	A_3	W_i
A_1	1	1	1	1/3
A_2	1	1	1	1/3
A_3	1	1	1	1/3

$CI = 0, CI/CR = 0 < 0.1$。

表 4.19 可靠性准则相对方案层的判断矩阵

C_3（可靠性）	A_1	A_2	A_3	W_i
A_1	1	3	5	0.637
A_2	1/3	1	3	0.258
A_3	1/5	1/3	1	0.105

$CI=0.018333, CR=0.58, CI/CR=0.0316<0.1$。

表 4.20 生存能力准则相对方案层的判断矩阵

C_4（生存能力）	A_1	A_2	A_3	W_i
A_1	1	1	2	0.4
A_2	1	1	2	0.4
A_3	1/2	1/2	1	0.2

$CI=0, CI/CR=0<0.1$。

表 4.21 可扩充性准则相对方案层的判断矩阵

C_5（可扩充性）	A_1	A_2	A_3	W_i
A_1	1	3	5	0.637
A_2	1/3	1	3	0.258
A_3	1/5	1/3	1	0.105

$CI=0.018333, CR=0.58, CI/CR=0.0316<0.1$。

表 4.22 设备利用准则相对方案层的判断矩阵

C_6（设备利用）	A_1	A_2	A_3	W_i
A_1	1	1/3	1/3	0.144
A_2	3	1	1	0.428
A_3	3	1	1	0.428

$CI=0.0000286, CR=0.58, CI/CR<0.1$。

表 4.23 价格准则相对方案层的判断矩阵

C_7（价格）	A_1	A_2	A_3	W_i
A_1	1	1/2	1/3	0.163
A_2	2	1	1/2	0.297
A_3	3	2	1	0.54

$CI=0.0046, CR=0.58, CI/CR=0.008<0.1$。

表 4.24 进度准则相对方案层的判断矩阵

C_8（进度）	A_1	A_2	A_3	W_i
A_1	1	1/2	3	0.31
A_2	2	1	5	0.58
A_3	1/3	1/5	1	0.11

$CI=0.00186, CR=0.58, CI/CR=0.00316<0.1$。

表 4.25　技术难易准则相对方案层的判断矩阵

C_9（技术难易）	A_1	A_2	A_3	W_i
A_1	1	1/5	1/3	0.105
A_2	5	1	3	0.637
A_3	3	1/3	1	0.258

$CI=0.019, CR=0.58, CI/CR=0.0332<0.1$。

表 4.26　进口/国产准则相对方案的判断矩阵

C_{10}（进口/国产）	A_1	A_2	A_3	W_i
A_1	1	1/3	1/5	0.105
A_2	3	1	1/3	0.258
A_3	5	3	1	0.637

$CI=0.019, CR=0.58, CI/CR=0.0332<0.1$。

以下分析第三层（准则层）诸要素对第二层（分目标）的重要程度，建立判断矩阵。假设准则层诸要素对分目标的重要程度如表 4.27、表 4.28 所列。

表 4.27　准则层诸要素对性能目标的重要性排队等级

性能目标	功能 C_1	可用性 C_2	可靠性 C_3	生存能力 C_4	可扩充性 C_5	设备利用 C_6
排队等级	1	1	1	2	3	4

表 4.28　准则层诸要素对实现目标的重要性排队等级

实现目标	价格 C_7	进度 C_8	技术难易 C_9	进口/国产 C_{10}
排队等级	1	2	3	4

据此可以得到准则层诸要素相对于分目标的判断矩阵。如表 4.29、表 4.30 所列。

表 4.29　准则层诸要素相对于性能分目标的判断矩阵

O_1（性能目标）	C_1	C_2	C_3	C_4	C_5	C_6	W_i
C_1	1	1	1	3	5	7	0.2678
C_2	1	1	1	3	5	7	0.2678
C_3	1	1	1	3	5	7	0.2678
C_4	1/3	1/3	1/3	1	3	5	0.1118
C_5	1/5	1/5	1/5	1/3	1	3	0.055
C_6	1/7	1/7	1/7	1/5	1/3	1	0.03

$CI=0.027, CR=1.24, CI/CR=0.022<0.1$。

表 4.30　准则层诸要素相对于实现分目标的判断矩阵

O_2（实现目标）	C_7	C_8	C_9	C_{10}	W_i
C_7	1	3	5	7	0.563

（续）

O_2（实现目标）	C_7	C_8	C_9	C_{10}	W_i
C_8	1/3	1	3	5	0.264
C_9	1/5	1/3	1	3	0.118
C_{10}	1/7	1/5	1/3	1	0.055

$CI = 0.0388, CR = 1.24, CI/CR = 0.0313 < 0.1$。

第二层（分目标）诸要素对第一层（总目标）来说同等重要，因此其权重分别为0.5,0.5。

（3）计算权系数，进行一致性检验，检验结果满足一致性要求。

（4）确定总体优先级，分析结果，做出评价和决策。

以下是方案层诸方案 A_i 经过准则层对分目标 O_j 的权重系数的计算结果。

$$\boldsymbol{W}^{(4)} = \begin{bmatrix} 1/3 & 1/3 & 0.637 & 0.455 & 0.637 & 0.144 & 0.163 & 0.31 & 0.105 & 0.105 \\ 1/3 & 1/3 & 0.258 & 0455 & 0.258 & 0.428 & 0.297 & 0.58 & 0.637 & 0.258 \\ 1/3 & 1/3 & 0.105 & 0.09 & 0.105 & 0.428 & 0.54 & 0.11 & 0.258 & 0.637 \end{bmatrix}$$

$$\boldsymbol{W}^{(3)} = \begin{bmatrix} 0.2678 & 0 \\ 0.2678 & 0 \\ 0.2678 & 0 \\ 0.1118 & 0 \\ 0.055 & 0 \\ 0.03 & 0 \\ 0 & 0.563 \\ 0 & 0.264 \\ 0 & 0.118 \\ 0 & 0.055 \end{bmatrix}$$

$$\boldsymbol{a}^{(2)} = \begin{bmatrix} 0.5 \\ 0.5 \end{bmatrix}$$

$$\boldsymbol{a}^{(4)} = \boldsymbol{W}^{(4)} \times \boldsymbol{W}^{(3)} \times \boldsymbol{a}^{(2)} = \begin{bmatrix} 0.315 \\ 0.3675 \\ 0.3175 \end{bmatrix}$$

可见，最优方案为方案2。

4.5 多属性决策的 TOPSIS 法

4.5.1 TOPSIS 法的求解思路

TOPSIS（Technique for Order Preference by Similarity to Ideal Solution）是逼近理想解的排序方法。它借助多属性问题的理想解和负理想解对方案集中的各方案排序。

设一个多属性决策问题的备选方案集为 $X = \{x_1, x_2, \cdots, x_m\}$，衡量方案优劣的属性向

量为 $\boldsymbol{Y}=\{y_1,y_2,\cdots,y_n\}$；这时方案集 X 中的每个方案 $x_i(i=1,2,\cdots,m)$ 的 n 个属性值构成的向量是 $\boldsymbol{Y}_i=\{y_{i1},y_{i2},\cdots,y_{in}\}$，它作为 n 维空间中的一个点，能唯一地表征方案 x_i。

理想解 x^* 是一个方案集 X 中并不存在的虚拟的最佳方案，它的每个属性值都是决策矩阵中该属性的最好的值；而负理想解 x^0 则是虚拟的最差方案，它的每个属性值都是决策矩阵中该属性的最差的值。在 n 维空间中，将方案集 X 中的各备选方案 x_i 与理想解 x^* 和负理想解 x^0 的距离进行比较，既靠近理想解又远离负理想解的方案就是方案集 X 中的最佳方案，并可以据此排定方案集 X 中各备选方案的优先次序。

用理想解求解多属性决策问题的概念简单，只要在属性空间定义适当的距离测度就能计算备选方案与理想解。TOPSIS 法所用的是欧氏距离。至于既用理想解又用负理想解是因为在仅仅使用理想解时有时会出现某两个备选方案与理想解的距离相同的情况，为了区分这两个方案的优劣，引入负理想解并计算这两个方案与负理想解的距离，与理想解的距离相同的方案离负理想解远者为优。TOPSIS 法的思路可以用图 4.6 来说明，图 4.6 表示两个属性的决策问题，f_1 和 f_2 为加权的规范化属性，均为效益型。方案集 X 中的六个方案 x_1 到 x_6，根据它们的加权规范化属性值标注在图中，并确定理想解 x^* 和负理想解 x^0。图 4.6 中的 x_4 与 x_5 与理想解 x^* 的距离相同，引入它们与负理想解 x^0 的距离后，由于 x_4 比 x_5 离负理想解 x^0 远，就可以区分两者的优劣了。

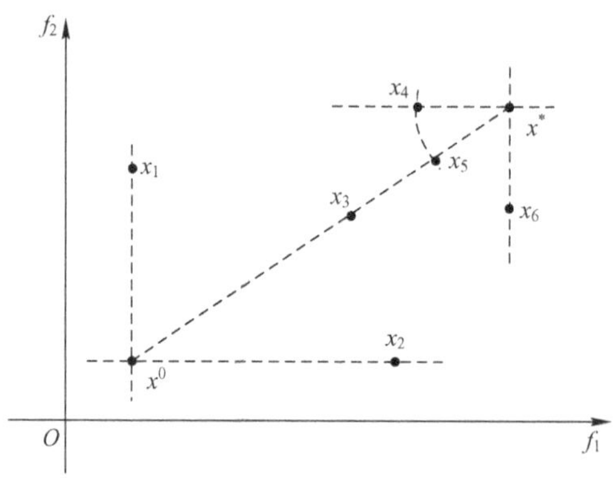

图 4.6　理想解和负理想解示意图

4.5.2　TOPSIS 法的算法步骤

TOPSIS 法的具体算法如下：

步骤一，用向量规范化的方法求得规范决策矩阵。

设多属性决策问题的决策矩阵 $\boldsymbol{Y}=\{y_{ij}\}$，规范化决策矩阵 $\boldsymbol{Z}=\{z_{ij}\}$，则

$$z_{ij}=y_{ij}/\sqrt{\sum_{i=1}^{m}y_{ij}^2},i=1,2,\cdots,m,j=1,2,\cdots,n$$

步骤二，构成加权规范阵 $\boldsymbol{X}=\{x_{ij}\}$。

设由决策者给定 $\boldsymbol{w}=\{w_1,w_2,\cdots,w_n\}^{\mathrm{T}}$，则

$$x_{ij}=w_j\cdot z_{ij},i=1,2,\cdots,m,j=1,2,\cdots,n$$

步骤三，确定理想解 x^* 和负理想解 x^0。

设理想解 x^* 的第 j 个属性值为 x_j^*，负理想解 x^0 的第 j 个属性值为 x_j^0，则

$$\text{理想解 } x_j^* = \begin{cases} \max\limits_i x_{ij} & j\text{ 为效益型属性} \\ \min\limits_i x_{ij} & j\text{ 为成本型属性} \end{cases}, \quad j=1,2,\cdots,n$$

$$\text{负理想解 } x_j^0 = \begin{cases} \max\limits_i x_{ij} & j\text{ 为成本型属性} \\ \min\limits_i x_{ij} & j\text{ 为效益型属性} \end{cases}, \quad j=1,2,\cdots,n$$

步骤四，计算各方案到理想解与负理想解的距离。

备选方案 x_i 到理想解的距离为

$$d_i^* = \sqrt{\sum_{j=1}^{n} (x_{ij} - x_j^*)^2}, i = 1,2,\cdots,m$$

备选方案 x_i 到负理想解的距离为

$$d_i^0 = \sqrt{\sum_{j=1}^{n} (x_{ij} - x_j^0)^2}, i = 1,2,\cdots,m$$

步骤五，计算各方案的排队指示值（即综合评价指数）。

$$C_i^* = d_i^0/(d_i^0 + d_i^*), i=1,2,\cdots,m$$

步骤六，按 C_i^* 由大到小排列方案的优劣次序。

例 4.7 根据表 4.31 给出的某向量规范化属性矩阵，前 3 个属性为效益型，第 4 个属性为成本型，对 5 个方案进行排序。

表 4.31 经向量规范化后的属性值

方案＼属性	f_1	f_2	f_3	f_4
1	0.0346	0.6666	0.6956	0.6482
2	0.0693	0.5555	0.5565	0.3034
3	0.2078	0.2222	0.1753	0.4137
4	0.1039	0.4444	0.4174	0.5378
5	0.9695	0.0000	0.0398	0.1655

解 第一步已完成。

第二步，设权向量为 $\boldsymbol{w} = \{0.2, 0.3, 0.4, 0.1\}$，得加权的向量规范化属性矩阵见表 4.32。

表 4.32 加权的向量规范化属性矩阵

方案＼属性	f_1	f_2	f_3	f_4
1	0.00692	0.20000	0.27824	0.06482
2	0.01386	0.16667	0.22260	0.03034
3	0.04156	0.06667	0.07012	0.04137
4	0.02079	0.13333	0.16696	0.05378
5	0.19390	0.00000	0.01592	0.01655

第三步，得

$$\text{理想解 } x^* \text{ 为}:(0.1939,0.2000,0.2782,0.01655)$$

$$\text{负理想解 } x^0 \text{ 为}:(0.00692,0.0000,0.01592,0.06482)$$

第四步，求各方案到理想点的距离 d_i^* 和负理想点的距离 d_i^0，列于表 4.33。

表 4.33　各方案到理想点和负理想点的距离

方案＼距离	d_i^*	d_i^0	C_i^*
1	0.1931	0.6543	0.7721
2	0.1918	0.4354	0.6577
3	0.2194	0.2528	0.5297
4	0.2197	0.2022	0.4793
5	0.6543	0.1931	0.2254

第五步，计算排队指示值 C_i^*（表 4.33），由 C_i^* 值的大小可确定各方案的排序为

$$x_1 > x_2 > x_3 > x_4 > x_5$$

与加权和法相比，方案 x_3 与 x_4 的排序有较大不同。

例 4.8　空中加油机驻地分配选择问题。

所谓空中加油机驻地分配选择，是指根据作战飞机或机群的需要，运用某种方法综合考虑各种影响因素，在诸多备选加油机驻地中选择一个或多个对其实施空中加油，从而合理使用空中加油兵力，提高空中加油效率。假定某空域内的战机需要空中加油。现有四个加油机驻地可供选择。应用 TOPSIS 法按 5 个指标：加油机驻地和加油点的距离 f_1，加油机可供油量 f_2，加油机的防卫能力 f_3，加油成功率 f_4，消耗费用 f_5（数据见表 4.34 和表 4.35）对不同驻地进行综合评价，以确定由哪一驻地实施空中加油任务。

表 4.34　空中加油机驻地分配选择原始数据

驻地编号	f_1	f_2	f_3	f_4	f_5
1	2000	20	高	一般	5.5
2	2500	25	低	高	6.5
3	2200	27	一般	很高	4.5
4	3000	25	一般	低	5.0

表 4.35　定性指标等级量化标准

指标类型	很低	低	一般	高	很高
正向指标	1	3	5	7	9
负向指标	9	7	5	3	1

解　设在空中加油机驻地分配选择决策中，有 m 个驻地方案和 n 种评价指标。ω_j 是第 j，$j=1,2,\cdots,n$ 个指标的权重值（$0\leqslant\omega_j\leqslant1$ 且 $\sum_{j=1}^{n}\omega_j=1$），x_{ij}（$i=1,2,\cdots,m$；$j=1,2,\cdots,n$）表示第 i 个驻地方案的第 j 个指标的评价值，则此问题的初始决策矩阵为 $(x_{ij})_{m\times n}$。

利用 TOPSIS 法对空中加油机驻地分配选择的步骤如下：

第一步，用向量规范化方法求得规范决策矩阵。

在决策指标中，f_2，f_3，f_4 是正向指标，f_1，f_5 是逆向指标，按表 4.34 的定性指标量化标准，将定性指标 f_3，f_4 进行量化处理，得到初始决策矩阵：

$$\boldsymbol{X}=(x_{ij})_{m\times n}=\begin{pmatrix}2000 & 20 & 7 & 5 & 5.5\\ 2500 & 25 & 3 & 7 & 6.5\\ 2200 & 27 & 5 & 9 & 4.5\\ 3000 & 25 & 5 & 3 & 5.0\end{pmatrix}$$

采用向量规范化方法得到规范化决策矩阵为

$$\boldsymbol{Y}=(y_{ij})_{m\times n}=\begin{pmatrix}0.4075 & 0.4100 & 0.6736 & 0.3904 & 0.5069\\ 0.5094 & 0.5126 & 0.2887 & 0.5466 & 0.5990\\ 0.4482 & 0.5536 & 0.4811 & 0.7028 & 0.4147\\ 0.6112 & 0.5126 & 0.4811 & 0.2343 & 0.4608\end{pmatrix}$$

由专家评价给出各指标的权重为

$$w=(0.2\quad 0.3\quad 0.1\quad 0.3\quad 0.1)$$

计算加权标准化矩阵，得

$$\boldsymbol{V}=(v_{ij})_{m\times n}=(y_{ij}\times\omega_j)_{m\times n}=\begin{pmatrix}0.0815 & 0.1230 & 0.0674 & 0.1171 & 0.0507\\ 0.1019 & 0.1538 & 0.0289 & 0.1640 & 0.0599\\ 0.0896 & 0.1661 & 0.0481 & 0.2108 & 0.0415\\ 0.1222 & 0.1538 & 0.0481 & 0.0703 & 0.0461\end{pmatrix}$$

第二步：各方案到理想解和负理想解的距离。

由加权标准化矩阵确定理想解和负理想解分别为

$$V^+=\{v_1^+,v_2^+,v_3^+,v_4^+,v_5^+\}=\{0.0815,0.1661,0.0674,0.2108,0.0415\}$$

$$V^-=\{v_1^-,v_2^-,v_3^-,v_4^-,v_5^-\}=\{0.1222,0.1230,0.0289,0.0703,0.0599\}$$

计算各方案到理想解和负理想解的距离分别为

$$S_1^+=0.1035,S_2^+=0.0677,S_3^+=0.0209,S_4^+=0.1482$$

$$S_1^-=0.0736,S_2^-=0.1007,S_3^-=0.1529,S_4^-=0.0388$$

第三步：计算相对贴近度并排序。

各方案的相对贴近度为

$$C_1^+=0.4156,C_2^+=0.5980,C_3^+=0.8798,C_4^+=0.2076$$

所以各方案贴近度的排序结果为 $C_3^+>C_2^+>C_1^+>C_4^+$，由排序结果知，应由驻地 3 实施空中加油任务，驻地 2 次之。

习　题

1. 学校扩建问题。设某地区现有 6 所学校，由于无法完全容纳该地区适龄儿童，需要扩建其中的一所。在扩建时既要满足学生就近入学的要求，又要使扩建的费用尽可能小。经过调研，获得如表 4.36 所列的决策矩阵。试分别采用线性变换、标准 0－1 变换（极差变换）、向量规范化法对其进行规范化处理。

表 4.36 学校扩建问题的决策矩阵

属性 学校序号	费用/万元	平均就读距离/km
1	60	1.0
2	50	0.8
3	44	1.2
4	36	2.0
5	44	1.5
6	30	2.4

2. 研究生院试评估。为了客观地评价我国研究生教育的实际状况和各研究生院的教学质量,国务院学位委员会办公室组织过一次研究生院的评估。为了取得经验,先选5所研究生院,收集有关数据资料进行了试评估。表4.37中给出几种典型属性和评估数据。设研究生院的生师比最佳区间为[5,6],试分别采用线性变换、标准0-1变换(极差变换)、向量规范化、最优值为给定区间时的变换法对其进行规范化处理。

表 4.37 研究生院评估问题的决策矩阵

属性 研究生院序号	人均专著/(本/人)	生师比	科研经费/万元	预期毕业率/%
1	0.1	5	5000	4.7
2	0.2	7	4000	2.2
3	0.6	10	1260	3.0
4	0.3	4	3000	3.9
5	2.8	2	284	1.2

3. 用层次分析法分析摩步团选择主要突破口的决策问题。设其层次结构模型如图4.7所示。

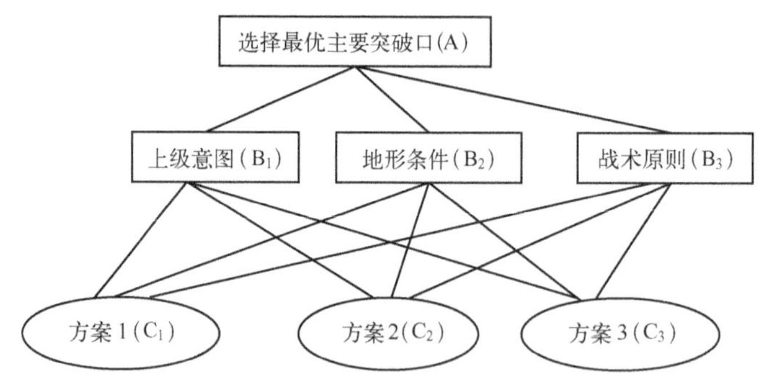

图 4.7 摩步团选择突破口问题的层次结构

(1) 假设各方案(C_1,C_2,C_3)关于上级意图(准则 B_1)的比较判断矩阵见表4.38,求各方案(C_1,C_2,C_3)关于上级意图(准则 B_1)的权值,并进行一致性检验。

表 4.38　方案关于上级意图的比较判断矩阵

上级意图(B_1)	方案 1	方案 2	方案 3
方案 1	1	1/2	1/4
方案 2	2	1	1/2
方案 3	3	2	1

(2) 假设第二层、第三层各因素的相对权重如表 4.39、表 4.40 所列，求各方案(C_1，C_2，C_3)关于第一层的组合权重值，并给出选择主要突破口的最优方案。

表 4.39　第三层各因素相对权重

方案 因素	方案 1	方案 2	方案 3
上级意图	0.14	0.29	0.57
地形条件	0.2	0.3	0.5
战术原则	0.2	0.1	0.7

表 4.40　第二层各因素相对权重

因素 目标	上级意图	地形条件	战术原则
选主要突破口	0.5	0.2	0.3

4. 用层次分析法分析阵地战中防御阵地的稳定性。设第一梯队阵地、纵深阵地、后方地域为阵地编成的主要阵地单元。设其递阶层次结构模型如图 4.8 所示。它们在阵地编成中的地位和对防御阵地稳定性的影响是不相同的，用层次分析法分析它们在阵地编成中的作用和对防御阵地稳定性的影响的相对重要性。

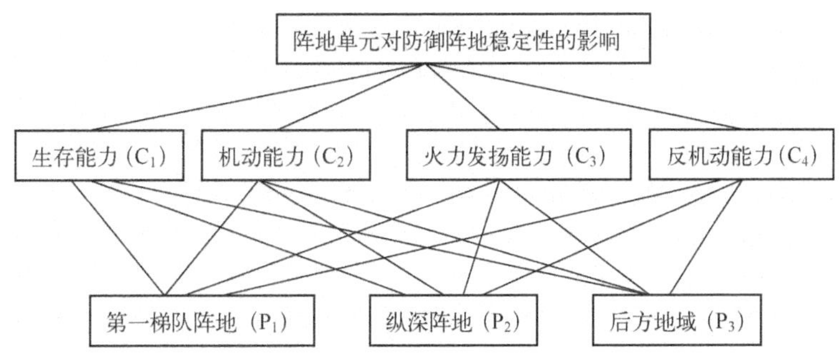

图 4.8　阵地战中防御阵地稳定性层次结构

设 O－C 层次的比较判断矩阵如表 4.41 所示：

表 4.41　O－C 层次比较判断矩阵

O	C_1	C_2	C_3	C_4
C_1	1	3	3	7
C_2	1/3	1	1	2
C_3	1/3	1	1	2
C_4	1/7	1/2	1/2	1

C－P 层次的比较判断矩阵如表 4.42 至表 4.45 所列。

表 4.42 C_1－P 层比较判断矩阵表

C_1	P_1	P_2	P_3
P_1	1	3	5
P_2	1/3	1	3
P_3	1/5	1/3	1

表 4.43 C_2－P 层比较判断矩阵

C_2	P_1	P_2	P_3
P_1	1	1/5	1/3
P_2	5	1	3
P_3	3	1/3	1

表 4.44 C_3－P 层比较判断矩阵

C_3	P_1	P_2	P_3
P_1	1	1/5	7
P_2	5	1	9
P_3	1/7	1/9	1

表 4.45 C_4－P 层比较判断矩阵

C_4	P_1	P_2	P_3
P_1	1	3	5
P_2	1/3	1	3
P_3	1/5	1/3	1

计算各成对比较矩阵的最大特征根及对应的特征向量，并对它们的一致性进行检验。

第5章 冲突型决策理论与方法

本章介绍对策论用于解决冲突型决策问题的理论和方法，包括冲突型决策问题的数学描述，求解最优纯策略和最优混合策略的方法，最后介绍矩阵对策的一般解法。其中冲突型决策问题的数学描述包括对策问题的三要素，以及常见的矩阵对策问题；最优纯策略包括最优纯策略的概念，以及圈框法求解最优纯策略的步骤；最优混合策略包括最优混合策略的基本概念、性质和三种求解方法，即 2×2 矩阵对策的解法、可降阶为 2×2 的矩阵对策的解法和线性方程组法；矩阵对策的一般解法包括线性规划解法和布朗算法。

5.1 概述

在前面几章介绍的决策理论和方法中，只考虑客观存在的自然环境，自然环境即使有不确定性，往往也有一定的规律性，而在实际决策问题特别是军事指挥决策领域中，在各种决策领域中，决策者面对的不仅有客观存在的自然环境，而且往往面对活生生的竞争对手，对方会不断变化自己的策略，甚至会抓住己方的错误不放，还会对自己的行动意图时时保密，因此需要解决竞争环境下的决策问题。对策论是军事运筹学中的重要理论方法，对于解决冲突决策问题具有优势，以下介绍对策论用于解决冲突型决策问题的理论和方法。

对策论（Game Theory）也称为博弈论，研究的是两个以上存在利害冲突的决策者在冲突局势（或者竞争场合，以下同）中的决策行为，其在冲突中的得与失由各个决策者的决策联合确定。冲突局势是指抱有不同目的的双方或多方发生冲突时形成的局势。此时，每一方任何行动的结果均依赖于对方选取的行动方案，而每一方通常都不完全明了对方的行动和意图。对策是指决策者在竞争场合下做出的决策，或者说是参加竞争的各方为了使自己获胜而采取的对付另一方的策略。

对策论的奠基性著作是1944年出版并于1947年再版的冯·诺依曼（Von Neumann）与摩根斯特恩（Morgenstern）合著的《对策论与经济行为》一书，该书系统地建立了对策论的数学模型和理论体系，从而确立了这门新学科。

在军事、政治、经济、体育比赛中广泛存在竞争，因此对策论的应用非常广泛。如著名的“齐王田忌赛马”故事中就蕴含着深刻的对策论思想。《史记·孙子吴起列传》载：战国时期，齐威王与齐将田忌赛马，双方约定各自出上、中、下三个等级的马，每匹马都要参赛一次且只赛一次，一共比赛三次，每次比赛后负者要付给胜者一千金。当时的形势是，齐王各等级的马均略优于田忌同等级的马，如依次按同等级的马对赛，田忌必连负三局。但孙膑给田忌谋划以下马对齐王的上马，用中马对齐王的下马，用上马对齐王的中马。结果田忌二胜一负得一千金。这反映了在总的劣势条件下，以己之长击敌之短，以最小的代价换取最大胜利的古典运筹思想，也是对策论的最早渊源。

在军事领域中，对策论的应用价值从其一出现就受到高度重视。第二次世界大战期间，对策论被应用于飞机侦察潜水艇的活动、美军对日作战中作战方案的选定等战争实践中。美国著名的“思想库”兰德公司于 20 世纪 50 年代曾成立了强有力的对策论研究部门，希望利用对策论解决大规模杀伤武器出现后所带来的军事难题——核武器杀伤力太大以致不能用于达到所有传统战争的目的。他们应用对策论研究如何从政治、军事综合角度使用核武器的问题。1959 年兰德公司的一份绝密报告《威慑和全球战争战略 1959—1961：一种分析方法》，曾对形成美国核政策的核心——发展打击军事力量的核武器起了很大作用。总之对策论对于军事及民用领域中的竞争问题都具有重要的指导意义。

以下给出对策论在第二次世界大战中的两个应用案例。

案例 5.1 美军活用对策论，巧选航线炸舰队

1943 年 2 月，美军得到情报，获悉日军将从新不列颠岛东岸的腊包尔港派出大型护航舰队驶往新几内亚莱城。美国西南太平洋空军司令肯尼将军奉命率部拦截轰炸这支日本舰队。从新不列颠岛到新几内亚有南北两条航线，航程都是 3 天。美军通过气象预报得知，近 3 天内北航线是阴雨天气，南航线则天气晴朗。在这种情况下，日本舰队会选择哪条航线呢？为此，美军准备派出侦察机进行搜索，力争尽早发现日本舰队。而参谋人员则运用运筹学原理，对搜索方案进行了预测。

设想一：日本舰队走北航线，搜索力量主要集中在北线。北线虽然天气差，但搜索力量集中，有可能在 1 天内发现日本舰队。从而争取 2 天的轰炸时间。

设想二：日本舰队走南航线，搜索力量仍主要集中在北线。南线天气虽好，便于搜索，但因主要力量集中在北线，南线只有很少飞机，要发现日本舰队也需要花费 1 天时间。轰炸时间仍是 2 天。

设想三：搜索力量主要集中在南航线，而日本舰队走北线。这样，由于北线只有很少飞机在很差的天气中搜索日本舰队，要发现目标得花费 2 天时间，轰炸时间则只剩下 1 天。

设想四：搜索力量集中在南航线，日本舰队也走南航线。这样，搜索飞机多，天气好，很快就能发现日本舰队，可争取到 3 天轰炸时间。

从美方来说，第四种设想情况最有利。就日本舰队来看，走北航线最适宜。但战争不是一厢情愿的事，双方都想趋利避害，应善料敌情，以敌之利来确定自己的对策，于是肯尼将军决定，把主要搜索力量集中使用在北航线上。

实际作战结果是，1943 年 3 月 1 日，日本舰队出现在北线，美军集中侦察兵力于北线，利用一天时间发现了敌人。3 月 2 日、3 日两天，美军对日军舰队进行了轰炸，日军 8 艘运输船、4 艘驱逐舰被击沉，运送的 7300 人中 3700 人丧生，火炮、车辆、军需物资全部损失，史称“俾斯麦海海战”。

案例 5.2 日军自杀机逞狂，美舰寻对策智避

1945 年初的太平洋战争中，日军为了挽救败局，由敢死队员驾驶一种装满炸弹或炸药的“神风”自杀飞机直撞美国军舰。美军舰船虽然加大了空中警戒和防空火力，但仍然损失了大批舰船，给美军舰队造成很大威胁。

为了寻求对付“神风”自杀飞机的对策，美国海军运筹人员搜集了365个战例，进行了统计分析，得到表5.1、表5.2。

表5.1 日军自杀机攻击战例统计1

美军舰船	统计参数	大型舰船	小型舰船	总数
作机动	攻击次数	36	144	180
	舰船被击中百分比	22	36	33
不作机动	攻击次数	61	124	185
	舰船被击中百分比	49	26	34

表5.2 日军自杀机被击中战例统计2

美军舰船	统计参数	大型舰船	小型舰船	总数
作机动	攻击次数	36	144	180
	防空炮火击中飞机百分比	77	59	63
不作机动	攻击次数	61	124	185
	防空炮火击中飞机百分比	74	66	69

由统计分析结果可见美军舰船有两个对策：一种是军舰机动，作急剧摆动和回避，以降低被冲撞率；另一种是不作机动，进行防空炮火主动攻击。对大型舰船，作机动时舰船被击中的百分比大幅下降，而机动与否基本上不影响防空效力。而对小型舰船，作机动时舰船被击中的百分比反而高于不作机动时，且机动会影响防空效力。

因此美海军采取以下措施：遇到自杀飞机时，大舰采取急剧的转向动作，小船缓慢的转向。

此外，他们进一步进行分析，以日机为对策一方，美舰为另一方：以高空和低空两种俯冲方式作为日机采取的两种策略，以作急剧摆动和不作急剧摆动为美舰可选择的两种对策，以日机冲撞成功率作为衡量各种策略的对策值，从而形成了一个对策矩阵。

从这一矩阵中发现日机由高空俯冲，美舰作急剧摆动时被击中率为20%，不作急剧摆动则为100%；日机由低空俯冲，美舰作急剧摆动和不作急剧摆动，冲撞的成功率基本上都是57%。

对策结果表明：日机的最优策略是采取低空俯冲，因为无论美舰是否摆动，它都能取得57%的冲撞成功率；作为美舰，它的最优策略是作急剧摆动，当日机从低空来袭，最多只有57%的被击中率。而一旦日机攻击角度增大，就可能把冲撞成功率降低到20%。

后来，美军运筹人员又用对策论进一步分析，发现小型军舰应缓慢地转弯，作“之”字形运动，而不应该急剧摆动以免影响防空武器射击精度；大型舰只横向发挥火力要比纵向好得多，因此应以横向迎战为好，但当日机低空来犯时，由于受日机攻击的横截面很大，因而此时应改为纵向迎战。美舰在以后作战中采用了运筹人员提出的这些最优对策，使日本自杀飞机对美舰的俯冲成功率很快下降到27%。日军自杀飞机再也没有一开始那样威风了。

5.2 冲突型决策问题的数学描述

5.2.1 对策问题的三要素

冲突型决策问题也称为对策问题,包含如下三个要素。

一、局中人

局中人是一场竞争中有决策权的参加者。如案例中的美军和日军,“齐王田忌赛马”中的齐王和田忌都是局中人。但要注意,无决策权、竞争结局的得失与其无关的不是局中人,如孙膑不是局中人。

局中人还可以理解为集体,竞争中利益完全一致的参加者可以看作一个局中人,如打桥牌虽有四人参加,但只能算两个局中人。

只有两个局中人的对策称为二人对策,多于两个局中人的对策称为多人对策。

二、策略

一局对策中,每个局中人为达到获胜的目的,都可采取多种不同的行动方案。我们把局中人的一个可行的、自始至终通盘筹划的行动方案,称为该局中人的一个策略。把局中人所有可能策略的全体称为该局中人的策略集合。

如果所有局中人可采取的策略都只有有限个,则此对策问题为有限对策;否则称为无限对策。对于有限对策,可以用如下形式表示局中人的策略集:

如果局中人甲有 m 个策略,构成策略集 $S_1=\{\alpha_1,\alpha_2,\cdots,\alpha_m\}$;局中人乙有 n 个策略,构成策略集 $S_2=\{\beta_1,\beta_2,\cdots,\beta_n\}$。

注意一个策略必须是自始至终贯穿全局的行动方案,并且能导致最终的胜负。如下象棋时的“当头炮”只是一个策略的组成部分,而不是一个策略。“齐王田忌赛马”中,齐王和田忌各自将三匹马排出一个比赛的先后次序就构成了一个策略,齐王有六个策略:α_1(上中下),α_2(上下中),α_3(中上下),α_4(中下上),α_5(下上中),α_6(下中上)。田忌也有类似的六个策略 $\beta_1,\beta_2,\cdots,\beta_6$。

三、对策结果

对策结果一般用对策结束后每个局中人的支付或赢得表示。每个局中人从自己的策略集合里选出一个策略,组成的策略组,称为一个“局势”。对应于这个局势,局中人之间会有输赢得失,如甲选策略 α_i,乙选策略 β_j,得局势(α_i,β_j),这时判定甲赢得为 a_{ij},或乙输 a_{ij}。这样,甲方的 m 个策略和乙方的 n 个策略之间的全部得失构成了一个矩阵 $\boldsymbol{A}=[a_{ij}]_{m\times n}$,此矩阵称为甲的赢得矩阵或乙的支付矩阵。

在很多情形下,若甲的赢得矩阵为 $\boldsymbol{A}=[a_{ij}]_{m\times n}$,则乙的赢得矩阵为$[-a_{ij}]_{m\times n}$,甲乙双方的赢得之和为零,这种对策称为零和对策,否则称为非零和对策。

在上述三要素中,如果某个对策问题只有两个局中人甲和乙,且双方都只有有限个策略,它们的赢得之和为零,则称此对策问题为二人有限零和对策,也称为矩阵对策。矩阵对策是对策论的基础部分,也是目前理论系统较完善、有广泛应用的一部分,在军事应用中较为常见,因此本章下面介绍的即为这类矩阵对策问题。

5.2.2 矩阵对策

矩阵对策问题可以用如下模型表示：其基本要素构成集合 $G=\{S_1,S_2,\boldsymbol{A}\}$，其中 $S_1=\{\alpha_1,\alpha_2,\cdots,\alpha_m\}$ 为局中人甲的策略集合，$S_2=\{\beta_1,\beta_2,\cdots,\beta_n\}$ 为局中人乙的策略集合，$\boldsymbol{A}=\begin{pmatrix} a_{11} & a_{12} & \cdots & a_{1n} \\ a_{21} & a_{22} & \cdots & a_{2n} \\ \cdots & \cdots & \cdots & \cdots \\ a_{m1} & a_{m2} & \cdots & a_{mn} \end{pmatrix}$ 为局中人甲的赢得矩阵（局中人乙的支付矩阵）。

矩阵对策可以用一张对策表或矩阵形式表示出来。

例 5.1 上述案例 5.1 的对策表如表 5.3 所列。

表 5.3 案例 5.1 对策表

轰炸天数		日军策略	
		β_1（走北航线）	β_2（走南航线）
美军策略	α_1（北线侦察）	2 天	2 天
	α_2（南线侦察）	1 天	3 天

其矩阵对策模型为 $G=\{S_1,S_2,\boldsymbol{A}\}$，其中美军的策略集为 $S_1=\{\alpha_1,\alpha_2\}$，日军的策略集为 $S_2=\{\beta_1,\beta_2\}$，美军的赢得矩阵（日军的支付矩阵）为

$$\begin{array}{c} \\ \alpha_1 \\ \alpha_2 \end{array}\begin{array}{c} \beta_1 \quad \beta_2 \\ \begin{bmatrix} 2 & 2 \\ 1 & 3 \end{bmatrix} \end{array}$$

可见矩阵对策模型的建立，关键是两个局中人策略集的寻找及赢得矩阵的建立。

例 5.2 齐王田忌赛马的矩阵对策模型：$G=\{S_1,S_2,\boldsymbol{A}\}$，

齐王的策略集为：$S_1=\{\alpha_1$（上中下），α_2（上下中），α_3（中上下），α_4（中下上），α_5（下上中），α_6（下中上）$\}$；

田忌的策略集为：$S_1=\{\beta_1$（上中下），β_2（上下中），β_3（中上下），β_4（中下上），β_5（下上中），β_6（下中上）$\}$；

齐王的赢得矩阵（田忌的支付矩阵）为

$$\boldsymbol{A}=\begin{array}{c} \\ \alpha_1 \\ \alpha_2 \\ \alpha_3 \\ \alpha_4 \\ \alpha_5 \\ \alpha_6 \end{array}\begin{array}{c} \begin{array}{cccccc} \beta_1 & \beta_2 & \beta_3 & \beta_4 & \beta_5 & \beta_6 \end{array} \\ \begin{bmatrix} 3 & 1 & 1 & 1 & -1 & 1 \\ 1 & 3 & 1 & 1 & 1 & -1 \\ 1 & -1 & 3 & 1 & 1 & 1 \\ -1 & 1 & 1 & 3 & 1 & 1 \\ 1 & 1 & 1 & -1 & 3 & 1 \\ 1 & 1 & -1 & 1 & 1 & 3 \end{bmatrix} \end{array}$$

以上为冲突型决策问题的模型建立。研究对策论的目的是根据给定赢得矩阵求取最优策略及期望赢得，因此下面分几种情况介绍各个局中人最优策略的求取方法。

5.3 最优纯策略

5.3.1 最优纯策略的概念

当局中人只取自己策略集中的某个策略而不取其他策略时,这时的决策称为该局中人的一个纯策略。甲乙双方各取一个纯策略,构成的策略组称为一个纯局势。

在矩阵对策中,双方的利益完全对立。各方自己是有理性的,而且有理由认为对方也是有理性的,那么理智的行为应当是采取一种不图侥幸、稳中求胜的策略,而不能指望敌人会犯错误。双方的最优纯策略即为这种考虑下得到的结果。

例 5.3 设矩阵对策 $\boldsymbol{G}=\{S_1,S_2,\boldsymbol{A}\}$,甲方的策略集为 $S_1=\{\alpha_1,\alpha_2,\alpha_3\}$;乙方的策略集为 $S_2=\{\beta_1,\beta_2,\beta_3\}$,甲方的赢得矩阵为

$$\begin{array}{c} \\ \alpha_1 \\ \alpha_2 \\ \alpha_3 \end{array}\begin{array}{c} \begin{array}{ccc} \beta_1 & \beta_2 & \beta_3 \end{array} \\ \begin{bmatrix} 2 & 5 & 1 \\ 3 & 4 & 4 \\ 1 & 3 & 2 \end{bmatrix} \end{array}$$

解 甲乙双方稳中求胜的考虑为:

(1) 若甲选策略 α_1,他应该考虑到最不利的情况,即乙选策略 β_3,此时甲的赢得最少,为 1;

(2) 若甲选策略 α_2,他应该考虑到最不利的情况,即乙选策略 β_1,此时甲的赢得最少,为 3;

(3) 若甲选策略 α_3,他应该考虑到最不利的情况,即乙选策略 β_1,此时甲的赢得最少,为 1。

在三种最不利的情况中,相对来说,对甲最有利的情况是选择 α_2,此时可以赢得 3。

对双方来说,就是在所有最不利的情况中,找出相对最有利的策略。具体的,对于甲方来说,就是在所有最少赢得中找出最大的赢得,此时他所采取的策略称为最大最小策略。显然最大最小策略是通过行中取小,各行取大得到的。记

$$\underline{V}=\max_i(\min_j a_{ij})$$

称 $\underline{V}$ 为对策的最大最小值,当甲采用最大最小策略时,他的赢得不少于 $\underline{V}$。

同理,对于乙方来说,就是在所有最大支付中找出最小的支付,此时的策略称为最小最大策略,是通过列中取大,各列取小得到的。记

$$\overline{V}=\min_j(\max_i a_{ij})$$

称 $\overline{V}$ 为对策的最小最大值,当乙采用最小最大策略时,他的支付不多于 $\overline{V}$。

总之,最大最小策略对甲方来说,是一个稳妥理智的策略;而最小最大策略对乙方来说,是一个稳妥理智的策略。

可以证明 $\underline{V}\leqslant\overline{V}$,即甲的最小赢得小于或等于乙的最大支付,从道理上这是很容易理解的。

当$\underline{V}=\overline{V}=a_{i*j*}$时，甲的最小赢得等于乙的最大支付。$a_{i*j*}$称为支付矩阵的一个鞍点，而纯局势$(\alpha_{i*},\beta_{j*})$称为对策 G 的鞍点，$V=\underline{V}=\overline{V}$称为对策的值，此时 α_{i*}，β_{j*} 分别是局中人甲和乙的最优纯策略。

5.3.2 圈框法求最优纯策略

下面介绍一种搜索矩阵鞍点，从而求出最优纯策略或判断鞍点不存在的方法——圈框法。具体做法是：将支付矩阵中每一行的最小元素用“圆圈”圈住；对每一列的最大元素用“方框”框住。当“圆圈”“方框”重合在一个元素上时，这个元素就是矩阵的鞍点，它也是矩阵对策的值 V。该元素所在的行、列所对应的纯策略，分别是甲、乙双方的最优纯策略。

例 5.4 案例 5.1 中，美军的赢得矩阵（即日军的支付矩阵）为

$$\begin{array}{c} \\ \alpha_1 \\ \alpha_2 \end{array}\begin{array}{c} \begin{array}{cc}\beta_1 & \beta_2\end{array} \\ \begin{bmatrix} 2 & 2 \\ 1 & 3 \end{bmatrix} \end{array}$$

判断双方是否有最优纯策略？

解

$$\begin{bmatrix} \boxed{②} & ② \\ ① & \boxed{3} \end{bmatrix}$$

第一行的最小元素 2 用“圆圈”圈住；

第二行的最小元素 1 用“圆圈”圈住。

第一列的最大元素 2 用“方框”框住；

第二列的最大元素 3 用“方框”框住。

显然矩阵对策的值 $V=2$，双方的最优纯策略分别为 α_1 和 β_1，即日本舰队走北线，美军集中侦察兵力于北线，美军赢得 2 天的轰炸时间。这恰恰与历史上的实际作战结果相符合。

例 5.5 设矩阵对策 $\boldsymbol{G}=\{S_1,S_2,\boldsymbol{A}\}$，$S_1=\{\alpha_1,\alpha_2,\alpha_3,\alpha_4\}$，$S_2=\{\beta_1,\beta_2,\beta_3,\beta_4\}$，甲方赢得矩阵为

$$\boldsymbol{A}=\begin{bmatrix} 7 & \boxed{③} & 5 & \boxed{③} \\ ⓪ & 1 & 6 & 2 \\ 4 & \boxed{③} & \boxed{8} & \boxed{③} \\ \boxed{9} & 2 & ⓪ & 1 \end{bmatrix}$$

解 显然该矩阵对策有鞍点，且鞍点不唯一，此时双方的最优纯策略不唯一。

对策值为$\underline{V}=\overline{V}=a_{12}=a_{14}=a_{32}=a_{34}=3$，$\alpha_1$，$\alpha_3$ 都是局中人甲的最优纯策略，β_2，β_4 都是局中人乙的最优纯策略。

这个例子说明矩阵对策的鞍点不唯一，具有如下性质：

（1）无差别性：若$(\alpha_{i_1},\beta_{j_1})$、$(\alpha_{i_2},\beta_{j_2})$都是矩阵对策的鞍点，则必有 $a_{i_1j_1}=a_{i_2j_2}=V$；

（2）可交换性：若$(\alpha_{i_1},\beta_{j_1})$、$(\alpha_{i_2},\beta_{j_2})$都是矩阵对策的鞍点，则$(\alpha_{i_1},\beta_{j_2})$、$(\alpha_{i_2},\beta_{j_1})$也一定是矩阵对策的鞍点。

需要注意的是，当矩阵对策存在鞍点时，双方既知道己方的最优策略，也知道对方的最优策略，此时任何一方都不能图侥幸而不使用自己的最优纯策略，这样做只会使自己遭受更大的损失。所以双方必须使用自己的最优纯策略，且无需保密。当然，在实际对抗中，如果一方已经知道对方的策略，则可有针对性地选择自己的策略，而不必拘泥于最优纯策略。

当$\underline{V} < \overline{V}$时，鞍点不存在，冲突型决策问题在纯策略意义下无解，此时需要考虑最优混合策略。

5.4 最优混合策略

5.4.1 最优混合策略的概念

例 5.6 红方派出两架轰炸机 H_1 和 H_2 袭击蓝方阵地。轰炸机 H_1 在前面，H_2 在后面。两架轰炸机中，一架携带炸弹，执行轰炸任务，另一架执行护航任务。轰炸机在飞往目标的途中，将受到蓝方歼击机的攻击。如果歼击机对飞在前面的轰炸机 H_1 进行攻击，则歼击机将同时受到两架轰炸机的还击。如果歼击机对飞在后面的轰炸机 H_2 进行攻击，则歼击机将只遭到飞在后面的轰炸机 H_2 的还击。两架轰炸机的火炮装置是一样的，每架轰炸机的火炮击毁歼击机的概率为 $p_1 = 0.4$，歼击机在未被击毁的条件下击毁轰炸机的概率为 $p_2 = 0.9$。两架轰炸机的总任务是将炸弹携带到目标区，进行轰炸；歼击机的任务是击毁带炸弹的轰炸机。求红、蓝双方的最优策略及对策的值。

解 红方有两个策略：

$$\alpha_1\text{:轰炸机 } H_1 \text{ 携带炸弹;}\ \alpha_2\text{:轰炸机 } H_2 \text{ 携带炸弹。}$$

蓝方有两个策略：

$$\beta_1\text{:歼击机攻击轰炸机 } H_1\text{;}\ \beta_2\text{:歼击机攻击轰炸机 } H_2\text{。}$$

红方的赢得为携带炸弹的轰炸机不被击毁的概率。根据作战双方各种可能的策略组合，可以写出该冲突型决策问题的赢得矩阵为

$$\begin{array}{c c} & \begin{array}{cc} \beta_1 & \beta_2 \end{array} \\ \begin{array}{c} \alpha_1 \\ \alpha_2 \end{array} & \begin{bmatrix} 0.676 & 1 \\ 1 & 0.46 \end{bmatrix} \end{array}$$

其中

$$a_{11} = [1-(1-p_1)^2] + (1-p_1)^2(1-p_2) = 0.676$$

表示红方命中蓝方（两架轰炸机之一或两架轰炸机都命中），或没有命中蓝方且蓝方也没有命中红方。

$$a_{22} = p_1 + (1-p_1)(1-p_2) = 0.46$$

表示红方 H_2 命中蓝方，或没有命中蓝方且蓝方也没有命中红方。

利用 5.3.2 节介绍的求解最优纯策略的“圈框法”，发现该对策没有鞍点。

$$\begin{array}{c c} & \begin{array}{cc} \beta_1 & \beta_2 \end{array} \\ \begin{array}{c} \alpha_1 \\ \alpha_2 \end{array} & \begin{bmatrix} \textcircled{0.676} & \boxed{1} \\ \boxed{1} & \textcircled{0.46} \end{bmatrix} \end{array}$$

红方(即甲方)的最大最小值为$\underline{V}=\max\limits_{i}(\min\limits_{j}a_{ij})=0.676$;蓝方(即乙方)的最小最大值为$\overline{V}=\min\limits_{j}(\max\limits_{i}a_{ij})=1$。此时$\underline{V}<\overline{V}$,不存在鞍点。

需要说明的是,当鞍点不存在时,双方都不存在最优纯策略,双方应交替、不暴露行动计划、随机地采用各种策略,才有可能得到最佳结果。这时双方存在最优混合策略。

对于矩阵对策$G=\{S_1,S_2,\boldsymbol{A}\}$,$S_1=\{\alpha_1,\alpha_2,\cdots,\alpha_m\}$,$S_2=\{\beta_1,\beta_2,\cdots,\beta_n\}$,$\boldsymbol{A}=[a_{ij}]_{m\times n}$:

当局中人甲以概率$x_1,x_2,\cdots,x_m(x_i\geqslant 0,i=1,2,\cdots m,\ \sum\limits_{i=1}^{m}x_i=1)$取策略集中的策略$\alpha_1,\alpha_2,\cdots,\alpha_m$时,称这时的决策为局中人甲的一个混合策略,记为向量$\boldsymbol{X}=(x_1,x_2,\cdots,x_m)^{\mathrm{T}}$;

同理,当局中人乙以概率$y_1,y_2,\cdots,y_n(y_i\geqslant 0,i=1,2,\cdots n,\ \sum\limits_{i=1}^{n}y_i=1)$取策略集中的策略$\beta_1,\beta_2,\cdots,\beta_n$时,称这时的决策为局中人乙的一个混合策略,记为向量$\boldsymbol{Y}=(y_1,y_2,\cdots,y_n)^{\mathrm{T}}$。

甲乙双方混合策略的全体,称为甲乙双方的混合策略集,记为S_1^*、S_2^*,即

$$S_1^*=\left\{\boldsymbol{X}\mid\boldsymbol{X}=(x_1,x_2,\cdots,x_m)^{\mathrm{T}},\sum_{i=1}^{m}x_i=1,x_i\geqslant 0,i=1,2,\cdots,m\right\}$$

$$S_2^*=\left\{\boldsymbol{Y}\mid\boldsymbol{Y}=(y_1,y_2,\cdots,y_n)^{\mathrm{T}},\sum_{j=1}^{n}y_j=1,y_j\geqslant 0,j=1,2,\cdots,n\right\}$$

混合策略组$(\boldsymbol{X},\boldsymbol{Y})$称为一个混合局势,此时的支付变为一个随机变量,甲方赢得(或乙方支付)的数学期望为甲方赢得(或乙方支付),即

$$E(\boldsymbol{X},\boldsymbol{Y})=\sum_{i=1}^{m}\sum_{j=1}^{n}a_{ij}x_iy_j=\boldsymbol{X}^{\mathrm{T}}\boldsymbol{A}\boldsymbol{Y}$$

定义 5.1 给定矩阵对策$G=\{S_1,S_2,\boldsymbol{A}\}$,则$G^*=\{S_1^*,S_2^*,E\}$称为$G$的混合扩充。

策略和支付的概念扩充以后,在理智的情况下,甲的选择为

$$V_1=\max_{\boldsymbol{X}\in S_1^*}(\min_{\boldsymbol{Y}\in S_2^*}E(\boldsymbol{X},\boldsymbol{Y}))$$

这时甲的期望赢得不少于V_1。同理,乙的选择为

$$V_2=\min_{\boldsymbol{Y}\in S_2^*}(\max_{\boldsymbol{X}\in S_1^*}E(\boldsymbol{X},\boldsymbol{Y}))$$

这时乙的期望支付不多于V_2。

定理 5.1 (冯·诺依曼)任何一个矩阵对策在混合扩充中一定有解。

这个定理说明:

(1) $V_1=V_2$一定成立,记为$V=V_1=V_2$;

(2) 一定存在$\boldsymbol{X}^*\in S_1^*$,$\boldsymbol{Y}^*\in S_2^*$,使得$E(\boldsymbol{X}^*,\boldsymbol{Y}^*)=V$。

上述$\boldsymbol{X}^*\in S_1^*$、$\boldsymbol{Y}^*\in S_2^*$分别称为甲、乙的最优混合策略。

5.4.2 最优混合策略的性质

设$\boldsymbol{X}^*=(x_1^*,x_2^*,\cdots,x_m^*)^{\mathrm{T}}$,$\boldsymbol{Y}^*=(y_1^*,y_2^*,\cdots,y_n^*)^{\mathrm{T}}$分别是局中人甲和乙的最优混合

策略，V 是对策的值。矩阵对策的最优混合策略 $\boldsymbol{X}^*$，$\boldsymbol{Y}^*$ 需要从以下最优混合策略的性质得到。

性质 5.1 $\sum_{i=1}^{m}\sum_{j=1}^{n} a_{ij}x_i^* y_j \geqslant V$，对一切 $Y \in S_2^*$ 成立；

该性质表示当局中人甲采用其最优混合策略 X^* 时，不论局中人乙采用何种策略，甲的期望赢得都不少于 V。

性质 5.2 $\sum_{i=1}^{m}\sum_{j=1}^{n} a_{ij}x_i y_j^* \leqslant V$ 对一切 $X \in S_1^*$ 成立；

该性质表示当局中人乙采用其最优混合策略 Y^* 时，不论局中人甲采用何种策略，乙的期望支付都不多于 V。

性质 5.3 $\sum_{i=1}^{m} a_{ij}x_i^* \geqslant V, j = 1,2,\cdots,n$；

在性质 5.1 中，令 Y 为局中人乙的某个纯策略，得到本性质。说明当局中人甲采用其最优混合策略 X^* 时，无论乙采用其哪一个纯策略，甲的期望赢得都不少于 V。

性质 5.4 $\sum_{j=1}^{n} a_{ij}y_j^* \leqslant V, i = 1,2,\cdots,m$；

在性质 5.2 中，令 X 为局中人甲的某个纯策略得到本性质。说明当局中人乙采用其最优混合策略 Y^* 时，无论甲采用其哪一个纯策略，乙的期望支付都不多于 V。

性质 5.5 若 $x_i^* \neq 0$，则 $\sum_{j=1}^{n} a_{ij}y_j^* = V$；

性质 5.6 若 $y_j^* \neq 0$，则 $\sum_{i=1}^{m} a_{ij}x_i^* = V$；

性质 5.7 若 $\sum_{j=1}^{n} a_{ij}y_j^* < V$，则 $x_i^* = 0$；

性质 5.8 若 $\sum_{i=1}^{m} a_{ij}x_i^* > V$，则 $y_j^* = 0$。

5.4.3 最优混合策略的求解

利用上述最优混合策略的性质 5.5 和性质 5.6，可以得到如下特殊情形下的最优混合策略求解方法。

一、2×2 矩阵对策的解法

可以证明，对于 2×2 矩阵对策，当局中人的支付矩阵不存在鞍点时，各局中人的最优混合策略中的 x_i^* 和 y_j^* 均大于零，因此可以利用性质 5.5、5.6。

给定矩阵对策 $\boldsymbol{G} = \{S_1, S_2, \boldsymbol{A}\}$，$S_1 = \{\alpha_1, \alpha_2\}$，$S_2 = \{\beta_1, \beta_2\}$，$\boldsymbol{A} = \begin{bmatrix} a_{11} & a_{12} \\ a_{21} & a_{22} \end{bmatrix}$，首先考察其是否有鞍点，若有鞍点，则可以求出最优纯策略解；若无鞍点，则无最优纯策略解。设甲乙双方的最优混合策略为

$$\boldsymbol{X}^* = \begin{pmatrix} x_1^* \\ x_2^* \end{pmatrix}, \boldsymbol{Y}^* = \begin{pmatrix} y_1^* \\ y_2^* \end{pmatrix}$$

由于 $x_i^* \neq 0, y_i^* \neq 0, i=1,2$，则由性质 5.5、5.6，以及最优混合策略的概率之和等于1，得到

$$\begin{cases} a_{11}y_1^* + a_{12}y_2^* = V \\ a_{21}y_1^* + a_{22}y_2^* = V \\ y_1^* + y_2^* = 1 \end{cases}$$

和

$$\begin{cases} a_{11}x_1^* + a_{21}x_2^* = V \\ a_{12}x_1^* + a_{22}x_2^* = V \\ x_1^* + x_2^* = 1 \end{cases}$$

求解得

$$\begin{aligned} V &= \frac{a_{11}a_{22} - a_{12}a_{21}}{(a_{11}+a_{22}) - (a_{12}+a_{21})} \\ x_1^* &= \frac{a_{22} - a_{21}}{(a_{11}+a_{22}) - (a_{12}+a_{21})} \\ x_2^* &= \frac{a_{11} - a_{12}}{(a_{11}+a_{22}) - (a_{12}+a_{21})} \\ y_1^* &= \frac{a_{22} - a_{12}}{(a_{11}+a_{22}) - (a_{12}+a_{21})} \\ y_2^* &= \frac{a_{11} - a_{21}}{(a_{11}+a_{22}) - (a_{12}+a_{21})} \end{aligned} \tag{5.1}$$

最优混合策略

$$\boldsymbol{X}^* = \begin{pmatrix} x_1^* \\ x_2^* \end{pmatrix}, \boldsymbol{Y}^* = \begin{pmatrix} y_1^* \\ y_2^* \end{pmatrix}$$

例 5.7 对于例 5.6 的矩阵对策

$$\begin{array}{c} \\ \alpha_1 \\ \alpha_2 \end{array} \begin{array}{c} \begin{array}{cc} \beta_1 & \beta_2 \end{array} \\ \begin{bmatrix} 0.676 & 1 \\ 1 & 0.46 \end{bmatrix} \end{array}$$

利用式(5.1)得到：

红方的最优混合策略为：$\boldsymbol{X}^* = (0.63, 0.37)^{\mathrm{T}}$；

蓝方的最优混合策略为：$\boldsymbol{Y}^* = (0.63, 0.37)^{\mathrm{T}}$；

对策值为：$V = 0.8$。

该结果表明，在多次进行对策时，红方应以 63% 的次数让轰炸机 H_1 携带炸弹，而以 37% 的次数让轰炸机 H_2 携带炸弹。蓝方的歼击机应以 63% 的次数攻击轰炸机 H_1，而以 37% 的次数攻击轰炸机 H_2。在双方都各自采取自己的最优策略时，红方派出的两架轰炸机将有 80% 的次数能完成轰炸任务。

二、可降阶为 2×2 的矩阵对策的解法

有些矩阵对策的阶数大于 2×2，但可以利用“优势”的概念将其降阶为 2×2 对策，这

样就可以按上面 2×2 矩阵对策的解法来求解。

定义 5.2 优势的概念：

行优势：在支付矩阵中，若 $a_{ij}\geqslant a_{kj}, j=1,2,\cdots,n$，即第 i 行的所有元素都不小于第 k 行的对应元素，则称第 i 行比第 k 行具有优势，即局中人甲的第 i 个策略优于其第 k 个策略。

列优势：在支付矩阵中，若 $a_{ij}\leqslant a_{ik}, i=1,2,\cdots,m$，即第 j 列的所有元素都不大于第 k 列的对应元素，则称第 j 列比第 k 列具有优势，即局中人乙的第 j 个策略优于其第 k 个策略。

若支付矩阵中某行（列）较另一行（列）具有优势，则可以划去处于劣势的行（列）。即局中人不会选择其处于劣势的策略。

例 5.8 已知矩阵对策 $\boldsymbol{G}=\{S_1,S_2,\boldsymbol{A}\}$，其中

$$\boldsymbol{A}=\begin{bmatrix}3&5&4&2\\5&6&2&4\\2&1&4&0\\3&3&5&2\end{bmatrix}$$

解 第一行较第三行具有优势，划去第三行得

$$\begin{bmatrix}3&5&4&2\\5&6&2&4\\3&3&5&2\end{bmatrix}$$

第四列较第一、二列具有优势，划去第一、二列得

$$\begin{bmatrix}4&2\\2&4\\5&2\end{bmatrix}$$

第三行较第一行具有优势，划去第一行得 2×2 矩阵对策

$$\begin{array}{c}\\ \alpha_2\\ \alpha_4\end{array}\begin{array}{c}\beta_3\quad\beta_4\\ \begin{bmatrix}2&4\\5&2\end{bmatrix}\end{array}$$

求出它们对应的策略为

$$x_2^*=3/5, x_4^*=2/5, y_3^*=2/5, y_4^*=3/5, V=3\frac{1}{5}$$

对消去的行列应该补零，最终得双方的最优混合策略：

$$\boldsymbol{X}^*=(0,3/5,0,2/5)^{\mathrm{T}}, \boldsymbol{Y}^*=(0,0,2/5,3/5)^{\mathrm{T}}, V=3\frac{1}{5}$$

利用凸组合可以将优势的概念加以推广。

定义 5.3 凸组合的概念：若存在 p 个非负数 $\lambda_i\geqslant0, i=1,2,\cdots,p$，满足 $\sum\limits_{i=1}^{p}\lambda_i=1$，则 p 个 n 维向量 $A_1,A_2,\cdots,A_p$ 的线性组合 $\sum\limits_{i=1}^{p}\lambda_iA_i$ 称为 $A_1,A_2,\cdots,A_p$ 的一个凸组合，它实际上是向量组的一个加权平均。

若矩阵对策支付矩阵的若干行（列）的凸组合优于另一行（列），则处于劣势的一行

(列)可以划去,即不必考虑该策略。

例 5.9 已知矩阵对策 $\boldsymbol{G}=\{S_1,S_2,\boldsymbol{A}\}$,其中

$$\boldsymbol{A}=\begin{bmatrix}2 & 4\\ 5 & 1\\ 3 & 2\end{bmatrix}$$

解 第一、二行加权平均得到

$\frac{1}{2}\times$(第一行)$+\frac{1}{2}\times$(第二行)$>$第三行,故第三行处于劣势,可划去。

例 5.10 已知矩阵对策 $\boldsymbol{G}=\{S_1,S_2,\boldsymbol{A}\}$,其中

$$\begin{bmatrix}0 & 3 & 2\\ 2 & -1 & 1\end{bmatrix}$$

解 第一、二列加权平均得到

$\frac{1}{2}\times$(第一列)$+\frac{1}{2}\times$(第二列)$<$第三列,故第三列处于劣势,可划去。

三、线性方程组法

在特殊情况下,若事先能确定 x_i^* 和 y_j^* 都不为零,则可以利用性质 5.5、5.6 求解线性方程组来求解。

例 5.11 "齐王田忌赛马"冲突型决策问题中:

$$\boldsymbol{A}=\begin{array}{c}\\ \alpha_1\\ \alpha_2\\ \alpha_3\\ \alpha_4\\ \alpha_5\\ \alpha_6\end{array}\begin{array}{c}\begin{array}{cccccc}\beta_1 & \beta_2 & \beta_3 & \beta_4 & \beta_5 & \beta_6\end{array}\\ \begin{bmatrix}3 & 1 & 1 & 1 & -1 & 1\\ 1 & 3 & 1 & 1 & 1 & -1\\ 1 & -1 & 3 & 1 & 1 & 1\\ -1 & 1 & 1 & 3 & 1 & 1\\ 1 & 1 & 1 & -1 & 3 & 1\\ 1 & 1 & -1 & 1 & 1 & 3\end{bmatrix}\end{array}$$

解 齐王、田忌各有六个策略,由对称性,每一个策略被选取的可能性都存在,有理由认为 $x_i,y_j\neq 0,i=1,2,\cdots,6;j=1,2,\cdots,6$。于是利用性质 5.5 可得到如下线性方程组

$$\begin{cases}3y_1^*+y_2^*+y_3^*+y_4^*-y_5^*+y_6^*=V\\ y_1^*+3y_2^*+y_3^*+y_4^*+y_5^*-y_6^*=V\\ y_1^*-y_2^*+3y_3^*+y_4^*+y_5^*+y_6^*=V\\ -y_1^*+y_2^*+y_3^*+3y_4^*+y_5^*+y_6^*=V\\ y_1^*+y_2^*+y_3^*-y_4^*+3y_5^*+y_6^*=V\\ y_1^*+y_2^*-y_3^*+y_4^*+y_5^*+3y_6^*=V\\ y_1^*+y_2^*+y_3^*+y_4^*+y_5^*+y_6^*=1\end{cases}$$

解得

$$\boldsymbol{Y}^*=\left(\frac{1}{6},\frac{1}{6},\frac{1}{6},\frac{1}{6},\frac{1}{6},\frac{1}{6}\right)^{\mathrm{T}},V=1$$

同理利用性质 5.6 可得到如下线性方程组:

$$\begin{cases}3x_1^* + x_2^* + x_3^* - x_4^* + x_5^* + x_6^* = V \\ x_1^* + 3x_2^* - x_3^* + x_4^* + x_5^* + x_6^* = V \\ x_1^* + x_2^* + 3x_3^* + x_4^* + x_5^* - x_6^* = V \\ x_1^* + x_2^* + x_3^* + 3x_4^* - x_5^* + x_6^* = V \\ -x_1^* + x_2^* + x_3^* + x_4^* + 3x_5^* + x_6^* = V \\ x_1^* - x_2^* + x_3^* + x_4^* + x_5^* + 3x_6^* = V \\ x_1^* + x_2^* + x_3^* + x_4^* + x_5^* + x_6^* = 1\end{cases}$$

解得

$$\boldsymbol{X}^* = \left(\frac{1}{6},\frac{1}{6},\frac{1}{6},\frac{1}{6},\frac{1}{6},\frac{1}{6}\right)^{\mathrm{T}}, V = 1$$

这个结果表明,双方应等概率随机选择自己的每个策略,而不能对某一策略有所偏爱,这样经过多次比赛后,齐王平均每次能够赢得一千金,这是因为齐王的实力较强。但若某一方不采用这一最优混合策略,而表现了对某一策略的偏爱,对方就会采取相应的有针对性的策略,自己一方就会吃更大的亏。

从以上两节可以看出,一个矩阵对策有鞍点时,局中人对自己的最优纯策略无需保密。但一个矩阵对策无鞍点时,局中人的行动一定要互相保密,不保密的一方必然要吃大亏。如在“齐王田忌赛马”故事中,齐王之所以失败,就是因为他没有对自己将要采取的策略保密,使得田忌采取了有针对性的策略。

5.5 矩阵对策的一般解法

5.4 节介绍的最优混合策略的求解方法只适合于满足性质 5.5,5.6 条件的矩阵对策,因此,这种方法有其局限性。

例 5.12 已知矩阵对策 $\boldsymbol{G} = \{S_1, S_2, \boldsymbol{A}\}$,其中

$$\boldsymbol{A} = \begin{bmatrix} 3 & -4 & 2 \\ -3 & 2 & 0 \\ 0 & 3 & 1 \end{bmatrix}$$

解 如果按照性质 5.5 列出如下方程组

$$\begin{cases}3y_1^* - 4y_2^* + 2y_3^* = V \\ -3y_1^* + 2y_2^* = V \\ 3y_2^* + y_3^* = V \\ y_1^* + y_2^* + y_3^* = 1\end{cases}$$

解得 $y_1^* = -\frac{1}{2}, y_2^* = 0, y_3^* = \frac{3}{2}, V = \frac{3}{2}$。

显然这个结果是不合理的,因为 y_1^*, y_2^*, y_3^* 的含义是概率,不应为负。之所以出现这个结果,就是因为通过分析原支付矩阵,发现第三行优于第二行,所以方程组中第二个方程是不成立的,不满足性质 5.5 的条件。

以下给出矩阵对策的一般解法，它们适用于求解任意 $m \times n$ 阶矩阵对策。

5.5.1 线性规划解法

对于任意 $m \times n$ 阶矩阵对策，可以把它化成相应的线性规划问题来求解，其依据是矩阵对策的性质5.3和性质5.4。

对局中人甲，设其最优混合策略为 $\boldsymbol{X}^* = (x_1^*, x_2^*, \cdots, x_m^*)^{\mathrm{T}}$，则由性质5.3，他的最优混合策略满足：

$$\sum_{i=1}^{m} a_{ij}x_i^* \geqslant V, j=1,2,\cdots,n$$

又由于概率之和为1，即满足：$\sum_{i=1}^{m} x_1^* = 1, x_i^* \geqslant 0$。

设 $V>0$，令

$$\frac{x_i^*}{V} = x_i', i=1,2,\cdots,m$$

则上述关系变成

$$\sum_{i=1}^{m} a_{ij}x_i' \geqslant 1, j=1,2,\cdots,n$$

$$\sum_{i=1}^{m} x_i' = \frac{1}{V}, x_i' \geqslant 0,\ i = 1,2,\cdots,m$$

甲希望赢得 V 最大，因此甲的最优混合策略 X^* 应使 $\frac{1}{V} = \sum_{i=1}^{m} x_i'$ 取最小值，从而，求解局中人甲的最优混合策略就转化为求解下述线性规划问题：

$$\min z = \sum_{i=1}^{m} x_i'$$

约束于

$$\begin{cases} \sum_{i=1}^{m} a_{ij}x_i' \geqslant 1, j=1,2,\cdots,n \\ x_i' \geqslant 0, i=1,2,\cdots,m \end{cases}$$

解此线性规划，得最优解和最优目标函数值

$$\boldsymbol{X}' = (x_1', x_2', \cdots, x_n')^{\mathrm{T}}, z^*$$

则原矩阵对策的解为

$$V = \frac{1}{z^*}$$

$$x_i^* = Vx_i', i=1,2,\cdots,m$$

同理，求局中人乙的最优混合策略，可以转化为以下的线性规划问题：

$$\max w = \sum_{j=1}^{n} y_j'$$

约束于

$$\begin{cases}\sum_{j=1}^{n} a_{ij}y_j' \geqslant 1, i = 1,2,\cdots,m \\ y_j' \geqslant 0, j = 1,2,\cdots,n\end{cases}$$

解出

$$\boldsymbol{Y}' = (y_1', y_2', \cdots, y_m')^{\mathrm{T}}, w^*$$

则原矩阵对策的解为

$$V = \frac{1}{w^*}$$

$$y_j^* = Vy_j', j = 1,2,\cdots,n$$

说明:上述求解是在 $V>0$ 的条件下进行的。一般若 $\boldsymbol{A}$ 的元素全为正,则必有 $V>0$;若 $\boldsymbol{A}$ 的元素中有负值,则有可能 $V\leqslant 0$,此时,将其全部元素都加上同一个足够大的常数 $c>0$,得到新的矩阵 $\boldsymbol{A}'$,$\boldsymbol{A}'$的元素全为正。可以证明:$\boldsymbol{A}$ 和 $\boldsymbol{A}'$的最优策略相同,而对策值 $V' = V + c$,即 $V = V' - c$。

例 5.13 利用线性规划方法求解矩阵对策

$$\begin{bmatrix} 7 & 2 & 9 \\ 2 & 9 & 0 \\ 9 & 0 & 11 \end{bmatrix}$$

解 求解问题可转化为两个互为对偶的线性规划问题:

$$\min z = (x_1' + x_2' + x_3')$$

约束于

$$\begin{cases} 7x_1' + 2x_2' + 9x_3' \geqslant 1 \\ 2x_1' + 9x_2' \geqslant 1 \\ 9x_1' + 11x_3' \geqslant 1 \\ x_1', x_2', x_3' \geqslant 0 \end{cases} \tag{5.2}$$

及其对偶问题:

$$\max w = (y_1' + y_2' + y_3')$$

约束于

$$\begin{cases} 7y_1' + 2y_2' + 9y_3' \leqslant 1 \\ 2y_1' + 9y_2' \leqslant 1 \\ 9y_1' + 11y_3' \leqslant 1 \\ y_1', y_2', y_3' \geqslant 0 \end{cases} \tag{5.3}$$

利用单纯形法求解问题得出

$$\boldsymbol{X}' = \left(\frac{1}{20}, \frac{1}{10}, \frac{1}{20}\right)^{\mathrm{T}}, z^* = \frac{1}{5}$$

$$\boldsymbol{Y}' = \left(\frac{1}{20}, \frac{1}{10}, \frac{1}{20}\right)^{\mathrm{T}}, w^* = \frac{1}{5}$$

从而有

$$V=\frac{1}{z^*}=\frac{1}{w^*}=5$$

$$\boldsymbol{X}^*=V X'=\left(\frac{1}{4},\frac{1}{2},\frac{1}{4}\right)^{\mathrm{T}}$$

$$\boldsymbol{Y}^*=V Y'=\left(\frac{1}{4},\frac{1}{2},\frac{1}{4}\right)^{\mathrm{T}}$$

例 5.14 利用线性规划方法求解矩阵对策

$$\boldsymbol{A}=\begin{bmatrix}1 & -2 & 3\\ 1 & 3 & -2\\ 4 & 2 & 1\end{bmatrix}$$

解 矩阵的部分元素为负,故首先将其全部元素都加上同一个常数 3,得到新的矩阵 $\boldsymbol{A}'$,$\boldsymbol{A}'$的元素全为正。

$$\boldsymbol{A}'=\begin{bmatrix}4 & 1 & 6\\ 4 & 6 & 1\\ 7 & 5 & 4\end{bmatrix}$$

设甲乙双方的最优混合策略为

$$\boldsymbol{X}^*=(x_1^*,x_2^*,x_3^*)^{\mathrm{T}},\boldsymbol{Y}^*=(y_1^*,y_2^*,y_3^*)^{\mathrm{T}}$$

求解问题可转化为两个互为对偶的线性规划问题:

$$\min z=(x_1'+x_2'+x_3')$$

约束于

$$\begin{cases}4x_1'+4x_2'+7x_3'\geqslant 1\\ 4x_1'+6x_2'+x_3'\geqslant 1\\ 7x_1'+5x_2'+4x_3'\geqslant 1\\ x_1',x_2',x_3'\geqslant 0\end{cases}\tag{5.4}$$

及其对偶问题:

$$\max w=(y_1'+y_2'+y_3')$$

约束于

$$\begin{cases}4y_1'+y_2'+6y_3'\leqslant 1\\ 4y_1'+6y_2'+y_3'\leqslant 1\\ 7y_1'+5y_2'+4y_3'\leqslant 1\\ y_1',y_2',y_3'\geqslant 0\end{cases}\tag{5.5}$$

利用单纯形法求解问题得出

$$\boldsymbol{X}'=\left(\frac{1}{26},0,\frac{5}{26}\right)^{\mathrm{T}},z^*=\frac{3}{13}$$

$$\boldsymbol{Y}'=\left(0,\frac{1}{13},\frac{2}{13}\right)^{\mathrm{T}},w^*=\frac{3}{13}$$

从而有

$$V'=\frac{1}{z^*}=\frac{1}{w^*}=\frac{13}{3}$$

$$X^* = V'X' = \left(\frac{1}{6}, 0, \frac{5}{6}\right)^{\mathrm{T}}$$

$$Y^* = V'Y' = \left(0, \frac{1}{3}, \frac{2}{3}\right)^{\mathrm{T}}$$

注意对策值等于 $V = V' - 3 = \frac{4}{3}$。

5.5.2 布朗算法

求解大型 $m \times n$ 阶矩阵对策的一种最实用、最易于计算机执行的算法是布朗算法（Brown 算法），这是一种迭代法，简单易行，只要迭代次数足够大，可以达到任意需要的精确度。这种方法思路很简单，类似于下棋，双方都很明智，它们根据对方所采取的步骤交替作出自己的决策。

例 5.15 求解矩阵对策

$$A = \begin{pmatrix} 1 & -2 & 3 \\ 1 & 3 & -2 \\ 4 & 2 & 1 \end{pmatrix}$$

解 双方交替采取步骤如下，我们同时在图 5.1 中记录这些步骤，记号(0)、(1)、(2)，…等代表迭代步骤。

(0) 甲先任选一个策略，例如第二个策略，在图 5.1 中的(0)行后记下该行元素(1,3，−2)。

				(1)	(3)	(5)	(7)	(9)	(11)	(13)	(15)	(17)	(19)
	1	−2	3	[3]	1	4	[7]	5	3	1	4	7	10
	1	3	−2	−2	1	−1	−3	0	3	6	4	2	0
	4	2	1	1	[3]	[4]	5	[7]	[9]	[11]	[12]	[13]	[14]
(0)	1	3	[−2]										
(2)	2	[1]	1										
(4)	6	3	[2]										
(6)	10	5	[3]										
(8)	11	[3]	6										
(10)	15	[5]	7										
(12)	19	[7]	8										
(14)	23	9	[9]										
(16)	27	11	[10]										
(18)	31	13	[11]										

图 5.1 矩阵对策布朗算法求解步骤

(1) 乙根据甲的行动，选择对自己最有利（输得最少）的第三个策略，在“−2”上画框，将支付矩阵的第三列$(3, -2, 1)^{\mathrm{T}}$记在图 5.1 中(1)列下。

(2) 甲根据乙的行动，选图 5.1 中(1)列下对自己最有利（赢得最多）的第一个策略，在“3”上画框，将支付矩阵的第一行(1，−2,3)与甲上次选的第(0)行元素(1,3，−2)对应相加，将得到的(2,1,1)记在图 5.1 中第(2)行。

(3) 乙根据甲两次行动的赢得，即图 5.1 中第(2)行元素，选择对自己最有利的第二个策略，在“1”上画框，将支付矩阵的第二列$(-2,3,2)^{T}$与乙上次选的第(1)列元素$(3,-2,1)^{T}$对应相加，将得到的$(1,1,3)^{T}$记在图5.1中第(3)列。

如此不断迭代下去，双方各取10步，结果记录在图5.1中。可以看到，经双方10次对策的较量后，甲方最少赢得为11，乙方最大支付为14，平均后得到对策值为

$$\frac{11}{10} \leqslant v \leqslant \frac{14}{10}，即 1.1 \leqslant v \leqslant 1.4$$

将甲方选中各策略的频率近似作为甲的最优混合策略，有

$$\boldsymbol{X}^{*}=(0.2,0,0.8)^{T}, \boldsymbol{Y}^{*}=(0,0.4,0.6)^{T}$$

与例14中线性规划求得的结果相比

$$\boldsymbol{X}^{*}=\left(\frac{1}{6},0,\frac{5}{6}\right)^{T}, \boldsymbol{Y}^{*}=\left(0,\frac{1}{3},\frac{2}{3}\right)^{T}, v=\frac{4}{3}(V \approx 1.33)$$

可见，仅10次迭代已经得到较好的近似解，为了更精确起见，可以取更大的迭代次数。

5.6 冲突型决策理论的应用

例5.16 攻防对策：普林斯顿大学的对策论练习题。

美国普林斯顿大学“对策论”课程中有这样一道练习题：如果给你两个师的兵力，你来当司令，任务是攻克“敌人”占据的一座城市。而敌人的守备是三个师，规定双方的兵力只可整师调动，通往城市的道路有甲、乙两条，当你发起攻击时，若你的兵力超过敌人你就获胜；若你的兵力比敌人守备部队兵力少或者相等，你就失败。你如何制定攻城方案？

解 乍一看来，你可能要说：“为什么给敌人三个师的兵力而只给我两个师？这太不公平。兵力已经吃亏，居然还要规定兵力相等则敌胜我败，连规则都不公平，完全偏袒敌人。”

在这个游戏中，假设守方的兵力比进攻方多，而且同等兵力也较强是有道理的，因为防守方确实要占一些便宜，如以逸待劳、依托工事等，另外，进攻方集结兵力、投入战场，都不如守方那样方便（如空投、渡河作战，都要受制于交通工具的运载能力），而且面对坚固防御，至少在战斗开始的时候，攻方总要承受很大的牺牲。模拟作战中规定若攻守双方兵力相等则失败，就体现了这个意思。

敌军有三个师，它有四套作战方案：

A. 三个师均守在线路甲；

B. 两个师守甲线路，一个师守乙线路；

C. 一个师守甲线路，两个师守乙线路；

D. 三个师均驻守乙线路。

同样，我军有两个师的攻击兵力，可以有三套作战方案：

(1) 集中全部两个师的兵力从甲线路实施攻击行动；

(2) 兵分两路，一个师从甲线路，一个师从乙线路进城；

(3) 集中全部兵力从乙线路进城。

由此构成如下攻守双方得失表（表5.4），其中(x,y)表示在甲线路x个师，乙线路y个师。

表 5.4　攻守双方得失表

攻 \ 守	B1:(3,0)	B2:(2,1)	B3:(1,2)	B4:(0,3)
A1:(2,0)	-1	-1	1	1
A2:(1,1)	1	-1	-1	1
A3:(0,2)	1	1	-1	-1

看看敌人在三个师的情况下会如何布防。注意:敌人不可能采取用三个师全力防守甲或乙的方案(即 A 和 D),因为布置三个师和两个师的效果是完全一样的。所以敌军必取 B 或 C 那样的二一布防,一路两个师,另一路一个师。也就是说,敌军的选择其实只有两个。既然如此,你就不可能采取分兵进攻的策略,因为那样一定失败。所以,你的选择其实也只有两个:全力进攻甲或乙。

情况最终就是这样:我军必集中兵力于某一路出击。这样,你若攻在敌军的薄弱之处,你就获胜,你若攻在敌人兵力较多的地方,你就失败。总之,敌我双方获胜的可能性还是一样大。

以上是直观分析结果,以下采用对策论方法求解,看看结果是否一致。该问题的支付矩阵为

$$\begin{array}{c} \\ (2,0) \\ (1,1) \\ (0,2) \end{array}\begin{array}{c} \begin{array}{cccc} (3,0) & (2,1) & (1,2) & (0,3) \end{array} \\ \begin{bmatrix} -1 & -1 & 1 & 1 \\ 1 & -1 & -1 & 1 \\ 1 & 1 & -1 & -1 \end{bmatrix} \end{array}$$

显然第一列和第四列处于劣势,可以划去,从而得到

$$\begin{array}{c} \\ (2,0) \\ (1,1) \\ (0,2) \end{array}\begin{array}{c} \begin{array}{cc} (2,1) & (1,2) \end{array} \\ \begin{bmatrix} -1 & 1 \\ -1 & -1 \\ 1 & -1 \end{bmatrix} \end{array}$$

显然第二行处于劣势,可以划去,从而得到

$$\begin{array}{c} \\ (2,0) \\ (0,2) \end{array}\begin{array}{c} \begin{array}{cc} (2,1) & (1,2) \end{array} \\ \begin{bmatrix} -1 & 1 \\ 1 & -1 \end{bmatrix} \end{array}$$

这是一个 2×2 矩阵对策,利用公式计算得到

$$\boldsymbol{X}^* = (0.5,0,0.5)$$
$$\boldsymbol{Y}^* = (0,0.5,0.5,0)^{\mathrm{T}}$$
$$V=0$$

显然结果与上面分析的一致。

例 5.17　选择武器种类的问题。

我方有三种类型的武器:A1,A2;敌方有三类目标:B1,B2,B3。需要预先计划用何种武器(飞机、舰艇、坦克)毁伤目标。我们的任务是以最大可能概率毁伤目标。敌方的任务是在最小可能被毁伤概率的条件下保存自己。第 i 类武器毁伤第 j 类目标的概率 p_{ij} 由支付矩阵(表 5.5)给出。

表 5.5　选择武器种类问题支付矩阵

毁伤概率	B1	B2	B3
A1	0	0.5	0.83
A2	1.0	0.75	0.5

需要提出关于合理选择武器类型的建议，这些建议应能保证在缺乏敌方选择何种目标的资料的条件下最好地解决战斗任务。

解　该问题的支付矩阵为

$$\begin{bmatrix} 0 & 0.5 & 0.83 \\ 1 & 0.75 & 0.5 \end{bmatrix}$$

第一列和第三列凸组合后优于第二列，故划去第二列，得到

$$\begin{bmatrix} 0 & 0.83 \\ 1 & 0.5 \end{bmatrix}$$

这是一个 2×2 矩阵对策，利用公式计算得到

$$\boldsymbol{X}^* = (0.376, 0.624)^{\mathrm{T}}$$

$$\boldsymbol{Y}^* = (0.248, 0, 0.752)^{\mathrm{T}}$$

$$V = 0.624$$

问题的解表明，对抗武器 A2(62.4%)比对抗武器 A1(37.6%)具有优势(相对重要性)。在本情况中实现混合策略下的解可采用所谓策略的物理混合来实现。即按照组成混合策略的比例配备武器。武器 A1:37.6%，武器 A2:62.4%。

例 5.18　对策论在雷达对抗中的应用。

甲方攻击机进入乙方防空雷达的作用范围之内，乙方雷达的工作方式有以下四种。为了避免被乙方雷达探测到，甲方攻击机对乙方雷达采取干扰对策，干扰方式有以下四种。据经验和资料得出对雷达不同工作方式实施干扰后甲方攻击机的生存概率见表 5.6。

表 5.6　雷达对抗问题支付矩阵

甲方生存概率		乙方雷达			
		(β_1)圆锥扫描	(β_2)线性扫描	(β_3)捷变频	(β_4)单脉冲
甲方攻击机	(α_1)欺骗性干扰	0.95	0.90	0.82	0.10
	(α_2)瞄准式压制干扰	0.62	0.73	0.16	0.89
	(α_3)阻塞式压制干扰	0.52	0.22	0.63	0.58
	(α_4)箔条干扰	0.80	0.19	0.40	0.71

解　将甲方攻击机的生存概率作为甲方的赢得和乙方的支付，得支付矩阵

$$\boldsymbol{A} = \begin{bmatrix} 0.95 & 0.90 & 0.82 & 0.10 \\ 0.62 & 0.73 & 0.16 & 0.89 \\ 0.52 & 0.22 & 0.63 & 0.58 \\ 0.80 & 0.19 & 0.40 & 0.71 \end{bmatrix}$$

这个矩阵对策不存在鞍点,用迭代法得到甲、乙各方的最优混合策略为

$$\boldsymbol{X}^* = (0.258, 0.288, 0.454, 0)^{\mathrm{T}}$$

$$\boldsymbol{Y}^* = (0, 0.152, 0.456, 0.392)^{\mathrm{T}}$$

对策值为:$V=0.5456$。

例 5.19 对策论在作战指挥决策中的应用。

我军一个陆军师组织野战阵地防御,准备抗击敌一个加强摩步师的进攻。敌一个摩步师加强一个坦克团共有坦克 366 辆,准备在行进间对我师防御阵地发起进攻。我炮兵参谋根据首长决心提出三种方案供指挥员选择:

A1:用主要火力打击敌坦克行进纵队,在远距离上消耗和迟滞敌人;

A2:用主要火力打击敌榴弹炮,破坏敌炮火准备;

A3:用主要火力首先歼灭敌火箭炮,破坏敌炮火准备,提高我反坦克兵器的生存能力。

另外,我炮兵参谋根据敌军炮兵火力运用原则?提出了对方可能采取的三种方案:

B1:以 50% 的火力压制我炮兵?以另外 50% 的火力压制我前沿支撑点反坦克兵器;

B2:以 30% 的火力压制我炮兵,以另外 70% 的火力压制我前沿支撑点反坦克兵器;

B3:以全部火力压制我前沿支撑点反坦克兵器。

解 考虑战场态势,利用射击理论,算得炮火准备期间我方击毁敌军坦克数,作为我方赢得矩阵:

$$\begin{pmatrix} 53.99 & 49 & 41.7 \\ 55.9 & 52 & 46.2 \\ 58.7 & 56 & 51.9 \end{pmatrix}$$

这个矩阵对策有鞍点(A3,B3),我方使用最优策略 A3,敌方使用最优策略 B3 时,我方击毁敌坦克 $V=51.9$ 辆。

例 5.20 假情报(伪装)问题。

为了隐蔽我方目标,构筑两个相同的阵地 A1 和 A2,其中一个阵地配置了真目标,另一个为假目标。敌方不掌握何处是真目标的情报,因而可能向阵地 A1 实施突击(以 B1 表示),也可能向阵地 A2 实施突击(以 B2 表示)。我们的任务是保存自己的目标,敌人的任务是毁伤我方目标。当敌方向第 j 阵地实施突击时,位于第 i 阵地的我方目标未被毁伤的概率 ω_{ij} 由表 5.7 所列的支付矩阵给出。

表 5.7 情报伪装问题支付矩阵

未毁伤概率	B1	B2
A1	0.608	1.000
A2	1.000	0.440

需要提出关于合理选择阵地的建议,以保证保存我方目标的问题得到最好解决。

解

$$\begin{bmatrix} 0.608 & 1 \\ 1 & 0.44 \end{bmatrix}$$

最优混合策略解为

$$X^* = (0.588, 0.412)^T$$
$$Y^* = (0.588, 0.412)^T$$
$$V = 0.768$$

上述解表明，阵地 A1（58.8%）比阵地 A2 具有优势（相对重要性）。这种按一定概率选取最优策略的方法在实际中运用时，可以采用随机选择的方式（或利用专门的随机选择机器）选择行动策略。

习　题

1. 甲、乙两个游戏者同时伸出一、二、三、四、五5个指头中的一种，若两人指数之和 K 为奇数，则甲赢得 K 元；若两人指数之和 K 为偶数，则乙赢得 K 元。试写出甲的赢得矩阵。

2. 我某部火炮担负支援步兵任务，弹药可放在阵地上或掩体内。在敌未发现我方阵地的情况下，若弹药放在阵地上，可圆满完成任务；若放在掩体内，因影响发射速度，完成任务的概率为0.8；在敌发现我方阵地的情况下，若弹药放在掩体内，完成任务的概率为0.6，若放在阵地上，被敌方击中的概率为0.4，试写出这个对策问题中我方的赢得矩阵。

3. 战斗开始前，红方火炮有四种目标分配方案 A1，A2，A3，A4，都以摧毁蓝方目标为目的，蓝方兵力有四种配置方案 B1、B2、B3、B4，以减少己方损失为目的。红方炮火毁伤蓝方目标数如表5.8所列。

表5.8　红方毁伤蓝方目标赢得矩阵

红方毁伤蓝方目标数	B1	B2	B3	B4
A1	50	60	90	40
A2	90	50	40	70
A3	80	30	50	70
A4	90	70	90	90

试求该矩阵对策的解。

4. 科洛奈对策问题。科洛奈和他的敌人都企图夺取两个战略位置，科洛奈和敌人可利用的兵团分别是2个和3个，双方都将把他们的兵团配置在两个战略位置附近。设 n_1 和 n_2 是科洛奈分配到位置1和2处的兵团数，m_1 和 m_2 是敌人分配到位置1和2处的兵团数。科洛奈的损益计算如下：如果 $n_1 < m_1$，他将失去 $n_1 + 1$，同样，如果 $n_2 < m_2$，他将失去 $n_2 + 1$；反之，如果 $n_1 > m_1$，则他将赢得 $m_1 + 1$，如果 $n_2 > m_2$，他将赢得 $m_2 + 1$；如果双方在某位置处的兵团数相等，则在该处为平局。

试求该矩阵对策的解。

5. 设红方有两种类型的防空导弹，红方的行动策略有两种：

A1——采用对高空目标射击效率高的防空导弹；

A2——采用对低空目标射击效率高的防空导弹。

蓝方在空袭中可以采用高空飞行和低空飞行两种行动策略 B1 和 B2，红方的赢得是击毁蓝方飞机的概率，赢得矩阵为

$$A=\begin{bmatrix}0.4 & 0.2\\0.2 & 0.6\end{bmatrix}$$

试确定红方两种防空导弹的最优组合和蓝方空袭时飞机高低空的最优编队。

6. 给定矩阵对策 $G=\{S1,S2,A\}$，试决定下列对策 C 是否有鞍点？若有鞍点，试确定双方最优纯策略和对策值，若无鞍点，试确定最大最小和最小最大纯策略以及最大最小和最小最大值。

(1) $A=\begin{bmatrix}1 & -1 & -1\\3 & -2 & 0\\0 & 1 & 0\end{bmatrix}$　　(2) $A=\begin{bmatrix}0 & 1 & 2\\2 & 0 & 1\\1 & 2 & 0\end{bmatrix}$

(3) $A=\begin{bmatrix}-6 & 1 & 8\\3 & 2 & 4\\9 & -1 & 10\\-3 & 0 & 8\end{bmatrix}$　　(4) $A=\begin{bmatrix}-7 & 1 & -8\\3 & 2 & 4\\16 & -1 & -3\\-3 & 0 & 5\end{bmatrix}$

(5) $A=\begin{bmatrix}3 & 4 & 3\\-3 & 1 & -2\\2 & 2 & 3\end{bmatrix}$　　(6) $A=\begin{bmatrix}3 & 1 & 0\\1 & 2 & 3\\2 & 7 & 1\end{bmatrix}$

7. 用正确的方法求解下列矩阵对策 $G=(S1,S2,A)$。

(1) $A=\begin{bmatrix}2 & 1\\1 & 2\end{bmatrix}$　(2) $A=\begin{bmatrix}1 & 5\\4 & 1\end{bmatrix}$　(3) $A=\begin{bmatrix}3 & 2\\5 & 1\end{bmatrix}$　(4) $A=\begin{bmatrix}-2 & 6\\4 & -2\end{bmatrix}$

8. 对下列矩阵对策化简再求解。

(1) $A=\begin{bmatrix}3 & 4 & 3\\-3 & 1 & 2\\4 & 2 & 5\end{bmatrix}$　　(2) $A=\begin{bmatrix}3 & 1 & 3 & 5 & 4\\3 & 4 & 5 & 4 & 1\end{bmatrix}$

(3) $A=\begin{bmatrix}0 & 3 & 2 & 1\\1 & 2 & 1 & 6\\2 & 3 & 4 & 5\\3 & 0 & 1 & 2\end{bmatrix}$　　(4) $A=\begin{bmatrix}1 & 4 & 2 & 2 & 4\\3 & 3 & 4 & 2 & 5\\4 & 5 & 3 & 1 & 2\\5 & 6 & 1 & 5 & 2\end{bmatrix}$

9. 用线性规划法求解下列矩阵对策 $G=(S1,S2,A)$。

(1) $A=\begin{bmatrix}1 & 3 & 3\\4 & 2 & 1\\3 & 2 & 2\end{bmatrix}$　　(2) $A=\begin{bmatrix}-1 & 2 & 1\\1 & -2 & 2\\3 & 4 & -3\end{bmatrix}$

10. A、B 两名游戏者双方各持一枚硬币，同时展开硬币的一面。如均为正面，A 赢 2/3 元；均为反面，A 赢 1/3 元；如为一正一反，A 输 1/2 元。写出 A 的赢得矩阵，A、B 双方各自的最优策略，并回答这种游戏是否公平合理？

第 6 章　群决策理论与方法

本章介绍群决策理论与方法，首先概要介绍群决策的基本概念；之后介绍社会选择（Social Choice）和专家判断/群体参与（Expert Judgment/Group Participation）两类问题的常用求解方法投票表决法和 Delphi 法，其中投票表决法包括非排序式选举、排序式选举和其他投票规则，Delphi 法包括 Delphi 法的主要特征、一般程式和调查结果的统计分析；最后介绍群决策的效用函数法。

6.1　群决策概述

群决策（Group Decision Making）是指以群体为决策主体所进行的决策活动，即在一定的决策准则下将群体成员的偏好集结成单一的群体偏好的过程。群决策理论是决策理论的一个分支，按照决策主体划分，决策问题可分为群决策和个体决策问题，简单地说，个体决策是由单个决策者做出决策，群决策是为充分发挥集体的智慧，由多人共同参与决策分析并制定决策的整体过程。目前群决策已经成为决策活动的主要形式，在现代政治、管理、军事和科技等重大决策问题中起到了越来越重要的作用。在现实生活中，决策往往是群体行为，是由多人参加进行方案选择的活动，其中，参与决策的人组成决策群体。如各种委员会、董事会、代表大会等就是这样的群决策机构，这些组织的成员、代表就是群决策者中的一员。

群决策理论是随着西方国家福利经济学的发展而发展起来的，由个人决策过渡到群决策是人类社会决策活动的一大进步。因为现代人类的决策活动涉及的信息面广、影响因素多，要想实现决策的科学化，单凭某一个人的能力是不可能很好地完成的，越来越多的决策要靠群体来制定。同时，群决策的方式也能给选择过程带来一些好处：更广泛的知识和经验、更多样化的视角、潜在的协作行为等。以群体行为所做的决策，在决策程序、决策评价标准上与单个决策者的决策有很大的差异，在决策原则、方法等许多方面都有新的内容，因而应用单个决策者的决策方法进行群决策在许多方面都受到了限制。当前群决策已成为数学、政治学、经济学、社会心理学、行为科学、管理学和决策科学等多门学科研究的共同交叉点。由于群决策问题所具有的内在复杂性、不同学科对群决策研究侧重点的不同，导致形成了群决策复杂多变的名词术语和各种各样的研究模型。因此，群决策至今仍没有被广泛接受的统一严格定义。

作为一个明确的概念，群决策最早是由 Black 于 1948 年提出的，其后，国外学者 Hwang 于 1987 年对群决策给出了如下定义：群决策是把不同成员的关于方案集合中方案的偏好按照某种规则集结为决策群体的一致或妥协的群体偏好序。该定义实际上更多地刻画出规范性群体决策的一些特征，即需要寻找一种对决策群体公平的规则对个体决策者的偏好进行集结。这一定义强调了群体决策过程是寻找每一个决策个体都能够认可的群体效应函数。这个过程看起来是一个静态过程，而实际上，个体决策者形成最终的一致或妥协群体决策的过程是一个非常复杂的过程，有可能这个过程需要反复进行直至决策者群体的一致性偏好最终得以形成。

群决策理论是建立在个体决策理论基础上的，因此具有个体决策理论的特点，同时，群决策是多个决策者共同对问题做出决策，又具有自己的特点，因此一般具有以下特点：

(1) 群决策的主体是由两个或两个以上的成员组成的群体，每一个成员拥有一定的决策权力(成员决策权的大小可以不等)，这是群决策区别于个体决策的根本所在，由于决策者需要共同进行决策，决策者的数量和决策者之间的相互联系直接影响到群决策的决策过程、决策机理以及决策结果的质量。

(2) 决策者面对的是共同的问题，而且往往是非结构化的复杂决策问题，该问题庞大而复杂，单个决策者的知识和经验有限，难以做出令人满意的决策，需要集中决策群体的智慧才能创造性地加以解决。

(3) 决策者试图达成群体决策结果，这个结果将能反映决策群体中每个决策者的意见，即群体所做出的必然是所有参与者一致能接受的方案。

(4) 群决策的效果受到所采用的决策规则影响。如果给定群决策的其他因素不变，所采用的决策规则不同会得出不同的决策结果。当采用不同的决策规则时，每个被选择方案都有机会成为最终的方案。

(5) 决策群体中的任何个体决策者都难以做出完美决策。因此，决策充满着风险和不确定性。

(6) 群决策的结果是个体决策者的偏好形成一致或妥协之后得出的，群体的决策结果依赖于其成员给出的偏好信息。群体的决策结果不要求所有的个体决策者做出完全一致的选择或判断，只有满足集结规则时才可以将其确定为最终的决策结果。

(7) 群决策中的任意成员具有独立性。决策群体中的每个成员都有其对问题的独立的理解、态度、决策动机以及个性等，各自独立地做出其选择和判断，但不排除成员之间存在相互影响。并且，为了达到选择的一致性，得出最终一致的决策结果，常常需要决策者相互沟通，弥补个体掌握偏好信息的不足。

群决策过程(图6.1)可描述如下：首先由各个决策者针对共同的决策问题给出自己的意见(即偏好信息)，然后对决策群体的偏好信息的一致性进行分析，如果满足某种集结规则就进入意见的集结与方案的选择过程，即按照某种集结规则集结为群的偏好，然后根据群的偏好对决策方案进行排序，从中选择决策群体最偏好的方案。若群决策分析结果未达成意见一致，则需要协调各个决策者重新给出决策意见。

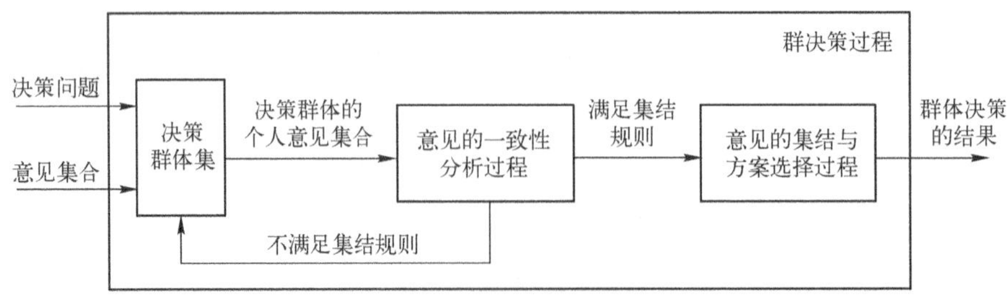

图6.1　群决策过程

群决策过程一般包括建立可行方案、方案评价、信息一致性分析、信息集结和方案选择与排序等基本步骤。

（1）建立可行方案：主要包括框架设想、方案预测和详细设计。框架设想是根据领域内的特定相关知识，从不同的角度和途径，大胆设想各种可行方案，以确保其多样性；方案预测是对框架设想提出的方案从可行性、有效性等方面作出科学的预测和判断；详细设计是对可行方案的充实和完善。

（2）方案评价：利用决策者给出的偏好信息，对决策方案进行可行性研究。偏好信息主要包括效用值、互反判断矩阵和互补判断矩阵三种类型。

（3）信息一致性分析：一致性分析包括决策者个体的一致性分析和决策者群体之间的一致性分析。决策者个体的一致性分析是指决策者在对方案评价后给出的偏好信息不能相互矛盾；决策者群体之间的一致性分析则是由于决策问题本身的复杂性和在主、客观因素的影响下，决策群体的意见达成一致的过程。

（4）信息集结：由于决策群体给出的偏好信息较为分散，为便于对其进行分析，需要采用一定的集结方法对信息进行集合，并为方案选择和排序提供依据。信息集结主要包括互反判断矩阵和互补判断矩阵两种方法。

（5）方案选择与排序：方案选择是整个群决策过程的中心环节，它从决策方案中选出排序效用值最高的一个作为最终的决策结果。选择的方法主要有定性分析、经验方法、数学方法和试验方法等。

总之，群决策将特定规模的群体作为决策的主体，在对决策问题进行全面、综合分析的基础上，根据各种规则、标准，运用各种技术手段，按照某种决策机制对决策问题做出最优的或满意的抉择，形成群体对方案的一致接受或多数接受的决策过程，以实现整体大于部分之和的群体增效潜力。群决策的依据是群体中各成员的意见或偏好，包括成员的效用、概率、评价值、评判、预测、估计、行为等；群决策必须要有一个集结规则，用以将群体各成员的偏好加以集结，也称为准则、机制，不同的决策机制可能带来不同的决策结果，决策机制必须预先确定。

群决策问题可分为社会选择（Social Choice）和专家判断/群体参与（Expert Judgement/Group Participation）两类：

（1）社会选择问题是根据社会中各成员的价值观和对不同方案的选择产生社会的决策，即要把社会中各成员对各种状况的偏好模式集结成为单一的社会偏好模式。该决策问题有两个基本特点：一是有现成的备选方案，各成员给出对方案的评价意见，由决策者集结各成员的偏好以形成群的偏好，得到最终决策，即从方案集中选出最优的或令人满意的一个方案；二是群中成员的地位平等，每个成员都是决策者。该问题的解决重点是应该用什么方法把群成员的偏好公平合理地集结成群的排序，即社会的选择。社会选择理论包括投票表决法、社会选择函数和社会福利函数等方法。

（2）专家判断/群体参与问题。现实生活中有许多群决策问题开始时并无现成方案可供选择，方案的产生也决非某个人所能完成，而是需要依靠各有关方面的专家，发挥众人的才智，在决策问题的求解过程中逐步形成各种方案，并在方案的评价过程中不断改进方案，最终做出选择。在这类问题的求解过程中，专家组成的群通常只是上级主管部门或主管人员的参谋班子、咨询机构或智囊团，其作用是为主管部门或主管人员决策和判断提供咨询意见。因此,各成员的权力虽然平等,但其主要用于提供经验、知识和信息,帮助决策者做出价值判断,真正的最终决策由决策者做出,决策方案要在研究问题的过程中形成。Delphi 法是解决专家判断/群体参与问题的方法之一。

6.2 群决策的投票表决法

投票表决法是一种最古老的群决策方法,投票表决主要存在两个基本问题:①对同一个选举问题,不同投票表决方法得到的结果可能会完全不同;②投票人通过谎报自己的真实偏好使投票结果发生有利于自己的变化。这两方面的内容统称为社会选择的防操纵性。常用的投票表决方法有"非排序式选举"和"排序式选举"两种。在选票上不反映投票人对候选人偏好的投票表决称为非排序式选举,而在选票上反映投票人偏好的投票表决称为排序式选举。

6.2.1 非排序式选举

一、只有一人当选的情况

对两个候选人进行投票表决时最常采用的计票方法是"简单多数票"法则,由获票较多的候选人当选。它适用于只有两个候选人(或备选方案)竞争的场合。当候选人(方案)数目超过两个时,这种方法并不可靠,即它不适用于两个以上候选人(方案)的决策情形。当候选人(备选方案)多于两个时,有两种办法可以采用:①按得票多少,即票数最多者获胜,称为"简单多数制"或"相对多数制";②得票超过半数才能当选,称为"过半数代表制"或"绝对多数制"。若第一次投票后有某个候选人获得半数以上选票,则该候选人将被选择,选举结束;否则,就要采取二次投票或反复投票表决等方法来产生获得过半数选票的候选人。"二次投票法"规定,在第一次投票后若无任何候选人获得过半数选票,则应对在第一次投票中得票最多的两个候选人进行第二次投票,从中选出一个得票超过半数的候选人。"反复投票表决法"对每次投票表决中候选人的个数不作硬性规定,而希望得票太少的候选人自动退出竞选,使选票逐步向少数候选人集中。投票反复进行,直到产生某个得票超过半数的候选人为止。与反复投票表决相类似的还有"取舍表决法",它规定在第一次投票后若无过半数票获得者,则将得票数最少的候选人淘汰掉,对其余候选人进行下一轮投票;如此继续,直到产生过半数候选人为止。表 6.1 概括总结了一人当选的各种非排序式选举方法。在这些方法中,过半数或简单多数票是一种被实际普遍采用的选举方法,也是最直观、最简单方便的选举方法。

表 6.1 一人当选的各种非排序式选举方法

投 票 法	二次投票法	表 决 法
简单多数制(相对多数制)	不进行二次投票	简单多数
过半数代表制(绝对多数制)	二次投票法 反复投票表决法 取舍表决法	过半数 过半数 过半数

但是对简单多数票法则以及过半数票当选原则作进一步研究,就会发现这些方法有时并不公平。Dodgson 早在 1573 年就提出了如下的例子来说明这个问题。如有 11 个投票人,4 个候选人(a,b,c,d),每个投票人对各候选人的偏好次序如表 6.2 所列。

表 6.2 每个投票人对各候选人的偏好次序表

投票人编号 / 偏好次序	1	2	3	4	5	6	7	8	9	10	11
第 1 位	b	b	b	b	b	b	a	a	a	a	a
第 2 位	a	a	a	a	a	a	c	c	c	d	d
第 3 位	c	c	c	d	d	d	d	d	d	c	c
第 4 位	d	d	d	c	c	c	b	b	b	b	b

在这个由 11 人组成的群中,有近半数的投票人(5 位成员)认为 a 最好,另 6 人认为 a 是第二位的,而 b 在 5 位成员心目中是最差的。看来由 a 当选是比较合适的,而无论按简单多数票法则还是按过半数票法则,都将是 b 当选,这是因为无论是简单多数还是过半数票原则都是非排序式选举,没有充分考虑投票人的偏好序。

M. De. Condorcet 于 18 世纪提出一个原则(称为 Condorcet 原则):当存在 2 个以上的候选人时,只有一种办法能严格而真实地反映群中多数成员的意愿,这就是对候选人进行成对比较,若存在某个候选人,他能按过半数决策规则击败其他所有候选人,则他被称为 Condorcet 候选人,应由此人当选。

二、同时有两人或多人当选的情况

按简单多数票法则同时选出两个或多个备选方案的投票表决有多种方法,这些方法都可用于在某一选区中一次选出多个当选者。

1. 一次性非转移式投票表决

这种方法规定每个投票人只有一票,用无记名方式投票,按简单多数法确定当选者。

2. 复式投票表决

这种投票方法规定,在选举中要产生多少当选者,每个投票人就可以投多少张票,但对每个候选人只能投一票。这种表决法的最大缺陷是,如果选举涉及激烈的党派斗争或路线斗争,则有可能使所有职位都集中于实力稍强的某个党派,即使它的实力只强一点。因此,这种投票表决法的效果极差,只有在存在共同利益的团体或组织内部方可使用。

3. 受限的投票表决法

这种方法是为了避免复式投票中某个党派独占全部席位而提出的。它规定每个投票人可以投的票数必须小于当选人数。例如某一选举要选出三个代表,但规定每个投票人只能投两票,且对每个候选人至多投一票。

4. 累加式投票表决

这种投票方式规定每个投票人拥有的选票数等于待选席位数,且这些选票可以任意支配,既可以全部投给某一候选人,也可以随意分配给若干候选人。这种方法能给少数派以某种切实的保护。

5. 名单制

这种方法不是对候选人投票,而是由各党派或组织提出它的候选人名单,再由投票人对这些名单投票,即投票支持某个政党或组织。最后根据各党派的名单的得票数来分配席位,并按各名单应得席位与名单上候选人的次序确定具体人选。常用的分配席位的方法有“最大均值法”和“最大余额法”两种。最大均值法的基本原则是逐一分配席位,每次都把席位分配给平均每个席位得票数最多的名单。最大余额法的分配步骤是求总票数 n 与总席位数 m 的商 $Q=n/m$,首先按各名单得票数中包含商 Q 的数量分配席位,在有席位多余时,根据余数来分配多余席位。

例 6.1 某选区有 24000 位选民,4 个党派各自提出了竞选名单 A,B,C,D,竞争 5 个席位。设投票的结果是:A——8700 票,B——6800 票,C——5200 票,D——3300 票。分别采用最大均值法和最大余额法进行投票表决,给出表决结果。

最大均值法的基本原则是逐一分配席位,每次都把席位分配给平均每个席位得票数最多的名单。具体步骤是先分第一个席位,在分配前将每个名单的得票数除以 1,这时各名单的每个席位平均得票数就是上述得票数,由于名单 A 的得票数 8700 最大,所以 A 赢得第一席。在分配第二席时,A 已获得了 1 席,若第二席还分给 A,其除数为 2;其余名单除数仍取 1,由此得到表 6.3。

表 6.3　最大均值法投票表决结果 1

名　单	得票总数	除　数	平均值
A	8700	2	4350
B	6800	1	6800
C	5200	1	5200
D	3300	1	3300

此时名单 B 的平均值最大,B 获得第二个席位。分配第三个席位时,A,B 的除数均取 2,C,D 的除数仍为 1,这时有如表 6.4 所列结果。

表 6.4　最大均值法投票表决结果 2

名　单	得票总数	除　数	平均值
A	8700	2	4350
B	6800	2	3400
C	5200	1	5200
D	3300	1	3300

此时名单 C 的平均值最大,C 获得第三个席位。分配第四个席位时,A,B,C 的除数均取 2,D 的除数仍为 1,这时有如表 6.5 所列结果。

表 6.5　最大均值法投票表决结果 3

名　单	得票总数	除　数	平均值
A	8700	2	4350
B	6800	2	3400
C	5200	2	2600
D	3300	1	3300

此时名单 A 的平均值最大，A 获得第四个席位，即 A 共获得两席。分配第五个席位时，A 的除数取 3，B，C 的除数均取 2，D 的除数仍为 1，这时有如表 6.6 所列结果。

表 6.6　最大均值法投票表决结果 4

名　单	得票总数	除　数	平　均　值
A	8700	3	2900
B	6800	2	3400
C	5200	2	2600
D	3300	1	3300

此时名单 B 的平均值最大，B 获得第五个席位。于是，采用最大均值法分配席位的最终结果是：A，B 各获得 2 席，C 得 1 席，D 得 0 席。

最大余额法的分配步骤是求总票数 n 与总席位数 m 的商 $Q=n/m$，首先按各名单得票数中包含商 Q 的数量分配席位，在有席位多余时，根据余数来分配多余席位。本例中，$Q=24000/5=4800$，所以每获得 4800 票即可获得一个席位，因此有表 6.7。

表 6.7　最大余额法投票表决结果 5

名　单	得票总数	Q	初始席位分配	余　额
A	8700	4800	1	3900
B	6800	4800	1	2000
C	5200	4800	1	400
D	3300	4800	0	3300

此时，名单 A，B，C 各得 1 席，还剩余 2 席。由于 A，D 的余额最大，各得 1 席。所以采用最大余额法分配的结果是 A 得 2 席，B，C，D 各得 1 席。

该例表明，同样的投票结果，席位的分配结果将因使用的方法而不同。最高均值法对大党派有利，最大余额法对小党派有利。

6. 可转移式投票

是用于多席位选举的投票表决方法中较著名的方法。它通常用在 3～6 个席位的选区，其选举程序较为复杂。该法规定，在每一轮投票中，每个选民只有一票，第一轮投票后统计各候选人 a_j 的得票数 n_j，以及现况值 $Q=n/(m+1)$（其中 n 为投票总数，m 为该选区要产生的席位数），凡是得票数 $n_j>Q$ 的候选人均可当选，而得票数最少者被淘汰；如有剩余席位，则由未当选的候选人在下一轮投票中竞争。如此继续，直到选出全部席位的当选人为止。在采用这种选举方法时，第一轮已入选候选人的支持者在第二轮中的投票方向对第二轮谁能当选有着决定性的影响。

7. 认可选举

这种选举方法规定，只要投票人愿意，他可以投票给尽可能多的候选人，但对每个候选人最多只能投一票。由得票最多的候选人当选。但这种方法还只是一种建议，尚未在实际的选举中使用。但可以证明这种方法比简单多数制和二次投票制更优越。当投票人都能真实地表达自己的意愿时，若存在 Condorcet 候选人，则它是在非排序式选举中唯一的一定能选出 Condorcet 候选人的选举方法。

表6.8概括总结了一人当选的各种非排序式选举方法，这些方法都可用于在某一选区中一次选出多个当选者。

表6.8 两人或多人当选的各种非排序式选举方法

投票法	表决法
一次性非转移式	简单多数
复式投票法	简单多数
受限的投票法	简单多数
累加式投票法	简单多数
名单制	最大均值，最大余额
可转移式投票	$Q = n/(m+1)$
认可选举	简单多数

6.2.2 排序式选举

非排序式选举方法，并不能可靠地解决两个以上候选人竞争单一职位的问题。它有可能导致并不受大部分群众成员欢迎的候选人当选。因此在投票时，不仅要让投票人表达他最希望看到多个候选人中的哪一个被选上，还应该让投票人说明他是以何种方式对这些候选人排序的，即在投票时表达他对各候选人的偏好次序，这就是排序式选举，又称"偏好选举"。偏好选举很容易实施。只要投票人在无记名选票上对各候选人排序，给他最满意的候选人名字前标上1，排名第二位的候选人名字前标2，如此继续。在投票完成之后计数即可。

为了讨论方便，引入如下符号：设群由 n 个成员构成，用 $N=\{1,2,\cdots,n\}$ 表示群中成员的集合，$i=1,2,\cdots,n$ 表示成员个体；以小写字母 a,b,c 或 x,y,z 等表示候选人或备选方案，所有方案的集合记为 A。

用 $>_i$，$\sim_i$ 表示群中的成员 i 的偏好：$x>_i y$ 表示群中第 i 个成员认为候选人 x 优于 y；$x\sim_i y$ 表示群中第 i 个成员认为 x 与 y 无差异，即 x 与 y 同样好；$x>_G y$ 表示群体认为 x 优于 y，$x\sim_G y$ 表示群认为 x 与 y 无差异；$N(x>_i y)$ 表示群中认为 x 优于 y 的成员的数目。

采用这些符号，过半数决策规则可定义如下：对 $x,y\in A$，①若 $N(x>_i y)>N(y>_i x)$，则 $x>_G y$；②若 $N(x>_i y)=N(y>_i x)$，则 $x\sim_G y$。

前面提到的 Condorcet 原则也可以表示成：若 $N(x>_i y)>N(y>_i x)$，$\forall y\in A\setminus\{x\}$，则 x 获胜。其中 $A\setminus\{x\}$ 表示方案集 A 去掉方案 x 以后的集合。

例6.2 一个群有60个成员，要从 a,b,c 三个备选决策方案中选出一个方案，这60个成员的态度是：

23人认为 $a>c>b$（即 a 优于 c，c 优于 b，a 也优于 b）；19人认为 $b>c>a$；16人认为 $c>b>a$；2人认为 $c>a>b$。

根据 Condorcet 原则，a 与 b 相比时，有 $23+2=25$ 个成员认为 $a>b$，另外的 $19+16=35$ 个成员认为 $b>a$，因为 $N(b>_i a)>N(a>_i b)$，按过半数票决策规则有 $b>_G a$。同理可得 $c>_G a$，$c>_G b$。两两比较及判决结果见表6.9。

表 6.9　两两比较及判决结果

(a,b)	(b,c)	(a,c)
$N(a>_i b)=23+2=25$	$N(b>_i c)=19$	$N(a>_i c)=23$
$N(b>_i a)=19+16=35$	$N(c>_i b)=23+16+2=41$	$N(c>_i a)=19+16+2=37$
过半数票决策规则:$b>_G a$	过半数票决策规则: $c>_G b$	过半数票决策规则: $c>_G a$

综上分析结果 $b>_G a$，$c>_G b$，$c>_G a$，按过半数票决策规则，群决策结果为：$c>_G b>_G a$，如果选择一个方案，则选择结果为 c。

由于简单过半数决策规则的合理性与简明性，它被广泛用于从两个候选人（或备选方案）中选择一人的投票表决。但在从多个候选人中选择一个时，这一规则有可能会遇到麻烦。Condorcet 发现，在对多个候选人作两两比较时，有时会出现多数票的循环。如果对例 6.2 稍作变动，就有如下情况。

例 6.3　一个群有 60 个成员，要从 a,b,c 三个备选决策方案中选出一个方案，这 60 个成员的态度是：

23 人认为 $a>b>c$（即 a 优于 c，c 优于 b，a 也优于 b）；17 人认为 $b>c>a$；2 人认为 $b>a>c$；8 人认为 $c>b>a$；10 人认为 $c>a>b$。

两两比较及判决结果见表 6.10。

表 6.10　两两比较及判决结果

(a,b)	(b,c)	(a,c)
$N(a>_i b)=23+10=33$	$N(b>_i c)=23+17+2=42$	$N(a>_i c)=23+2=25$
$N(b>_i a)=17+2+8=27$	$N(c>_i b)=8+10=18$	$N(c>_i a)=17+8+10=35$
过半数票决策规则:$a>_G b$	过半数票决策规则: $b>_G c$	过半数票决策规则:$c>_G a$

综上分析结果 $a>_G b$，$b>_G c$，$c>_G a$，这表明，虽然群中每个成员的偏好（即对候选人优劣的排序）是传递的，但用 Condorcet 原则对候选人两两比较，按过半数票决策规则得出的群的排序是 a 优于 b，b 优于 c，c 又优于 a 这种互不相容的结果，即群的排序不再具有传递性而是出现多数票的循环。这种现象称为 Condorcet 效应，又称投票悖论。可以证明，在用过半数规则进行进行社会选择时，产生多数票循环即投票悖论是不可避免的。

6.2.3　其他投票规则

一、资格认定

在前面介绍的投票表决法中都有一个共同点，这就是候选人总数 m 严格大于当选人数。在现实生活中的某些投票表决问题中，候选人数与应当选人数 k 相同（不存在竞争或不允许竞争），或者当选人数无确定的限额。这种投票表决带有对备选对象是否具备某种资格的审核与认定性质，它不是在方案间排序并作集体选择，而是按照某种公认的标准来衡量备选对象。认为备选对象符合标准时投赞成票；认为不符合标准则投反对票；无法确定备选对象是否符合标准可以弃权，再根据群中大部分成员的意见做出集体的选择。

二、非过半数决策规则

在投票表决时除了采用过半票的决策规则以外，根据实际情况的需要还可采用其他决策规则。例如,常用的2/3多数规则规定得票超过投票人数或法定人数的2/3方可当选或通过。在某些资格认定的投票表决中,还有过半数赞成且反对票少于1/3的规则。

6.3 群决策的德尔菲法

德尔菲是Delphi的中文译名。Delphi原是一处希腊遗址,是传说中神谕灵验、可预测未来的阿波罗神殿所在地。美国兰德公司在20世纪50年代与道格拉斯公司协作,研究如何通过有控制的反馈更为可靠地收集专家意见的方法时,以“德尔菲”为代号,德尔菲法(Delphi method)由此而得名。

德尔菲法是决策、预测和技术咨询的一种有效且广为适用的方法。德尔菲法是系统分析方法在意见和价值判断领域内的一种有益延伸,它突破了传统的数量分析限制,为更科学地制定决策开阔了思路。由于能够对未来发展中的各种“可能出现”和“期待出现”的前景作出概率估计,德尔菲法就为决策者提供了多方案选择的可能性。斯坦勒(G. A. Steiner)所著的《高层次管理规划》一书中,把德尔菲法当作最可靠的预测方法。

6.3.1 德尔菲法的主要特征

德尔菲法主要具有以下特征。

一、匿名性

由主持德尔菲法的组织者采取保密方式与其选定的若干名专家(通常是二十名左右)沟通。选定了哪些专家,不外泄,也不让他们彼此知道。在进行德尔菲法的过程中,向专家小组成员每人分发一份意见咨询表,从他们那儿得到匿名的反馈。匿名的目的是使他们的意见仅按其本身的价值去评价,不受提意见的人的声誉、地位的影响。

二、信息反馈沟通

组织者精密设计沟通的内容,以询问的形式传送。在收到专家们的回答以后,组织者进行关于意见集中程度的统计,纳入下一次沟通的内容。沟通——统计——再沟通——再统计,反复多次,直到前后两次统计的内容无明显差别时为止。经过这种信息反馈,专家小组成员的意见将逐步集中。

三、预测结果的统计特性

对预测结果采用统计评定回答的方法,能够包括整个专家小组的意见,根据专家小组的回答可以提出中位数和上下四分位点。中位数代表专家小组的评价意见,上下四分位点之间的间隔代表意见的偏差。这种定量处理是德尔菲法的一个重要特征。

6.3.2 德尔菲法的一般程式

使用德尔菲法进行预测时,通常分为四轮进行。经典的德尔菲法各轮的内容依次如下。

第一轮:在这一轮中,主持德尔菲法的组织者首先提出要作出决策、进行预测或技术咨询的主题。其次,选择和确定专家小组的成员。由于德尔菲法是通过征求专家小组的成员的意见作出决策,因此选择成员是此法能否获得正确结果的关键。对成员的要求主要有:①代表性应相当广泛;②有较丰富的知识与经验和较高的权威性;③对提出的问题深感兴趣并有时间参加德尔菲法的全过程;④成员人数要适当。然后,组织者把第一个咨询表散发给专家小组成员。这个咨询表只提出决策或预测的问题,包括要达到的目标。由专家小组成员提出要达到目标的各种可能的方案或各种可能发生的事件。最后,组织者收回第一个咨询表并进行分析。这需要把成员们提出的决策方法或预测事件进行筛选、分类、归纳和整理。归并那些相似的,删除那些不重要的,并且理清方案或事件之间的关系,以准确的技术语言、简洁的方式制订一份方案或事件的一览表,使成员容易阅读,这就完成了德尔菲法的第一轮。

第二轮:组织者首先把第一轮整理的一览表(第二个咨询表)再散发给专家小组的成员,开始第二轮咨询。这一轮除了要求每一位成员对第二个咨询表中列的条目(方案或事件)继续发表补充或修改的意见外,更主要的是要求他们对表中的每个方案或事件作出评估。对于决策问题,一般要求选择最优方案,或以所有方案按其优良性排队。对于预测问题,则要求对事件发生的时间作出估计等。成员的评估意见应以最简单的方式表示,并要求每个成员简单明了地说明自己作出选择或估计的理由。其次,组织者根据再次返回来的第二个咨询表,进行数据的统计处理,常采用的统计方法有四分位法和平均值—方差法,再制订第三个咨询表。在第三个咨询表中除了返回统计的结果以外,还应当把对成员提出的意见所作的说明作一小结。这个小结既要简洁便于阅读,又要能充分反映成员们分歧的意见。这样,这个表就高度概括了专家小组成员在第二轮反馈的信息。至此,完成了德尔菲法的第二轮。

第三轮:组织者把反映专家小组成员的意见和论据的综合统计报告的第三个咨询表散发给专家小组每一成员。要求他们审阅统计的结果,了解分歧的意见及各种意见的主要理由,再对方案或事件作出新的评估。每一成员可以根据总体意见的倾向(以平均值表示)、分散程度(以方差表示)和评估的各种意见及其主要理由修改自己前一轮的评估。对于预测问题,作出估计的日期在上下四分位点外(前一轮)的成员被要求说明理由,论证他的观点,并对持反对观点的成员的意见给予评论。采用平均值—方差法对方案择优或排队,也可以像四分位法那样,对成员提出类似的要求。这种辩论可以把其他成员忽视的外部因素和未曾研究过的问题包括进去。专家小组各成员的重新评价和论证随第三个咨询表再次返回给组织者。组织者把收集到的意见进行处理,重新计算方案或事件的平均值、方差和四分位点,对成员间的辩论作出小结。至此,完成了德尔菲的第三轮。

第四轮:该轮只不过是第三轮的重复。首先准备第四个咨询表,在此基础上,专家们进行最终的判断和预测。并在该轮末收集和整理第四个咨询表的结果。

德尔菲法的最终结果是组织者草拟一份报告,其中包括成员的一致意见和不能达成一致的意见,一致意见主要体现在方案或事件的一览表,方案排队或事件发生日期的平均值、方差和四分位点等方面。

需要注意的是,在预测过程中,组织者的意见不应强加于咨询表中。否则会出现诱导现象,使专家的评价向组织者意图靠拢。因而由此得到的预测结果,其可靠性是值得怀疑的。

6.3.3 调查结果的统计分析

在德尔菲法中,每一轮评估的结果都需要作数据处理。在数据处理之前,要将定性评估结果进行量化。最常用的量化方法是将各种评估意见分成程度不同的等级，或者将不同的方案用不同的数字表示，然后求得各种评估意见的概率分布。由概率分布可计算评估意见的平均值和方差。专家成员们根据平均值和方差就可以了解专家小组的意见的趋向和分散程度，以便作出下一轮评估。

此处数据统计处理最常用的方法有四分位法和平均值—方差法，现分述如下。

一、四分位法

评估事件发生的时间，一般采用四分位法去处理评估结果。四分位法就是用中位数反映专家预测的集中意见，用上、下四分位数描述专家意见的离散程度。

中位数是一排有序数字中位于中间的数。具体地说，就是将专家给出的数值由小到大（从左到右）排列，位于中间的一个（或中间两个的平均数）就是中位数。中位数左边的一半数字中也有一个中位数，叫下四分位数，右边一半数字中的中位数叫上四分位数。上、下四分位数之间叫四分位区间。

例 6.4 十三名预测专家对军用微处理机在部队装备的年份的评估值按顺序排列如下：

1987，1988，1989，1990，1991，1993，1994，1994，1994，1995，1996，1999，1999。

(A) (B) (C)

数据处理时，由中位数和四分位点的定义可知，B 为中分位点，它所对应的年份 1994 为中位数。A 为下四分位点，C 为上四分位点，上、下四分位数分别是 1995 年和 1990 年，四分位区间为 1990 年—1995 年。如果在下一轮评估中，将中位数和上、下四分位点数据反馈给专家，那么预测年代为 1987，1988，1989，1996，1997 和 1999 的几位专家就有较大的可能放弃和修改原来的评估意见，自动向中位数靠拢，使评估结果更加集中。否则，他们应说明他们坚持自己原来意见的理由，并可对别人的意见给予评论。经过几轮咨询后，可以得到协调程度较高的结果。第一轮评估意见的处理结果可用如图 6.2 所示的四分位图表示。

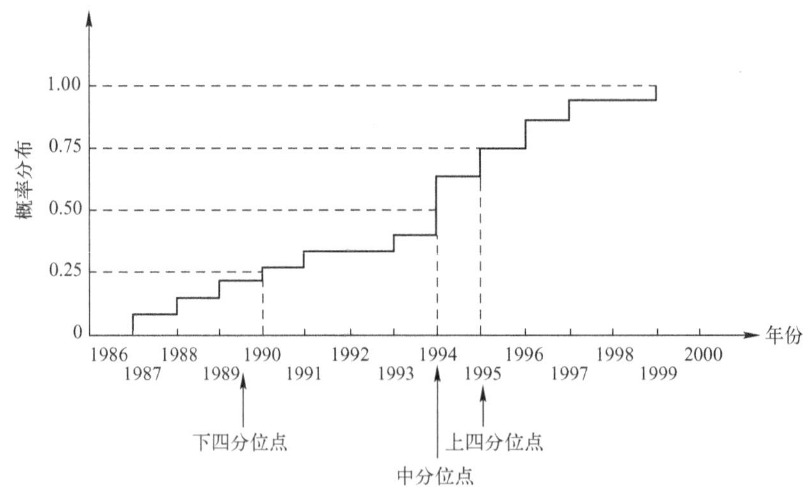

图 6.2 四分位点图表示法

二、平均值—方差法

方案择优的数据处理可用各方案优先程度的顺序号作为量化值进行数据处理,有时也可采用评分值表示优先程度,处理数据时就直接用评分值。在等级评估中,计算某个方案的平均值 E_d 和方差 σ_d^2 的公式分别为

$$E_d = \frac{\sum_{i=1}^{N} \alpha_i m_i}{\sum_{i=1}^{N} m_i} \tag{6.1}$$

$$\sigma_d^2 = \frac{\sum_{i=1}^{N} (\alpha_i - E_d)^2 m_i}{\sum_{i=1}^{N} m_i - 1} \tag{6.2}$$

式中:N 为评估等级数目(也即所有方案评估时可划分 N 个等级);α_i 为对应等级序号(1,2,…,N)中第 i 等的等级赋值;m_i 为把该方案评为第 i 等的专家人数;显见 $\sum_{i=1}^{N} m_i$ 是专家小组成员总人数。

在采用评分值评估时,计算某方案的平均值 E_f 和方差 σ_f^2 的公式分别为

$$E_f = \frac{\sum_{i=1}^{N} f_i}{m} \tag{6.3}$$

$$\sigma_f^2 = \frac{1}{m-1} \sum_{i=1}^{m} (f_i - E_f)^2 \tag{6.4}$$

式中:m 为专家小组成员总人数;f_i 为第 i 个成员对该方案的评分值。

方案的平均得分 E_f 越大,该方案的重要性越高。此时还可以计算几个补充指标,即满分率、变异系数等。

方案的满分率由式(6.5)求得

$$K_j = \frac{m_j}{m} \tag{6.5}$$

式中:m_j 为对第 j 个方案给满分的专家人数。K_j 越大,方案的重要程度越高。

对某一方案的专家意见协调程度,可以用变异系数表示,即

$$V_j = \frac{\sqrt{\sigma_j^2}}{E_j} \tag{6.6}$$

式中:V_j 为第 j 个方案的变异系数;E_j、σ_j 按式(6.3)、式(6.4)进行计算。V_j 越小,专家们对第 j 个方案的意见的协调程度越好。

6.4 群决策的效用函数法

群决策过程往往是一个多准则决策过程。例如,在作战中确定攻击目标时,目标的攻击价值由多个评价准则来判断。这种决策问题有两种收缩方式,即向单人多准则和多人单准则转化,对应着两种求解思路:先寻求每个决策者相对多个准则的最优(满意)解,将

其转化为多人单准则的决策问题，再集结成群体的最优（满意）解，即先协调多个准则，再协调多个决策者；另一种思路是先寻求群的偏好集结，然后在群体偏好结构下，求出对多个指标的最优（满意）解，即先协调多个决策者，后协调多个准则。

多准则群决策的效用函数法是各决策成员根据多个准则对候选方案进行综合评判，形成一个价值函数或效用函数，群体再根据各成员的效用函数综合得到群决策结果。设群体有 n 个决策成员，要从一组方案中做出群体选择，评价准则有 m 种，评价后果 $x=(x_1,x_2,\cdots,x_m)$ 是后果空间 $X=\{X_1,X_2,\cdots,X_m\}$ 上的一个点，$x\in X$，X_a 是第 a 个指标的可行后果集合。

设 u_i，$i=1,2,\cdots,n$ 是个体 i 的效用，u_G 是群体的效用，当个体存在一定偏好冲突时，群体的效用函数应该参考个体的效用函数，即群体效用函数应该是个体效用函数的函数。

设个体有加性效用函数，则群体效用函数可以表示成个体效用函数的加权和：

$$u_G(x)=w_1u_1(x)+w_2u_2(x)+\cdots+w_nu_n(x)$$

w_i，$i=1,2,\cdots,n$ 是权重，当决策人的地位相同时，$w_1=w_2=\cdots=w_n=1/n$。

设 x^0 是最劣后果，x^* 是最优后果，即 $u_i(x^0)=0$，$u_i(x^*)=1$，$i=1,2,\cdots,n$。设群体只有 i 和 j 两个决策成员，当满足 Pareto 准则时，个体 i 和 j 通过协商得到两两一致效用为

$$u_{ij}=\alpha_i^ju_i+(1-\alpha_i^j)u_j$$

其中，权重 $\alpha_i^j\in(0,1)$，这个结论同样可以推广到两个联盟 A 和 B 的情况：

$$u_{A\cup B}=\alpha u_A+(1-\alpha)u_B$$

一般而言，对任意 x，$u_i(x)\neq u_j(x)$。不失一般性，设 $u_i(x)<u_j(x)$，且 $u_i(x)=p_i$，$u_j(x)=p_j$，采用概率当量法，根据无差异性求得效用值。寻找一个概率 $p_{ij}\in(p_i,p_j)$，使 $u_{ij}(x)$ 与 $p_{ij}u_{ij}(x^*)+(1-p_{ij})u_{ij}(x^0)$ 无差异，i 和 j 需要对无差异概率达成妥协，设 $p_{ij}\neq p_i$，$p_{ij}\neq p_j$，则

$$p_{ij}=u_{ij}(x)=\alpha_i^ju_i(x)+(1-\alpha_i^j)u_j(x)=\alpha_i^jp_i+(1-\alpha_i^j)p_j$$

所以有

$$\alpha_i^j=\frac{p_j-p_{ij}}{p_j-p_i}$$

记 $\delta_i^j=\dfrac{1-\alpha_i^j}{\alpha_i^j}$，$\delta_i^j$ 是成员 i 和 j 之间的效用比率，即 δ_i^j 个单位 i 的效用可以表示成 1 个单位 j 的效用，且 $\delta_i^j\in(0,\infty)$，$\delta_i^j=1/\delta_j^i$，则有

$$\delta_i^j=\frac{p_{ij}-p_i}{p_j-p_{ij}}$$

两成员 i，j 的一致效用 u_{ij} 为

$$u_{ij}=(u_i+\delta_i^ju_j)/(1+\delta_i^j)$$

当群体中有三个决策成员时，群体可以分成两个联盟 A 和 B，$A=1\cup2$，$B=2\cup3$，群体效用 u_G 从 u_A 和 u_B 的组合得到，如图 6.3 所示，u_{12}，u_{23} 分别是 u_1 和 u_2，u_2 和 u_3 的凸组合，群体效用 u_G 在两条直线 $\overline{u_{12}u_3}$ 和 $\overline{u_1u_{23}}$ 的交点上。

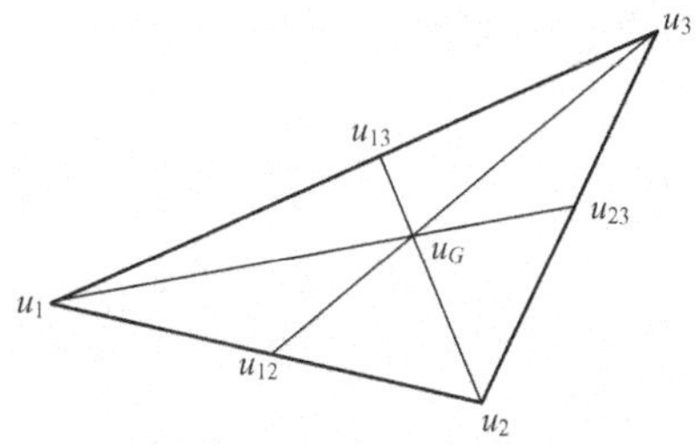

图 6.3　三个成员的群体效用函数

设 u_{12},u_{23}分别有效用比率 δ_1^2 和 δ_2^3,如果满足 Pareto 准则,群体有完全偏好,则群体效用 u_G 为

$$u_G = u_{123} = (u_1 + \delta_1^2 u_2 + \delta_1^3 u_3)/(1 + \delta_1^2 + \delta_1^3)$$

其中,效用比率

$$\delta_1^3 = \delta_1^2 \delta_2^3, u_{13} = (u_1 + \delta_1^3 u_3)/(1 + \delta_1^3)$$

当然,群体也可以划分成 $A = 1 \cup 2, B = 1 \cup 3$,或者 $A = 1 \cup 3, B = 2 \cup 3$。当群体决策成员数为 n 时,会有$(n-1)$个两两协商一致,例如,$u_{12}, u_{13}, \cdots, u_{1n}$,则群体效用 u_G 为

$$u_G = (u_1 + \delta_1^2 u_2 + \cdots + \delta_1^n u_n)/(1 + \delta_1^2 + \cdots + \delta_1^n)$$

其中效用比率 $\delta_1^2, \cdots, \delta_1^n$ 可从效用比率的树形结构递推得出:

$$\delta_1^i = \delta_1^2 \times \delta_2^3 \times \cdots \times \delta_{i-1}^i, i = 1, 2, \cdots, n$$

群体成员协商一致可以形成双方一致意见,但是在一些情况下要达成双方一致很困难,这时必须放松双方一致的完全性假设条件。在组织决策中,当不能达成妥协一致时,常常需要更高级别的决策者或仲裁者参与。在群体多准则决策中,群体效用函数是从指标权重和指标评价函数中得出的,我们假设多指标效用函数有可加性,对不可加性的效用函数,理论上需要作进一步的研究。当群体效用表示成群体指标评价函数的加权和时,从$(n-1)$对个体的两两协商中可以得出群体效用函数。

习　题

1. 简述社会选择和专家判断/群体参与两类群决策问题的区别。

2. 群决策的投票表决法有哪些?分别概述各种投票表决法的原理。

3. 某选区有 24000 位选民,4 个党派各自提出了竞选名单 A,B,C,D,竞争 5 个席位。设投票的结果是:A——8700 票,B——6800 票,C——5200 票,D——3300 票。采用各种非排序式选举方法进行投票表决,给出表决结果。

参 考 文 献

[1] 陈文伟,廖建文. 决策支持系统及其开发[M]. 北京:清华大学出版社,2008.
[2] 谭跃进,黄金才,朱承. 决策支持系统[M]. 北京:电子工业出版社,2011.
[3] 黄梯云. 智能决策支持系统[M]. 北京:电子工业出版社,2001.
[4] 岳超源. 决策理论与方法[M]. 北京:科学出版社,2003.
[5] 史越东. 指挥决策学[M]. 北京:解放军出版社,2005.
[6] 武波,马玉祥. 专家系统[M]. 北京:北京理工大学出版社,2001.
[7] 周献中,郑华利. 指挥自动化系统辅助决策技术[M]. 北京:国防工业出版社,2012.
[8] 李煜,杨露菁,李启元. 作战辅助决策系统[M]. 武汉:海军工程大学出版社,2009.
[9] 杨露菁,陈志刚,李煜. 指挥决策理论基础[M]. 武汉:海军工程大学出版社,2013.
[10] 陈志刚,杨露菁,李启元. 作战辅助决策理论、技术与方法[M]. 武汉:海军工程大学出版社,2015.
[11] 陈志刚,杨露菁,卢晓林. 作战辅助决策理论及应用[M]. 武汉:海军工程大学出版社,2015.
[12] 张野鹏. 军事运筹学[M]. 北京:高等教育出版社,2006.
[13] 胡运权. 运筹学基础及应用[M]. 北京:高等教育出版社,2005.
[14] 徐培德. 军事运筹学基础[M]. 长沙:国防科技大学出版社,2007.
[15] 程启月. 作战指挥决策运筹分析[M]. 北京:军事科学出版社,2004.
[16] 陈思溢. 基于群决管理论的交通信号控制技术研究[D]. 广州:华南理工大学,2011.
[17] 赵亮. 信息系统安全评估理论及其群决策方法研究[D]. 上海:上海交通大学,2011.
[18] 王磊,孙增圻. 基于行为的多机器人对手意图识别二次估计方法[J]. 清华大学学报:自然科学版,2005,45(10):1421 - 1424.
[19] 冷画屏,吴晓锋,胡敛光. 海上目标战术意图序贯识别技术研究[J]. 系统工程与电子技术,2008(3):462 - 465.
[20] 邓海军,尹全军,胡记文. 基于 MEBN 的战术意图识别[J]. 系统工程与电子技术,2010(11):2374 - 2379.
[21] 王昊冉,老松杨,白亮. 基于 MEBN 的战术级空中目标意图识别[J]. 火力与指挥控制,2012(10):133 - 138.
[22] 陈志刚,姜军,李启元. 基于效果的任务规划模型研究[C]. 长沙:国防科技大学出版社,2009.
[23] 陈志刚,吴晓锋. A novel Multi - Timescales Layered Intention Recognition Method[J]. Applied Mechanics and Materials,2014(644 - 650):4772 - 4775.
[24] Pang - Ning Tan. 数据挖掘导论[M]. 北京:人民邮电出版社,2013.
[25] Laskey K B. MEBN:A Language for First - Order Bayesian Knowledge Bases[M]. Fairfax:George Mason University Press,2007.
[26] Carvalho R N. Costa P C G. Laskey K B,et al. PROGNOS:Predictive situational awareness with probabilistic ontologies[C]. Edinburgh:the 13th International Conference on Information Fusion,2010.
[27] Carvalho R N. PO:Represention and Modeling Methodology [D]. Fairfax:George Mason University,2011.
[28] Frank M,Frans Voorbraak. A formal description of tactical plan recognition[J]. Information Fusion,

2003(4):47 -61.

[29] Haider S,Zaidi A K. Transforming Timed Influence Nets into Time Sliced Bayesian Networks[R]. San Diego:Command and Control Research and Technology Symposium,2004.

[30] Kevin P M. Dynamic Bayesian Networks:Representation,Inference and Learning[M]. Berkeley:University of California,2002.

[31] Joseph Caroli,Daniel Fayette,Nancy Koziarz,et al. Tools for Effects Based Course of Action Developmentand Assessment[C]. San Diego:Command and Control Research and Technology Symposium,2004.

[32] Donnelly J,Edwards G,Haglich P. Effects - based planning with strategy templates and semantic support [J]. SPIE Proceedings,Aero Sense,2003(5091):13 - 19.

[33] Håkon Thuve. A State - Space Formulation for EBO[C]. Netherlands:National Defense University,2006.

[34] Yuri N. Levchuk,Georgiy M. Levchuk,Krishna R. Pattipati. A Systematic approach to optimize organizations operationg in uncertain environments:design methodology and applications[J]. IEEE Transaction onsystems,man,and cybernetics - Part A:system and humans,2004,34(6):926 - 939.

[35] Jouni Pousi. Decision analytical approach to EBO[M]. Helsinki:Helsinkiuniversity,2009.

[36] Haider S,Zaidi A K,Levis A H,A Heuristic Approach for Best Set of Actions Determination in Influence Nets[C]. Las Vegas:International Conference onInformation Reuse and Integration,2004.

[37] Kevin P M. Dynamic Bayesian Networks:Representation,Inference and Learning[M]. Berkeley:University of California,2002.